企事业单位公文写作与实战解析

《企事业单位公文写作与实战解析》编写组 ◎ 编

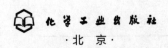

内容简介

《企事业单位公文写作与实战解析》一书主要包括公文写作概述、法定类文书写作、事务类文书写作、计划类文书写作、讲话类文书写作、公关礼仪类文书写作六篇内容。

本书按照新的《党政机关公文处理工作条例》内容，对公文定义、公文种类、公文格式、行文规则、公文拟制、公文办理、公文管理等进行了全面、系统的讲述，深入浅出地解析了各种常用公文的主要特点、基本结构、写作技巧、常见错误及注意事项，列举了大量典型案例，逐篇分析写作规律、精要诀窍，同时总结了各种文种的写作模板，以期帮助读者了解公文写作的内涵，全面掌握公文写作的方法和模式，快速提高撰写公文的能力。

图书在版编目（CIP）数据

企事业单位公文写作与实战解析/《企事业单位公文写作与实战解析》编写组编. —北京：化学工业出版社，2023.9
ISBN 978-7-122-43652-8

Ⅰ.①企⋯　Ⅱ.①企⋯　Ⅲ.①企事业单位-公文-写作　Ⅳ.①H152.3

中国国家版本馆CIP数据核字（2023）第105590号

责任编辑：陈　蕾　　　　　　　　　　装帧设计：溢思视觉设计／程超
责任校对：宋　玮

出版发行：化学工业出版社（北京市东城区青年湖南街13号　邮政编码100011）
印　　装：三河市双峰印刷装订有限公司
787mm×1092mm　1/16　印张20　字数392千字　2024年3月北京第1版第1次印刷

购书咨询：010-64518888　　　　　　　　　售后服务：010-64518899
网　　址：http://www.cip.com.cn

凡购买本书，如有缺损质量问题，本社销售中心负责调换。

定　　价：88.00元　　　　　　　　　　　　　　　　版权所有　违者必究

前言

公文即公务文书，广义的公务文书是指党政机关、企事业单位及社会团体在公务活动中所用的各类文字材料，通常包括行政机关公文、事务文书和专用文书，是管理机关实施管理、履行工作职能、解决现实问题的重要工具。国家机关、企事业单位等在日常的工作活动中都需要通过公文这一工具来表达意图、处理公务、实施管理。

行政机关公文的种类、用途和格式均有专门规定，所以又称法定公文；事务文书，即机关、团体等为处理工作而普遍使用的法定公文之外的文书，又称常用文书。这两类公务文书均有较强的通用性，合称通用文书。而专用文书，则是指在某些社会行业、专业领域或特定场合专门使用的文书。

要写好公文，首先要熟悉公文格式。公文格式即公文规格样式，是指公文中各个组成部分的构成方式，它和文种是公文外在形式的两个重要方面，直接关系到公文效用的发挥。它包括公文组成、公文用纸和装订要求等。

对于公文写作，国家有专门的公文处理办法——《国家行政机关公文处理办法》，这是为使国家行政机关的公文处理工作规范化、制度化、科学化而制定的。本书按照最新的《党政机关公文处理工作条例》内容，对公文的定义、公文种类、公文格式、行文规则、公文拟制、公文办理、公文管理等进行了全面、系统的讲述，深入浅出地解析了各种常用公文的主要特点、基本结构、写作技巧、常见错误及注意事项，列举了大量典型案例，逐篇分析写作规律、精要诀窍，同时总结了各种文种的写作模板，以期帮助读者了解公文写作的内涵，全面掌握公文写作的方法和模式，快速提高撰写公文的能力。

作为一名文书写作者，必须保证文书内容符合法律法规和国家的方针政策，同时，要从提高思维能力、经验水平和综合素质下手，把握公文写作的基本规律，多学习、多思考、多练习。

基于此，为了让更多有识之士掌握公文写作的要求、格式，避免出现错误，我们组织编写了《企事业单位公文写作与实战解析》一书，主要包括公文写作概述、法定类文书写作、事务类文书写作、计划类文书写作、讲话类文书写作、公关礼仪类文书写作六篇内容，同时，书中提供了大量的案例、范本，供读者参考学习。

由于编者水平有限，书中难免出现疏漏，敬请读者批评指正。

编者

第1篇　公文写作概述

公文写作是一种规范化的文书表达，它是国家机关、企事业单位等工作活动的重要组成部分。任何一个机关、组织在日常的工作活动中都需要通过公文这一工具来表达意图、处理公务、实施管理。

- 1.1 公文的基础知识 2
  - 1.1.1 公文的含义和分类 2
    - 相关链接　《中华人民共和国保守国家秘密法》（节选） 5
  - 1.1.2 公文的特点和作用 7
- 1.2 公文的格式规范 9
  - 1.2.1 公文的行文要求 9
  - 1.2.2 公文的行文格式 11
  - 1.2.3 公文的行文规范 19
    - 相关链接　社会组织管理机关类型 20
- 1.3 公文写作的基础知识 25
  - 1.3.1 公文写作的构成要素 25
    - 相关链接　公文如何布局 30
  - 1.3.2 公文写作的基本步骤 34
  - 1.3.3 公文写作者的素质培养 38

第2篇　法定类文书写作

法定类文书是指《党政机关公文处理工作条例》中规定的公文种类，包括决议、决定、命令（令）、公报、公告、通告、意见、通知、通报、报告、请示、批复、议案、函、纪要等。

- 2.1 决议 44
  - 2.1.1 决议的认知 44

         2.1.2 决议的写作 45
              范例1 ××市第××届人民代表大会第×次会议关于××市
                    人民政府工作报告的决议 46
              范例2 ××市人民代表大会常务委员会关于批准20××年市级
                    财政决算的决议 47
    2.2 决定 47
         2.2.1 决定的认知 47
         2.2.2 决定的写作 49
              相关链接 决定与决议的异同 50
              范例3 ××市人民政府关于20××年××市教学成果奖励的
                    决定 52
              范例4 关于表彰20××年度先进集体和个人的决定 53
    2.3 命令 54
         2.3.1 命令的认知 54
         2.3.2 命令的写作 56
              范例5 ××省人民政府令 58
              范例6 ××市××区人民政府关于封锁非洲猪瘟疫区的命令 ... 58
              范例7 ××市人民政府关于任免干部职务的令 59
    2.4 公报 60
         2.4.1 公报的认知 60
         2.4.2 公报的写作 61
              范例8 中国共产党××市第×届委员会第×次全体会议公报 62
              范例9 ××市20××年国民经济和社会发展统计公报 63
    2.5 公告 64
         2.5.1 公告的认知 64
         2.5.2 公告的写作 66
              范例10 ××市人民政府公告 67
              范例11 财政部税务总局关于民用飞机增值税适用政策的公告 ... 68
    2.6 通告 68
         2.6.1 通告的认知 68
         2.6.2 通告的写作 70
              相关链接 公告与通告的使用区别 70
              范例12 关于处罚×××同志旷工的通告 72

2.7 意见 ... 72
2.7.1 意见的认知 ... 72
2.7.2 意见的写作 ... 74
相关链接　意见与其他文种的区别 ... 75
范例13　××区20××年义务教育阶段入学工作意见 ... 77

2.8 通知 ... 78
2.8.1 通知的认知 ... 78
2.8.2 通知的写作 ... 80
范例14　转发《关于做好第七批援疆干部选派工作的通知》的通知 ... 82
范例15　市政府关于×××等同志职务任免的通知 ... 83

2.9 通报 ... 84
2.9.1 通报的认知 ... 84
2.9.2 通报的写作 ... 86
相关链接　通报、通告、通知的区别 ... 86
范例16　××市人民政府关于表扬20××年度全市重点水利工程建设先进集体和先进个人的通报 ... 89
范例17　××市教育局关于对15所受到行政处罚的幼儿园予以全市批评的通报 ... 89
范例18　中共××市××区教育局党组关于巡察整改进展情况的通报 ... 90

2.10 报告 ... 91
2.10.1 报告的认知 ... 91
相关链接　工作报告与情况报告的区别 ... 92
2.10.2 报告的写作 ... 94
范例19　××区××街道20××年法治政府建设工作报告 ... 95
范例20　××区××街道关于召开民主生活会有关情况的报告 ... 96
范例21　××市××区市政管理局关于报送网民留言答复的报告 ... 97

2.11 请示 ... 98
2.11.1 请示的认知 ... 98
2.11.2 请示的写作 ... 100
相关链接　请示与报告的区别 ... 101
范例22　关于××社区党总支书记拟任人选的请示 ... 102
范例23　关于申报20××年度社会信用体系建设应用项目的请示 ... 103

2.12 批复 103
2.12.1 批复的认知 103
2.12.2 批复的写作 105
范例24　××市××区发展和改革委员会关于××路天然气工程项目核准的批复 106
范例25　××监管分局关于×××任职资格的批复 107

2.13 议案 108
2.13.1 议案的认知 108
2.13.2 议案的写作 110
范例26　××市人民政府关于提请审议××市20××年政府投资项目计划（草案）的议案 111
范例27　××区人民政府关于提请任命×××同志职务的议案 112

2.14 函 112
2.14.1 函的认知 112
2.14.2 函的写作 115
相关链接　请示与函的区别 115
范例28　关于调整本市巡游出租车燃油附加费有关事项的复函 ... 117
范例29　关于调整我市污水处理费及相关政策的复函 118

2.15 纪要 119
2.15.1 纪要的认知 119
2.15.2 纪要的写作 120
相关链接　会议纪要与会议记录的区别 121
范例30　××学院党政联席会议纪要 123

第3篇　事务类文书写作

事务文书，即机关、团体等为处理工作而普遍使用的法定公文之外的文书，又称常用文书，主要包括总结、章程、办法、条例、规定、规则、细则、调查报告、大事记、简报等文种。

3.1 总结 126
3.1.1 总结的认知 126
3.1.2 总结的写作 128
范例1　20××年公司财务部上半年工作总结 129
范例2　××镇党员干部"下基层察民情解民忧暖民心"

　　　　　实践活动阶段性工作总结 130
3.2　章程 131
　　3.2.1　章程的认知 131
　　3.2.2　章程的写作 133
　　　　　范例 3　××师范大学章程 134
　　　　　范例 4　××股份有限公司章程 136
3.3　办法 139
　　3.3.1　办法的认知 139
　　3.3.2　办法的写作 141
　　　　　范例 5　关于印发《××学校关于加强干部德的考核评价实施办法》
　　　　　　　　　的通知 142
　　　　　范例 6　生态环境标准管理办法 143
3.4　条例 146
　　3.4.1　条例的认知 146
　　3.4.2　条例的写作 147
　　　　　相关链接　条例与办法的区别 148
　　　　　范例 7　××经济特区中医药条例 149
　　　　　范例 8　促进个体工商户发展条例 152
3.5　规定 154
　　3.5.1　规定的认知 154
　　3.5.2　规定的写作 156
　　　　　范例 9　××中学差旅费报销管理规定 157
　　　　　范例 10　××股份有限公司企业文化管理规定 159
3.6　规则 161
　　3.6.1　规则的认知 161
　　3.6.2　规则的写作 162
　　　　　范例 11　××镇党委议事规则 164
　　　　　范例 12　××商城店铺命名规则 165
3.7　细则 167
　　3.7.1　细则的认知 167
　　3.7.2　细则的写作 169
　　　　　范例 13　××镇农村集体"三资"管理实施细则 171
　　　　　范例 14　安全管理考核实施细则 172

3.8 调查报告 174
- 3.8.1 调查报告的认知 174
- 3.8.2 调查报告的写作 176
  - 相关链接　调查报告与工作总结的异同 176
  - 范例15　××建设集团有限公司"×·×"一般生产安全事故调查报告 178
  - 范例16　××市××区城市生活垃圾分类状况调查报告 180

3.9 大事记 184
- 3.9.1 大事记的认知 184
- 3.9.2 大事记的写作 186
  - 范例17　××区2023年1月大事记 187
  - 范例18　20××年××市作家协会大事记 189

3.10 简报 191
- 3.10.1 简报的认知 191
- 3.10.2 简报的写作 193
  - 范例19　××市水务局党史学习教育简报 194
  - 范例20　××市"万人助万企"活动简报 195

第4篇　计划类文书写作

将未来一定时期的生产、经营、工作、学习等作为预定目标的书面安排,是为完成一定时期任务而事前对目标、措施和步骤作出简要部署的事务文书,主要包括规划、计划、安排、方案、预案、工作要点等。

4.1 规划 198
- 4.1.1 规划的认知 198
- 4.1.2 规划的写作 199
  - 范例1　××新区"×××"科技创新发展规划 200
  - 范例2　××省制造业高质量发展"×××"规划 204

4.2 计划 206
- 4.2.1 计划的认知 206
- 4.2.2 计划的写作 209
  - 范例3　××街道20××年下半年工作计划 210
  - 范例4　2023年××有限责任公司年度工作计划 211

4.3 安排 214
4.3.1 安排的认知 214
4.3.2 安排的写作 215
范例 5　××有限公司月度盘点工作安排 216
范例 6　2022～2023 学年第一学期寒假、第二学期开学初高中部
重点工作安排 217

4.4 方案 219
4.4.1 方案的认知 219
4.4.2 方案的写作 220
范例 7　××区土地环境预评估工作实施方案 221
范例 8　××股份有限公司首届职工运动会总体方案 223

4.5 工作要点 225
4.5.1 工作要点的认知 225
4.5.2 工作要点的写作 227
相关链接　工作要点与工作规划、工作计划的区别 227
范例 9　××省深化"放管服"改革优化营商环境 20××年
工作要点 228
范例 10　××有限公司 20××年党建工作要点 230

第 5 篇　讲话类文书写作

讲话类文书是指人们在各种特定的场合发言时所依据的各类文稿的总称，主要包括开幕词、闭幕词、欢迎词、欢送词、答谢词、祝酒词等，种类繁多，极具社交性和礼仪性。

5.1 开幕词 232
5.1.1 开幕词的认知 232
5.1.2 开幕词的写作 234
范例 1　开幕词 235
范例 2　××××大学第××届大学生田径运动会开幕词 236

5.2 闭幕词 237
5.2.1 闭幕词的认知 237
5.2.2 闭幕词的写作 238
范例 3　闭幕词 239
范例 4　××职工羽毛球比赛闭幕词 241

5.3 欢迎词 242
5.3.1 欢迎词的认知 242
5.3.2 欢迎词的写作 243
范例 5 欢迎词 244
范例 6 在××酒店开业典礼上的欢迎词 245

5.4 欢送词 247
5.4.1 欢送词的认知 247
5.4.2 欢送词的写作 248
范例 7 欢送词 249
范例 8 在×××老师退休大会上的欢送词 249

5.5 答谢词 250
5.5.1 答谢词的认知 250
5.5.2 答谢词的写作 252
范例 9 答谢词 253
范例 10 在××酒会上的答谢词 254

第6篇 公关礼仪类文书写作

公关礼仪文书是指国家机关、企事业单位、社会团体或个人在社会交往、礼仪活动和商务活动中常用的各类文书；是在各种不同场合，根据不同情况，遵循相应的习俗和人情所撰写的礼仪文字材料。

6.1 贺信 256
6.1.1 贺信的认知 256
6.1.2 贺信的写作 257
范例 1 致××大学建校70周年的贺信 258
范例 2 贺信 259

6.2 感谢信 260
6.2.1 感谢信的认知 260
6.2.2 感谢信的写作 262
范例 3 感谢信 263
范例 4 致××××公司的感谢信 263

6.3 慰问信 264
6.3.1 慰问信的认知 264

	6.3.2 慰问信的写作	266
	范例 5　慰问信	267
	范例 6　致全体教职工的慰问信	268
6.4	表扬信	269
	6.4.1 表扬信的认知	269
	6.4.2 表扬信的写作	271
	相关链接　表扬信与感谢信的区别	271
	范例 7　表扬信	272
	范例 8　致××××有限公司的表扬信	273
6.5	声明	274
	6.5.1 声明的认知	274
	6.5.2 声明的写作	276
	范例 9　声明	277
	范例 10　郑重声明	277
6.6	讣告	278
	6.6.1 讣告的认知	278
	6.6.2 讣告的写作	279
	范例 11　讣告一	280
	范例 12　讣告二	280
6.7	唁电	281
	6.7.1 唁电的认知	281
	6.7.2 唁电的写作	283
	范例 13　唁电一	284
	范例 14　唁电二	284
6.8	悼词	285
	6.8.1 悼词的认知	285
	6.8.2 悼词的写作	287
	范例 15　悼词	288
	范例 16　在××同志追悼会上的悼词	289
6.9	请柬	290
	6.9.1 请柬的认知	290
	6.9.2 请柬的写作	293
	范例 17　请柬一	294

范例18　请柬二..294
6.10　聘书..295
　6.10.1　聘书的认知..295
　6.10.2　聘书的写作..296
　　　范例19　聘书一..297
　　　范例20　聘书二..298

附：党政机关公文处理工作条例..298

第1篇 公文写作概述

公文写作是一种规范化的文书表达，它是国家机关、企事业单位等工作活动的重要组成部分。任何一个机关、组织在日常的工作活动中都需要通过公文这一工具来表达意图、处理公务、实施管理。

1.1 公文的基础知识

1.1.1 公文的含义和分类

1.1.1.1 公文的含义

公文是指党政机关、社会团体、企事业单位等各种法定的社会组织在行使职权和实施管理的过程中所形成的具有法定效力与规范格式的文字材料，是传达政令，指导、布置和商洽工作，请示和答复问题，报告和交流情况，联系公务，记载工作活动的重要工具，如图1-1所示。

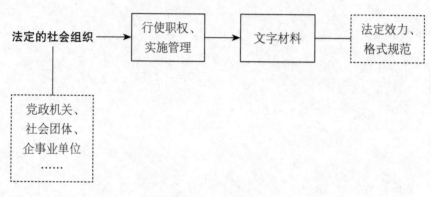

图1-1 公文的含义

公文的这一含义，可以从图1-2所示的几个方面来理解。

01	公文形成的主体是党政机关及其他社会组织
02	公文形成的条件是行使职权和实施管理
03	公文是具有法定效力与规范格式的文书
04	公文是党政机关及其他社会组织处理政务、办理事务的重要工具

图1-2 对公文含义的理解

（1）公文形成的主体是党政机关及其他社会组织

这些机关或组织都是依据国家法律和有关章程、条例建立起来的，是具有法定地位的。这种法定地位赋予了这些机关与组织在自己的职权范围内制定和办理公文的权力。

（2）公文形成的条件是行使职权和实施管理

具有法定地位的机关、组织，都有自己的组织系统、领导关系和职权范围，以及主管的事务与办事意图，其在行使法定职权和实施有效管理的公务活动中，必然会产生体现自身意志的文字材料，这是公文形成的必要条件。

（3）公文是具有法定效力与规范格式的文书

这是公文区别于其他文章和图书资料的主要之处。公文的法定效力是由公文形成者的法定地位所决定的。公文的规范化格式，不仅增强了公文的权威性与有效性，也方便了公文的处理。

（4）公文是党政机关及其他社会组织处理政务、办理事务的重要工具

任何一个机关、组织在日常的工作活动中都需要通过公文这一工具来表达意图、处理公务、实施管理。

比如，向上级汇报工作，使用"报告"；向下级布置工作，使用"通知"；与有关单位联系公务，使用"函"；记载会议议决事项，使用"会议纪要"等。

1.1.1.2 公文的分类

从不同的角度，按不同的标准，公文可划分不同的类别。

（1）按形成和作用的公务活动领域划分

根据形成和作用的公务活动领域的不同，公文可分为图1-3所示的类别。

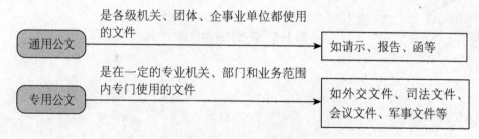

图1-3 按形成和作用的公务活动领域划分公文

（2）按行文关系划分

根据行文关系的不同，公文可分为图1-4所示的类别。

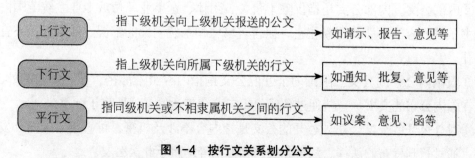

图1-4 按行文关系划分公文

> **小提示**
>
> 意见根据其内容,既可作为上行文、下行文,也可作为平行文。

(3)按涉密程度划分

根据涉及秘密的程度不同,公文可分为以下几种类别。

①保密公文。保密公文是指由党和国家根据文件内容划定了秘密等级的文件。目前我国的保密文件分为秘密、机密、绝密三个级别,如图1-5所示。

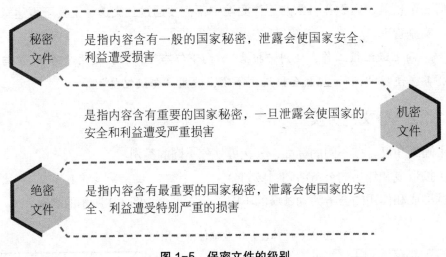

图1-5 保密文件的级别

> **小提示**
>
> 公文密级的划分和保密时限的确定应按照《中华人民共和国保守国家秘密法》的有关规定,力求准确、恰当,而不能随心所欲,想定什么就定什么。

②内部公文。内部公文是指仅限于机关、团体、企事业单位或专业系统范围内使用的文书;其内容虽不涉及国家秘密,但含有单位和系统内部的情况、数据等,不宜向社会公开。

③限国内公开的公文。限国内公开的公文是指内容虽不涉密,但不宜向国外公布,而仅在国内公布的文书。一些通过各级组织向群众传达的文件即属于此类公文。

④对外公开的公文。对外公开的公文是指内容不涉及机密,可直接对国内外发布的文书。通过报刊发布的法律、法规、公告和公报等即属于此类公文。

（4）按处理时限划分

根据处理时间的限制和要求不同，公文可分为图1-6所示的类别。

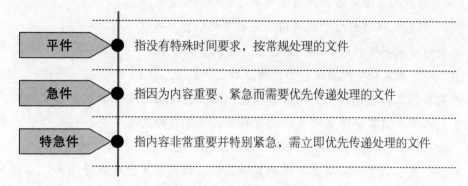

图1-6　按处理时限划分公文

（5）按来源划分

根据来源不同，公文可分为图1-7所示的类别。

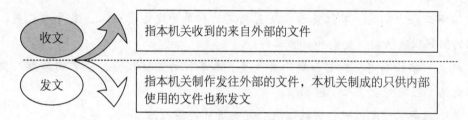

图1-7　按来源划分公文

《中华人民共和国保守国家秘密法》（节选）

第二章　国家秘密的范围和密级

第九条　下列涉及国家安全和利益的事项，泄露后可能损害国家在政治、经济、国防、外交等领域的安全和利益的，应当确定为国家秘密。

（一）国家事务重大决策中的秘密事项。

（二）国防建设和武装力量活动中的秘密事项。

（三）外交和外事活动中的秘密事项以及对外承担保密义务的秘密事项。

（四）国民经济和社会发展中的秘密事项。

（五）科学技术中的秘密事项。

（六）维护国家安全活动和追查刑事犯罪中的秘密事项。

（七）经国家保密行政管理部门确定的其他秘密事项。

政党的秘密事项中符合前款规定的，属于国家秘密。

第十条　国家秘密的密级分为绝密、机密、秘密三级。

绝密级国家秘密是最重要的国家秘密，泄露会使国家安全和利益遭受特别严重的损害；机密级国家秘密是重要的国家秘密，泄露会使国家安全和利益遭受严重的损害；秘密级国家秘密是一般的国家秘密，泄露会使国家安全和利益遭受损害。

第十一条　国家秘密及其密级的具体范围，由国家保密行政管理部门分别会同外交、公安、国家安全和其他中央有关机关规定。

军事方面的国家秘密及其密级的具体范围，由中央军事委员会规定。

国家秘密及其密级的具体范围的规定，应当在有关范围内公布，并根据情况变化及时调整。

第十二条　机关、单位负责人及其指定的人员为定密责任人，负责本机关、本单位的国家秘密确定、变更和解除工作。

机关、单位确定、变更和解除本机关、本单位的国家秘密，应当由承办人提出具体意见，经定密责任人审核批准。

第十三条　确定国家秘密的密级，应当遵守定密权限。

中央国家机关、省级机关及其授权的机关、单位可以确定绝密级、机密级和秘密级国家秘密；设区的市、自治州一级的机关及其授权的机关、单位可以确定机密级和秘密级国家秘密。具体的定密权限、授权范围由国家保密行政管理部门规定。

机关、单位执行上级确定的国家秘密事项，需要定密的，根据所执行的国家秘密事项的密级确定。下级机关、单位认为本机关、本单位产生的有关定密事项属于上级机关、单位的定密权限，应当先行采取保密措施，并立即报请上级机关、单位确定；没有上级机关、单位的，应当立即提请有相应定密权限的业务主管部门或者保密行政管理部门确定。

公安、国家安全机关在其工作范围内按照规定的权限确定国家秘密的密级。

第十四条　机关、单位对所产生的国家秘密事项，应当按照国家秘密及其密级的具体范围的规定确定密级，同时确定保密期限和知悉范围。

第十五条　国家秘密的保密期限，应当根据事项的性质和特点，按照维护国家安全和利益的需要，限定在必要的期限内；不能确定期限的，应当确定解密的条件。

国家秘密的保密期限，除另有规定外，绝密级不超过三十年，机密级不超过二十年，秘密级不超过十年。

机关、单位应当根据工作需要，确定具体的保密期限、解密时间或者解密条件。

机关、单位对在决定和处理有关事项工作过程中确定需要保密的事项，根据工作需要决定公开的，正式公布时即视为解密。

第十六条　国家秘密的知悉范围，应当根据工作需要限定在最小范围。

国家秘密的知悉范围能够限定到具体人员的，限定到具体人员；不能限定到具体人员的，限定到机关、单位，由机关、单位限定到具体人员。

国家秘密的知悉范围以外的人员，因工作需要知悉国家秘密的，应当经过机关、单位负责人批准。

第十七条　机关、单位对承载国家秘密的纸介质、光介质、电磁介质等载体（以下简称国家秘密载体）以及属于国家秘密的设备、产品，应当作出国家秘密标志。

不属于国家秘密的，不应当作出国家秘密标志。

第十八条　国家秘密的密级、保密期限和知悉范围，应当根据情况变化及时变更。国家秘密的密级、保密期限和知悉范围的变更，由原定密机关、单位决定，也可以由其上级机关决定。

国家秘密的密级、保密期限和知悉范围变更的，应当及时书面通知知悉范围内的机关、单位或者人员。

第十九条　国家秘密的保密期限已满的，自行解密。

机关、单位应当定期审核所确定的国家秘密。对在保密期限内因保密事项范围调整不再作为国家秘密事项，或者公开后不会损害国家安全和利益，不需要继续保密的，应当及时解密；对需要延长保密期限的，应当在原保密期限届满前重新确定保密期限。提前解密或者延长保密期限的，由原定密机关、单位决定，也可以由其上级机关决定。

第二十条　机关、单位对是否属于国家秘密或者属于何种密级不明确或者有争议的，由国家保密行政管理部门或者省、自治区、直辖市保密行政管理部门确定。

1.1.2　公文的特点和作用

1.1.2.1　公文的特点

公文具有图 1-8 所示的三个特点。

图 1-8　公文的特点

1. 权威性

第一，由法定的作者制成和发布；第二，无论是事实、数字还是各种意见、结论，一旦进入正式公文，就不能任意更改、解释、否定；第三，公文是机关、团体、组织的喉舌、意图，是其开展工作的依据。

2. 规范性

公文的撰写和处理，从起草到成文，再到收发、传递、分办、立卷、归档、销毁等，都有一套规范化的制度。另外，公文具有特定的体式，其文体、结构、用纸的尺寸、文件标记都有统一的规定。

3. 工具性

公文是各机关、团体、组织在公务管理过程中最经常、最大量使用的一种工具。公务管理的方法很多，而最科学、最正规的方法是利用公文。

1.1.2.2　公文的作用

公文的性质、任务和特点，决定着公文的作用是多方面的，概括起来主要如图 1-9 所示。

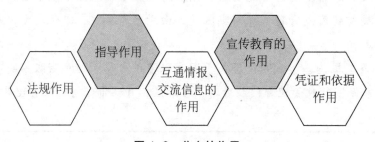

图 1-9　公文的作用

1. 法规作用

所谓法规性公文，就是经过国家最高权力机关或最高管理机关颁发的公文。具体地说，经过全国人民代表大会通过的文件是法律；经过全国人民代表大会常务委员会通过的文件是法令；经过国务院通过的文件是行政法规。这三种文件的总称叫作法规文件。法规文件都是依据《中华人民共和国宪法》（以下简称《宪法》）制定的，这类文件一经制定和发布生效，必须坚决执行，人人必须遵守，不得违反。

2. 指导作用

机关公文是上级机关对下级机关工作进行指导的主要方法和手段之一。公文中的决定、意见、通知、批复等文种，就属于指挥、管理性的下行公文。这些公文一经下发，下级机关必须执行。大到国家机器的运转，小到一个事业单位内部工作的有序开展，都跟公文的指导作用密切相关，离开了公文的这一作用，各方面的管理工作很可能陷入混乱状态。因此，我们应该意识到，相当多的公文起草、定稿过程，实质上就是管理工作的实施过程。

3. 互通情报、交流信息的作用

下行文中的通知、通报，上行文中的报告、请示，还有作为平行文的函，都有交流信息的基本功能。交流信息，一方面是上情下达与下情上达，另一方面是友邻单位互通情报。有了公文这一信息流通的渠道，上下级机关都能做到耳聪目明，不至于闭目塞听。

4. 宣传教育的作用

通报、会议纪要等文体，有着很明显的宣传教育作用，能针对现实生活中普遍存在的问题或认识的偏差，摆事实，讲道理，进行启发诱导，使大家明白应该确立什么立场，应该坚持什么原则，进而知道自己应该做什么、怎样做。

5. 凭证和依据作用

上级发布的下行文，是下级机关开展工作的依据；下级上报的公文，是上级决策的依据；一个机关自己制作的公文，是自己履行职能、开展工作的真实记录和凭证。

在日常工作中常会遇到这样的情况：对一项具体事务的处理没有把握，就查找相关的公文，看上级或有关职能部门在这方面有哪些规定，然后按照规定行事。对某次会议的有关情况不够了解，就查找那次会议的纪要，获得清晰可靠的材料。这些都是公文依据和凭证作用的具体表现。

因此，许多重要的公文，都需要归档保存很长时间，以便需要时查找。

1.2 公文的格式规范

1.2.1 公文的行文要求

1.2.1.1 公文用纸要求

（1）用纸主要技术指标。公文一般使用纸张定量为 60 ~ 80g/m² 的胶版印刷纸或复印纸。纸张白度为80%~90%,横向耐折度≥15次,不透明度≥85%,pH值为7.5~9.5。

(2)用纸幅面尺寸。公文采用GB/T148中规定的A4型纸,成品幅面尺寸为210mm×297mm。

1.2.1.2 公文版面要求

(1)页边与版心尺寸。公文用纸天头(上白边)为37mm±1mm,公文用纸订口(左白边)为28mm±1mm,版心尺寸为156mm×225mm,如图1-10所示。

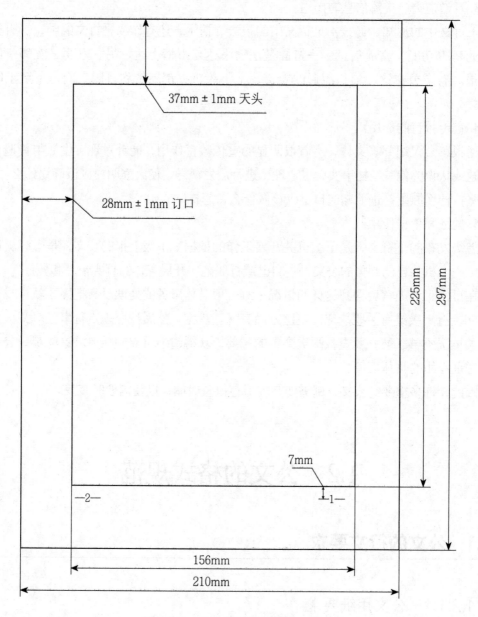

图1-10 公文用纸页边及版心尺寸

（2）字体和字号。如无特殊说明，公文格式各要素一般用 3 号仿宋体字。特定情况可以做适当调整。

（3）行数和字数。一般每面排 22 行，每行排 28 个字，并撑满版心。特定情况可以做适当调整。其中，一行指一个汉字的高度加 3 号汉字高度的 7/8 的距离。一个字指一个汉字宽度的距离。

（4）文字的颜色。如无特殊说明，公文中文字的颜色均为黑色。

1.2.1.3　公文印制要求

（1）制版要求。版面干净无底灰，字迹清楚无断画，尺寸标准，版心不斜，误差不超过 1mm。

（2）印刷要求。

①双面印刷；页码套正，两面误差不超过 2mm。

②黑色油墨应当达到色谱所标 BL100%，红色油墨应当达到色谱所标 Y80%、M80%。

③印品着墨实、均匀；字面不花、不白、无断画。

（3）装订要求

公文应当左侧装订，不掉页，两页页码之间误差不超过 4mm，裁切后的成品尺寸允许误差 ±2mm，四角呈 90°，无毛茬或缺损。

骑马订或平订的公文应当：

①订位为两钉外订眼距版面上下边缘各 70mm 处，允许误差 ±4mm。

②无坏钉、漏钉、重钉，钉脚平伏牢固。

③骑马订钉锯均在折缝线上，平订钉锯与书脊间的距离为 3～5mm。

包本装订公文的封皮（封面、书脊、封底）与书芯应吻合、包紧、包平、不脱落。

1.2.2　公文的行文格式

公文主要由版头、主体、版记三部分组成。公文首页红色分隔线以上的部分称为版头；公文首页红色分隔线（不含）以下、公文末页首条分隔线（不含）以上的部分称为主体；公文末页首条分隔线以下、末条分隔线以上的部分称为版记。页码位于版心外。

1.2.2.1　公文版头的格式

公文版头由份号、密级和保密期限、紧急程度、发文机关标志、发文字号、签发人、分隔线组成。

（1）份号

份号是指公文印制份数的顺序号。涉密公文应当标注份号，一般用 6 位 3 号阿拉伯数字顶格编排在版心左上角第一行。

（2）密级和保密期限

密级和保密期限是指公文的秘密等级和保密的期限。涉密公文应当根据涉密程度分别标注"绝密""机密""秘密"和保密期限，一般用3号黑体字顶格编排在版心左上角第二行；保密期限中的数字用阿拉伯数字标注。

（3）紧急程度

紧急程度是指公文送达和办理的时限要求。

①根据紧急程度，紧急公文应当分别标注"特急""加急"，电报应当分别标注"特提""特急""加急""平急"。

②标注时一般用3号黑体字顶格编排在版心左上角。如需同时标注份号、密级和保密期限、紧急程度，按照份号、密级和保密期限、紧急程度的顺序自上而下分行排列。

（4）发文机关标志

发文机关标志由发文机关全称或者规范化简称加"文件"二字组成，也可以使用发文机关全称或者规范化简称。发文机关标志居中排布，上边缘至版心上边缘为35mm，推荐使用小标宋体字，颜色为红色，以醒目、美观、庄重为原则。

联合行文时，发文机关标志可以并用联合发文机关名称，也可以单独用主办机关名称。如需同时标注联署发文机关名称，一般应当将主办机关名称排列在前；如有"文件"二字，应当置于发文机关名称右侧，以联署发文机关名称为准上下居中排布。

（5）发文字号

发文字号由发文机关代字、年份、发文顺序号组成。联合行文时，使用主办机关的发文字号。

发文字号编排在发文机关标志下空两行位置，居中排布。年份、发文顺序号用阿拉伯数字标注；年份应标全称，用六角括号"〔〕"括入；发文顺序号不加"第"字，不编虚位（即1不编为01），在阿拉伯数字后加"号"字。

上行文的发文字号居左空一字编排，与最后一个签发人姓名处在同一行。

（6）签发人

上行文应当标注签发人姓名，由"签发人"三字加全角冒号和签发人姓名组成，居右空一字，编排在发文机关标志下空两行位置。"签发人"三字用3号仿宋体字，签发人姓名用3号楷体字。

如有多个签发人，签发人姓名按照发文机关的排列顺序从左到右、自上而下依次均匀编排，一般每行排两个姓名，回行时与上一行第一个签发人姓名对齐。

（7）版头中的分隔线

发文字号之下4mm处居中印一条与版心等宽的红色分隔线。

公文首页格式示例如图1-11所示，联合行文公文首页版式示例如图1-12所示。

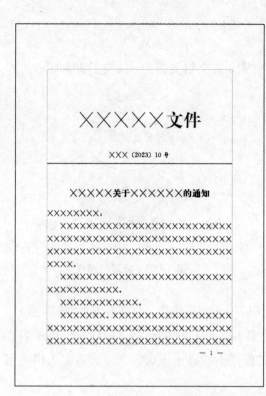
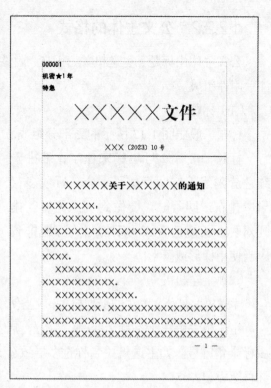

图 1-11 公文首页格式示例（注：版心实线框仅为示意，并不印出）

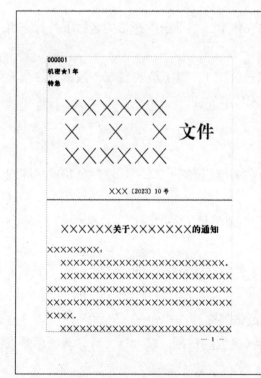
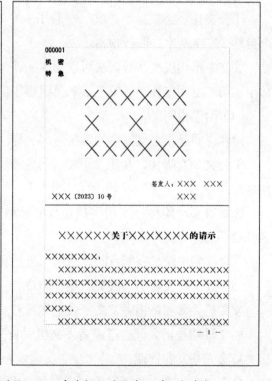

图 1-12 联合行文公文首页版式示例（注：版心实线框仅为示意，并不印出）

1.2.2.2 公文主体的格式

公文主体由标题、主送机关、正文、附件说明、发文机关署名、成文日期和印章、附注、附件组成。

（1）标题

标题一般由图 1-13 所示的三部分组成。

标题一般用 2 号小标宋体字，编排于红色分隔线下空两行位置，分一行或多行居中排布；回行时，要做到词意完整、排列对称、长短适宜、间距恰当，标题排列应当使用梯形或菱形。

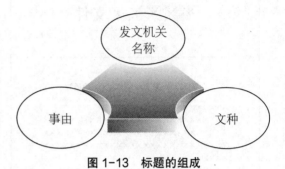

图 1-13 标题的组成

（2）主送机关

主送机关是公文的主要受理机关，应当使用机关全称、规范化简称或者同类型机关统称。

主送机关编排于标题下空一行位置，居左顶格，回行时仍顶格，最后一个机关名称后标全角冒号。如主送机关名称过多导致公文首页不能显示正文时，应当将主送机关名称移至版记。

（3）正文

正文是公文的主体，用来表述公文的内容。

①公文首页必须显示正文。一般用 3 号仿宋体字，编排于主送机关名称下一行，每个自然段左空两字，回行顶格。

②文中结构层次序数依次可以用"一、""（一）""1.""（1）"标注；一般第一层用黑体字、第二层用楷体字、第三层和第四层用仿宋体字标注。

（4）附件说明

附件说明是指公文附件的顺序号和名称。

①公文如有附件，在正文下空一行左空两字编排"附件"二字，后标全角冒号和附件名称。

②如有多个附件，使用阿拉伯数字标注附件顺序号（如"附件：1.××××××"）；附件名称后不加标点符号。

③附件名称较长需回行时，应当与上一行附件名称的首字对齐。

（5）发文机关署名、成文日期和印章

发文机关署名是指署发文机关全称或者规范化简称。

成文日期是指会议通过或者发文机关负责人签发的日期。联合行文时，署最后签发机关负责人签发的日期。

公文中有发文机关署名的，应当加盖发文机关印章，并与署名机关相符。有特定发文机关标志的普发性公文和电报可以不加盖印章。

①加盖印章的公文。成文日期一般右空四字编排，印章为红色，不得出现空白印章。

单一机关行文时，一般在成文日期之上、以成文日期为准居中编排发文机关署名，印章端正、居中下压发文机关署名和成文日期，使发文机关署名和成文日期居印章中心偏下位置，印章顶端应当上距正文（或附件说明）一行之内。

联合行文时，一般将各发文机关署名按照发文机关顺序整齐排列在相应位置，并将印章一一对应、端正、居中下压发文机关署名，最后一个印章端正、居中下压发文机关署名和成文日期，印章之间排列整齐、互不相交或相切，每排印章两端不得超出版心，首排印章顶端应当上距正文（或附件说明）一行之内。

②不加盖印章的公文。单一机关行文时，在正文（或附件说明）下空一行右空两字编排发文机关署名，在发文机关署名下一行编排成文日期，首字比发文机关署名首字右移两字。如成文日期长于发文机关署名，应当使成文日期右空两字编排，并相应增加发文机关署名右空字数。

联合行文时，应当先编排主办机关署名，其余发文机关署名依次向下编排。

③加盖签发人签名章的公文。单一机关制发的公文加盖签发人签名章时，在正文（或附件说明）下空两行右空四字加盖签发人签名章，签名章左空两字标注签发人职务，以签名章为准上下居中排布。在签发人签名章下空一行右空四字编排成文日期。

联合行文时，应当先编排主办机关签发人职务、签名章，其余机关签发人职务、签名章依次向下编排，与主办机关签发人职务、签名章上下对齐；每行只编排一个机关的签发人职务、签名章；签发人职务应当标注全称。

签名章一般用红色。

④成文日期中的数字。用阿拉伯数字将年、月、日标全，年份应标全称，月、日不编虚位（即1不编为01）。

⑤特殊情况说明。当公文排版后所剩空白处不能容下印章或签发人签名章、成文日期时，可以采取调整行距、字距的措施解决。

（6）附注

附注是指公文印发传达范围等需要说明的事项。如有附注，居左空两字加圆括号编排在成文日期下一行。

（7）附件

附件是指公文正文的说明、补充或者参考资料。

①附件应当另面编排，并在版记之前，与公文正文一起装订。

②"附件"二字及附件顺序号用3号黑体字顶格编排在版心左上角第一行。

③附件标题居中编排在版心第三行。

④附件顺序号和附件标题应当与附件说明的表述一致，附件格式要求同正文。

⑤如附件与正文不能一起装订，应当在附件左上角第一行顶格编排公文的发文字号，并在其后标注"附件"二字及附件顺序号。

公文末页版式示例如图1-14所示，联合行文公文末页版式示例如图1-15所示，附件说明页版式示例如图1-16所示，带附件公文末页版式示例如图1-17所示。

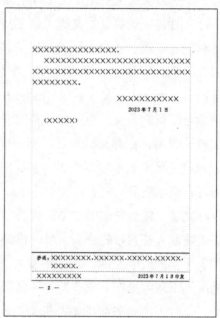

图1-14 公文末页版式示例（注：版心实线框仅为示意，并不印出）

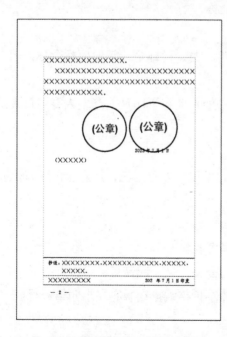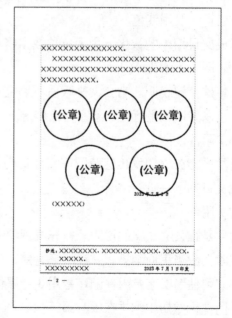

图1-15 联合行文公文末页版式示例（注：版心实线框仅为示意，并不印出）

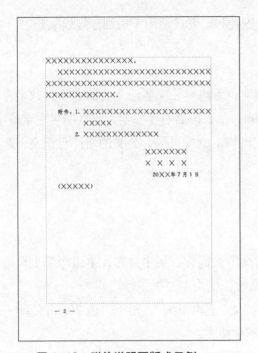

图1-16 附件说明页版式示例

（注：版心实线框仅为示意，并不印出）

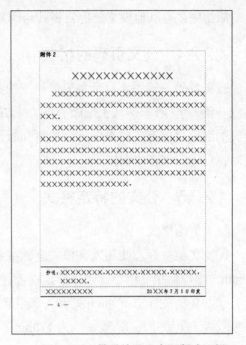

图1-17 带附件公文末页版式示例

（注：版心实线框仅为示意，并不印出）

1.2.2.3 公文版记的格式

（1）版记中的分隔线

版记中的分隔线与版心等宽，首条分隔线和末条分隔线用粗线（推荐高度为0.35mm），中间的分隔线用细线（推荐高度为0.25mm）。首条分隔线位于版记中第一个要素之上，末条分隔线与公文最后一页的版心下边缘重合。

（2）抄送机关

抄送机关是指除主送机关外需要执行或者知晓公文内容的机关，应当使用机关全称、规范化简称或者同类型机关统称。

公文如有抄送机关，一般用4号仿宋体字，在印发机关和印发日期之上一行、左右各空一字编排。"抄送"二字后加全角冒号和抄送机关名称，回行时与冒号后的首字对齐，最后一个抄送机关名称后标句号。

如需把主送机关移至版记，除将"抄送"二字改为"主送"外，编排方法同抄送机关。既有主送机关又有抄送机关时，应当将主送机关置于抄送机关之上一行，之间不加分隔线。

（3）印发机关和印发日期

印发机关和印发日期是指公文的送印机关和送印日期。一般用4号仿宋体字，编排在末条分隔线之上，印发机关左空一字，印发日期右空一字，用阿拉伯数字将年、月、日标全，年份应标全称，月、日不编虚位（即1不编为01），后加"印发"二字。

版记中如有其他要素，应当将其与印发机关和印发日期用一条细分隔线隔开。

1.2.2.4 公文页码的格式

公文页码一般用4号半角宋体阿拉伯数字，编排在公文版心下边缘之下，数字左右各放一条一字线；一字线上距版心下边缘7mm。单页码居右空一字，双页码居左空一字。公文的版记页前有空白页的，空白页和版记页均不编排页码。公文的附件与正文一起装订时，页码应当连续编排。

1.2.2.5 公文的特定格式

（1）信函格式

①发文机关标志使用发文机关全称或者规范化简称，居中排布，上边缘至上页边为30mm，推荐使用红色小标宋体字。联合行文时，使用主办机关标志。

②发文机关标志下4mm处印一条红色双线（上粗下细），距下页边20mm处印一条红色双线（上细下粗），线长均为170mm，居中排布。

③如需标注份号、密级和保密期限、紧急程度，应当顶格居版心左边缘编排在第一条红色双线下，按照份号、密级和保密期限、紧急程度的顺序自上而下分行排列，第一个要素与该线的距离为3号汉字高度的7/8。

④发文字号顶格居版心右边缘编排在第一条红色双线下，与该线的距离为3号汉字高度的7/8。

⑤标题居中编排，与其上最后一个要素相距两行。

⑥第二条红色双线上一行如有文字，与该线的距离为3号汉字高度的7/8。

⑦首页不显示页码。

⑧版记不加印发机关和印发日期、分隔线，位于公文最后一面版心内最下方。

信函格式首页版式示例如图1-18所示。

（2）命令（令）格式

①发文机关标志由发文机关全称加"命令"或"令"字组成，居中排布，上边缘至版心上边缘为20mm，推荐使用红色小标宋体字。

②发文机关标志下空两行居中编排令号，令号下空两行编排正文。

③签发人职务、签名章和成文日期的编排同"加盖签发人签名章的公文"的要求。

命令（令）格式首页版式示例如图1-19所示。

（3）纪要格式

纪要标志由"××××××纪要"组成，居中排布，上边缘至版心上边缘为35mm，推荐使用红色小标宋体字。

标注出席人员名单时，一般用3号黑体字，在正文或附件说明下空一行左空两字编排"出席"二字,后标全角冒号,冒号后用 3 号仿宋体字标注出席人单位、姓名,回行时与冒号后的首字对齐。

标注请假和列席人员名单时,除依次另起一行将"出席"二字改为"请假"或"列席"外,编排方法同出席人员名单。

纪要格式可以根据实际情况而定。

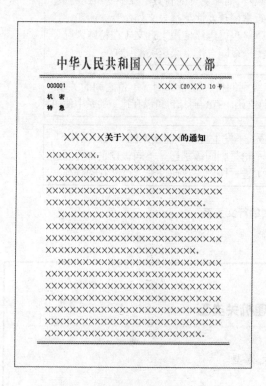

图 1-18 信函格式首页版式示例

(注:版心实线框仅为示意,并不印出)

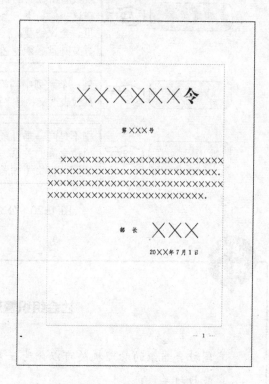

图 1-19 命令(令)格式首页版式示例

(注:版心实线框仅为示意,并不印出)

1.2.3 公文的行文规范

按照一定的规定或准则来维护机关之间的行文秩序称为行文规范。公文行文规范的内容包括行文关系、行文方向与方式以及行文规则三个方面。

1.2.3.1 行文关系

行文关系是指发文机关和收文机关之间的文件往来关系,具体来说,是根据机关的组织系统、领导关系和职权范围所确定的机关之间的文件授受关系。公文的行文关系主要有图 1-20 所示的四种形式。

上下级关系	即领导和被领导关系，这是直接垂直的关系，一般指上下级之间，如国务院和省政府。机关或部门的上行文如报告和请示都是面向上一级的机关或部门。而下行文如决定、通知、批复等都是面向下一级的机关或部门
隶属关系	不论大小和级别，都在同一系列内。如某乡政府就隶属国务院或者所在省的省政府，而和另外的省政府就不是隶属关系。在这一关系下，上级常用普发性下行公文如命令、通知、意见、会议纪要等，下级也可越级使用上行文（在特殊情况下行文并且必须抄送上一级即直接上级机关部门）
平级关系	是一个系列中同等级别的机关或者部门、单位之间的关系。其代表性文种是平行文函。有的通知也可以在这一关系中使用
非隶属关系	指不是同一垂直系列、不发生直接职能往来的机关及其部门、单位之间的关系，不论是相同级别还是不同级别，都要通过知照性行文（如函）进行协调，或通过联合行文共同办理

图 1-20　公文的行文关系

相关链接

社会组织管理机关类型

我国社会组织的管理机关可以分为三大类型。

1.政权机关

（1）立法机关体系：自全国人民代表大会及其常设机构、省市人民代表大会及其常设机构（省级以上立法机关或经全国人民代表大会授权的市级立法机关才有立法权）至乡镇人民代表大会。

（2）行政机关体系：依次是中央人民政府，即国务院；省、市（直辖市）、区（各自治区和中国香港特别行政区）政府；市、地区、州（自治州）政府；市（县级市）、区（市辖各区）、县政府；乡、镇政府。

（3）司法机关体系：自最高人民法院至乡镇司法机关。

其他政权机关有军事机关体系、政协机关体系等。

2.团体机关

包括中国共产党机关体系；中国共产主义青年团机关体系；全国工会机关体系；全国妇女联合会机关体系；其他群众性团体，如文联、社会科学联合会等。

3. 实体机关

包括事业单位机关，如学校和研究机构等；企业单位。一般实体机关纵向级别较少。

各级机关都有自己所辖的若干部门。在公文写作中，一定要注意机关和部门的区别。每一社会组织都有管理机构即机关，机关中又有不同的职能部门。如市政府应理解为市政府机关，而商务局则应理解为市政府机关所辖的部门之一。同时，相对而言，机关首脑一般称机关领导人，部门首脑一般称部门负责人。还要注意，机关之下有各级单位，这些基层单位又会有自己的机关。如市政府机关下设区县及乡镇政府机关。又如总公司机关下设分公司机关。

1.2.3.2　行文方向

行文方向是以发文机关为立足点向不同机关运行的方向，大致有四个，如图1-21所示。

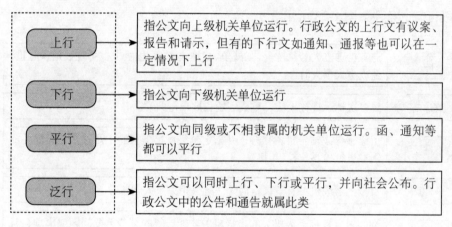

图 1-21　公文的行文方向

1.2.3.3　行文方式

行文方式是指公文传递、运行的方式。主要行文方式有图1-22所示的几种。

图 1-22　行文方式

（1）逐级行文

逐级行文是指向直接的上级或者直接的下级行文。为了维护正常的领导关系，有隶属关系或业务指导关系的机关之间基本采取逐级行文的方式，按级逐级上报或下发文件，即只对直属上一级机关或下一级机关制发公文。

比如，某市公安局向省公安厅请示开展扫黄打非活动，即为逐级行文。

（2）多级行文

多级行文是指下级机关同时向自己的直接上级机关和更高一级的上级领导机关行文，或领导机关同时向所属的两个或两个以上的下级机关行文。为加快公文传递，在必要时可采取同时向若干层级的上级机关或下级机关制发公文。

比如，广东省防总启动"山竹"台风应急预案，并同时下发给广州各地市相关部门，即为一种多级行文。

（3）越级行文

越级行文是指越过自己的直接上一级或直接下一级机关直接向其他上级或下级机关行文。为了维护组织或专业系统中的合理分工和正常工作秩序，防止工作脱节、被动或抵触，一般情况下避免越级行文。

越级行文的条件如图1-23所示。

条件一	遇有特殊重大紧急情况，如战争、自然灾害等，逐级上报可能会延误时机，造成重大损失时
条件二	经多次请示直接上级，重大问题长期未得到解决时
条件三	上级领导或领导机关交办，并指定越级直接上报的；对直接上级机关或领导进行检举、控告时
条件四	直接上下级机关有争议，而无法解决相关重大问题时
条件五	询问只有直接上级机关的上级机关才能答复的某些重要问题或事项，且这些问题和事项与直接上级机关没有任何联系的等

图1-23 越级行文的条件

比如，"山竹"台风致使广州某县受灾严重，该县政府为紧急救灾即可以越级行文。

（4）直接行文

直接行文是最常见、最基本的行文方式，是指发文机关直接向需要承办或执行公文中有关公务的受文机关行文。

比如，市民政局向某区民政局下达的《关于成年重度残疾人单独施保政策的有关问题的通知》，即为一种直接行文。

（5）直达行文

直达行文是指党政机关直接发到最基层的党政组织或者传达到人民群众的一种直接行文方式。有一些非涉密性文件，还可以采用登报、广播、电视等形式，直接与广大人民群众见面。

比如，《中共中央办公厅印发〈关于推进"两学一做"学习教育常态化制度化的意见〉的通知》通过《人民日报》直达各基层单位，是一种典型的直达行文。

1.2.3.4 行文规则

（1）一般规则

行文应当确有必要、讲求实际，注重时效性和可操作性。在行文关系上，一般不得越级行文，确实需要越级的，应当抄送给被越级的机关。

比如，广州某县因"山竹"台风受灾严重越级向省政府行文，应当抄送给其上级市政府。

（2）上行文规则

①原则上主送一个上级机关，根据需要同时抄送相应上级机关和同级机关，不得抄送给下级机关。这是为了确保权属意识、隶属关系，以及避免多头领导。

比如，某市公安局向省公安厅行文，可以根据需要抄送给市政府，但不得抄送给其下级县或区公安分局。

②党委、政府的部门向上级主管部门请示、报告重大事项，应当经本级党委、政府同意或者授权；属于部门职权范围内的事项应当直接报送上级主管部门。

比如，××省××市教育局向××省××厅行文，如果请示、报告的是重大事项，则需要经过××市政府的同意；但如果请示、报告的是部门职权范围内的事情（即属于教育领域内的工作），则无须经过××市政府同意，就可直接报送给上级教育主管部门。

③下级机关的请示事项，如需以本机关名义向上级机关请示，应当提出倾向性意见后上报，不得原文转报上级机关。

④请示应当一文一事，不得在报告等非请示性公文中夹带请示事项。

请示和报告都是向上级机关行文，请示需要上级机关回复，但是报告不需要上级机关回复。所以，如果在报告的文件中夹带了请示上级的事项，是得不到上级回复的，并且还有可能耽误工作。

比如，《关于"山竹"台风受灾地区安置情况的报告》，该公文中不得夹带请示事项，如有事项请示，需另写一份请示公文。

⑤除上级机关负责人直接交办事项外，不得以本机关名义向上级机关负责人报送公

文,也不得以本机关负责人名义向上级机关报送公文。必须以机关的名义向机关行文,不得以个人名义进行。简单来说,一般只允许机关对机关行文,不允许机关与个人之间行文。

⑥受双重领导的机关向其中一个上级机关行文,必要时抄送另一个上级机关。

比如,××市教育局受双重领导(一个是××市政府,另一个是××省教育厅),当××市教育局向××省教育厅行文时,如果确有必要,需要抄送一份给××市政府知晓。

(3)下行文规则

①主送受理机关,根据需要抄送相关机关。重要行文应当同时抄送发文机关的直接上级机关。

比如,××省政府向下级各市下发文件,如果内容很重要,需要同时抄送给××省的上级机关国务院。

②党委、政府办公厅(室)根据本级党委、政府授权,可以向下级党委、政府行文,其他部门和单位不得向下级党委、政府发布指令性公文或者在公文中向下级党委、政府提出指令性要求。需经政府审批的具体事项,经政府同意后可以由政府职能部门行文,文中必须注明已经政府同意。

比如,××省政府向××市政府行文,省政府机构内部分为省政府办公厅和其他部门,而省政府办公厅是辅助机关(即党政机关设立的负责协助领导机关处理日常工作并主管文秘和机关行政管理事务的综合职能部门,是为××省政府服务的),并且××省政府办公厅与市政府同级,但是经××省政府授权以后,省政府办公厅就可以向××市政府发布指令性公文或者在公文中向下级党委、政府提出指令性要求,但是在公文中必须注明已经省政府同意。而其他部门无此权利。

③党委、政府的部门在各自职权范围内可以向下级党委、政府的相关部门行文。

比如,在职权范围内,公安部向公安厅行文,公安厅向公安局行文就属于此类。

④涉及多个部门职权范围内的事务,部门之间未协商一致的,不得向下行文;擅自行文的,上级机关应当责令其纠正或者撤销。

比如,有项工作涉及教育部和交通运输部,需要两个部门协商一致后共同行文,但是教育部未和交通运输部协商一致,就擅自行文,那么二者的上级机关国务院会责令其纠正或者撤销这篇公文。

⑤上级机关向受双重领导的下级机关行文,必要时抄送该下级机关的另一个上级机关。

比如,××市教育局受双重领导(一个是××市政府,另一个是××省教育厅),当××省教育厅要向××市教育局行文时,如果觉得确有必要,可以在行文的过程中,抄送给××市教育局的另一个上级机关××市政府知晓。

（4）其他行文规则

同级党政机关、党政机关与其他同级机关在必要时可以联合行文。属于党委、政府各自职权范围内的工作，不得联合行文。党委、政府的部门依据职权可以相互行文。部门内设机构除办公厅（室）外不得对外正式行文。

比如，省教育厅、省人事厅、省财政厅可以联合行文；而省人民政府、省教育厅则不可以联合行文，因为两者之间不是同级关系。

1.3 公文写作的基础知识

1.3.1 公文写作的构成要素

1.3.1.1 公文的主题

公文的主题也称公文的主旨、主脑，是指行文者（通常为行文机关）通过公文内容所要表达的基本思想或基本意图。

衡量一篇公文写得怎样，主要看其主题在整篇公文中的表现。一般来讲，公文的主题必须达到图1-24所示的基本要求。

图1-24　公文主题应达到的基本要求

（1）正确

所谓正确，是指公文所表现出的主题具有思想性、科学性。思想性主要是指所表现的意图及目的要讲政治，不与国家的利益、法律的意志相冲突，符合法律法规和国家的方针政策；所表现的事情符合实际，实事求是，不违背发展规律，并经得起实践的检验。要使主题正确表现，就必须把握上级精神和下面情况这两方面，正确地进行思维辨别，正确地想事情、考虑问题。

（2）鲜明

所谓鲜明，是指公文所表现出的主题要有较强的针对性、倾向性，能够让人清楚行文的基本意图，包括行文的目的和行文者对问题及事物的态度等。赞成什么、反对什么，提倡什么、禁止什么，肯定什么、否定什么，都要直白明了，让人一看便知，一阅便懂。

（3）集中

所谓集中，就是公文所表现出的主题要体现单一性，体现一文一事的基本要求。进行公文写作，就要考虑如何让一个主要意图、一个基本观点贯穿全篇内容，并在文中较好地发挥统摄作用。公文写作有这样一个规矩：一篇公文既不可多中心，存在若干个基本思想；也不能赘述数事；更不能下笔千言离题万里。

> **小提示**
>
> 公文的主题大多习惯在标题中得以概括和揭示，以便让受文者一目了然，一看便知行文的意图及其目的。

1.3.1.2 公文的材料

公文的材料指的是用来表明发文机关意图、观点和行文目的的情况、事例、政策、数字、引语等相关信息。

（1）公文材料的特点

一篇公文写得成功与否，主题的表现固然重要，但材料的选用也同样不可忽略。任何写作都不可不加选择地把所有材料随便写进去。要知道，材料过多会淹没主题，材料失真会破坏主题，材料平庸会冲淡主题，材料陈旧会削弱主题。可见，材料的选用在公文写作中是很讲究的。具体来说，选用公文材料的技巧，在于写作人员对材料真实性、典型性、条理性这些基本特点的正确把握，如图 1-25 所示。

真实性	典型性	条理性
所用材料符合客观事实，不仅准确无误、绝对真实，而且能较好地反映事物的本质与主流；既不以假乱真，也不以偏概全。有的材料孤立地看似乎是真实的，是客观生活中发生的真人真事，但透过现象看本质却大相径庭，这种材料就不能作为真实材料写入公文中	材料能概括事物的本质属性，有代表性，能发挥以一当十、以小见大的作用，也能明确地揭示和说明问题。典型材料用来说明、反映主题，可使公文言简意赅，并且富有说服力和教育意义。但要注意，写作人员使用材料时决不能脱离实际任意拔高，也不能随心所欲胡乱使用	材料表现主题时要有主有次，能够按种属类别排序，以充分发挥其应有的作用。材料不是杂乱的、没有头绪的堆砌，而是要有条理性，这样写作人员才能根据需要恰当地安排材料，才能按照要求很好地运用材料

图 1-25　写作人员对公文材料的把握

为了更好地写作，所用材料应紧扣主题，既能真实客观地反映事实，又能明确清晰地揭示和说明问题，而且还具有相应的条理性，使主题的展开合情合理。如果材料的选择是盲目的，不但不能很好地揭示和说明问题，而且还会使主题节外生枝；如果材料的安排缺乏条理，不但会导致思维逻辑混乱，而且还会丧失公文的整体凝聚力。

（2）选择公文材料的要点

在公文写作中，材料的选择使用，除要达到真实、典型和富有条理外，还要注意图1-26所示的四个问题。

1. 对材料要进行提炼，使材料浓缩有力，那些多余的、无用的、与主题无关的材料要坚决删除

2. 要处理好材料与主题、材料与观点、材料与结构、材料与语言的关系。要做到材料围绕主题展开，为主题服务；材料与观点有机地统一，互为整体；材料与结构互相照应，最佳结合；材料的语言表达简洁明了、开宗明义

3. 要善于掌握和运用公文中不可缺少的材料，如党和国家的路线、方针、政策，法律法规，上级文件要求及规定，领导同志的讲话、指示、批示，一些能说明问题的数据、数字等

4. 要研究材料安排的学问和技巧。根据公文的需要，可以安排典型材料来说明问题，突出其针对性；还可以安排对比材料来解释问题，给受文者以深刻印象；也可以安排点面结合的材料来证实问题，使其更具说服力

图1-26　选择公文材料的要点

（3）公文写作中材料的运用

怎样把材料和观点组成一个有机的整体呢？在公文写作中，通常采用的方式有图1-27所示的三种。

先亮观点，后列材料
其优点是先声夺人、头绪清楚，通常在段首就亮出观点，而后再列举事例予以陈述、说明、解释

先列材料，后摆观点
其优点是从事到理、说服力强，通常先介绍事实或者列举数字、数据，然后再归纳概括观点

边列材料，边摆观点
其优点是既摆事实又讲道理，由浅入深，便于让人理解。有些说明性较强的，特别是夹叙夹议的公文，常采用这种方式

图1-27　公文写作中材料的运用方式

无论采用哪种方式，一定要注意材料与观点之间的逻辑关系，即通过归纳、演绎、因果等逻辑推导，从材料中得出必然的结论，避免出现互相脱节、互相矛盾的情况。

1.3.1.3　公文的结构

公文的结构即公文内部的组织结构，也叫布局、谋篇、章法。

(1) 公文的开头

开头亦称公文的起始缘由。这部分一般主要叙述发文的根据、目的、原因、理由和情况等，实际上就是由表及里有效地展示全文的切入点。

公文开头的写作是有规律的，常用的开头方法有图1-28所示的几种。

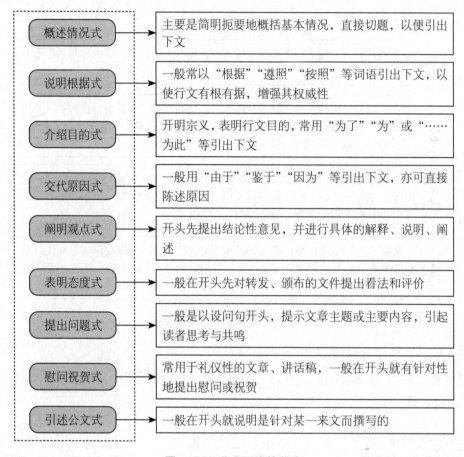

图1-28 公文开头的写法

> **小提示**
>
> 有些公文不另写开头，直接列序号开始；也有些公文综合使用上述几种方法来安排开头，但要注意简洁，尽可能开门见山，防止帽子大、套话多等问题。

(2) 公文的主体

主体亦称公文涉及事项。这部分从内容上讲，是全文之中心，行文之目的，主要表露行文者的主张、要求、意见、安排、部署、指示、决定等，是公文不可或缺的重要部分；从结构上看，主体一般有纵向组合结构、横向组合结构和纵横交叉结构三种形式。

①纵向组合结构。这种结构是纵向展开的,一般分为直叙式和递进式,如表 1-1 所示。

表 1-1 纵向组合结构的思路

序号	写作思路	具体说明
1	直叙式	一般以时间先后为序或以事情的发生、发展或变化过程为序。这种结构比较单一,事情的来龙去脉很清楚。常用于内容单纯、叙事性强的文种。采用这种结构方式,可按照发展顺序把事情恰当地分成几个阶段,以增加层次清晰度。但要注意突出重点,兼顾一般,切忌平铺直叙,平均用力
2	递进式	这是按事理的展开或认识过程来安排结构的。可以是叙事、说理、结论式,也可以是由浅入深层层推进式。前一种是摆事实、做分析、下结论,也就是提出问题、分析问题、解决问题,这种结构形式在公文里,特别是在布置工作的下行文中用得较多。而由浅入深层层推进式,则常用于说理性较强的公文

②横向组合结构。这种结构是横向铺排的,或按事物的组成部分展开,或按空间分布展开,或按事物的性质归属关系展开。此种结构一般分为简单列举式和总分并列式,如表 1-2 所示。

表 1-2 横向组合结构的思路

序号	写作思路	具体说明
1	简单列举式	主要围绕主题,把选取的材料逐条逐项并列排出。法规、规章类公文及一些条文式公文常采用这种结构。这种结构形式,条理清晰、简洁醒目
2	总分并列式	主要是遵循总分思路,辐射式地展开,并列的各部分按事物的逻辑关系分类安排,分别围绕主题阐述一个问题,或者说明事物的一个侧面。这种结构,中心突出,层次分明,条理清楚,在公文写作中用得较多

> **小提示**
>
> 采用横向组合结构要避免像开中药铺似的罗列材料,应注意发掘各部分材料间的必然逻辑关系,同一层级上并列各项的分类采用同级标准,应根据表达的需要确定分类的层级。

③纵横交叉结构。一些内容丰富、容量较大、篇幅较长的公文常采用这种结构形式。采用这种结构形式,要注意交叉内容不可杂乱无章,要有主有从。一般同一层级的材料,采用定向组合结构为好,这样便于控制、驾驭。

采用纵向组合结构,可以看出事物发展的全过程;采用横向组合结构,可以分析出事物各部分间的联系和比较、区别。所以不论如何运用,都要从实际需要出发,从全篇公文的实际构成考虑。

（3）公文的结尾

从内容上说，结尾是主体的自然延伸，是行文目的的呼应，是核心问题的强调；从形式上讲，结尾是全文的终了和交代。结尾一定要顺其自然，言尽意明即可。

结尾的形式虽千变万化，但基本上可概括为直接结尾与间接结尾两种。直接结尾即自然结尾，在表达完之后戛然而止。间接结尾即在最后意思讲完后，再写一段或一句话作为结尾。

书写结尾时，要注意图1-29所示的几点。

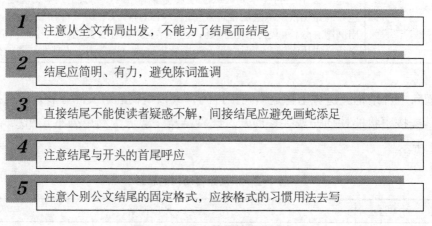

图1-29　公文结尾的写作要点

公文如何布局

除了通过这种固定框架模式来表明公文结构外，整个公文的布局还有衔接自然、前后呼应的问题。通常我们所说的层次与段落、过渡与照应就是这个内容。

1. 层次

所谓层次，就是指公文内容的表现次序。它是事物阶段性发展过程中客观矛盾多个侧面的表现，是写作者认识事物和表达问题的思维步骤在结构上的反映。事件发展的一个阶段、事物特征的一个方面、诸多问题中的一个问题、分析推论中的一个分论点等，都可以组成一个层次。

（1）按客观规律线索来安排层次，这包括以时间为序，即事物发生、发展、结束的顺序；以空间为序（以工作先后为序），即事物空间转移和场面变换的顺序。

（2）按主观线索来安排层次，这包括以思维逻辑为序，即提出问题、分析问题、解决问题的顺序；以事物特点、性质的分类归纳为序，即把同一特点、同一性质的问题、材料归入同一层次；以认识为序，即认识过程中由浅入深、由表及里的顺序。

（3）按主客观交织的线索来安排层次，即各个大部分以某一线索安排层次，而大部分中的小部分则以另一线索安排层次。

那么安排层次的具体方法主要有哪些呢？归纳起来主要有以下三种。

（1）并列式，即各层次之间的关系是并列的，几个层次的内容都可直接表现全文的主题，各层次之间没有直接联系，没有严格的先后次序之分。它的特点是条理分明，使人一目了然。

（2）递进式，即各层意思是层层深入或推进的关系，几个层次的内容彼此联系极为紧密，层次间逻辑性很强。它的特点是结构严谨，具有较强的说服力。

（3）连贯式，即各层次意思有先有后，上下衔接，连续发展。它的特点是纲目严明，便于阅读者把握主题。

2. 段落

所谓段落，就是公文中表现思想内容的最小单位。段落和层次既有区别又有联系。层次着眼于思想内容的先后次序，而段落着眼于过程中的间歇、转折和强调。一般来说，层次大于段落，常常用几个段落表达内容的一个层次；有时层次和段落也可一致。除篇段合一的短文外，稍长的公文都要划分段落。这是公文表达内容、明确层次的需要，也是刻意追求文面结构的需要，更是迎合阅读者心理的需要。

划分段落必须注意单一、完整、有序、合理。单一是指在一个段落中只说一个意思，不要把几个意思混在一起说。完整是指一个意思要在一个段落里说完，不要割裂成几段。有序是指一个段落的句子之间要注意自有的排列顺序，段与文章中各段的组合要有逻辑联系，注意连贯性。合理是指段落的划分要从表达思想内容的需要出发，考虑公文的总体表达效果，长短适度，疏密相宜。

3. 过渡

所谓过渡，就是指层次和段落之间的衔接与转换。它是上下文的桥梁和纽带，起到承上启下的作用。有了过渡，文章在"积章而成篇"时才能文脉贯通，既有层次，又成一个整体，就同木匠的接榫合卯、裁缝的穿针引线一样。过渡可用关联词语、过渡句、过渡段等语言材料。

在公文结构中，过渡一般用于时间转换、事件转换、论述转换、表达方式转换及大层次之间转换等负荷较重、容易断裂的地方。常见的过渡方法有下面几种。

（1）自然过渡，也就是靠上下文之间内在的含义衔接过渡，没有什么明显的过渡语。

（2）用关联词语过渡，就是在层次段落间加上承上启下或表示关联、转折的词语，如总之、综上所述、由此可见、为了、尽管等。

（3）句子过渡，常用总括句、问话句等。

（4）段落过渡，安排一个简短的自然段承上启下。

（5）用顶真法过渡，即后一段重复前一段末的词语。

（6）用时间、方位词语过渡，用序数词过渡等。

过渡是公文结构的一个标志，要想过渡得好，就要思路清晰，内容贯通，这样才能较好地发挥过渡的作用。过渡要力求自然，内容顺接，不能单纯从形式上考虑过渡，让人感觉画蛇添足。

4. 照应

所谓照应，就是指公文中不相邻的层次、段落的关照和呼应。在一篇公文中，前面说到的事项或内容，到后面要有所着落；后面提到的事项或内容，前面要有所交代，这就是照应。照应有助于强化前后内容的内在联系，增加公文的整体感。篇幅长的公文尤其应注意照应。有了照应才能使阅文者思路连续，集中注意力。

常用的照应方式有下面几种。

（1）题文呼应，在开门见山、收篇点题、片言居要等处照应标题。

（2）首尾呼应，一般是开头提出问题，结尾作出结论，或者是结尾深化结论。

（3）形式上首尾圆合，内容上通过照应概括全文，突出主题。

（4）前后照应，反复强调重点，使结构紧凑，内容互为一体。

运用照应也要注意以下几点。

（1）照应要自然，不能给人做作之感。

（2）照应要用得恰当、合理、必需，不能滥用。

（3）照应要有呼有应，呼而不应会令人疑惑不明，无呼而应会使人莫名其妙。

1.3.1.4 公文的语言

公文语言的主要特点体现在图 1-30 所示的几个方面。

图 1-30 公文语言的特点

（1）庄重

庄重指语言端庄，格调郑重严肃。公文是机关行使权力的工具，具有法定的效力，所以要求语言具有庄重特色，要体现发文机关的权威性，特别是那些指示性、法规性的公文，更应如此。

（2）准确

准确指语言真实确切，褒贬得当，语意明确，符合实际，无虚假错漏。公文是用来指导工作、反映情况和处理问题的，必须强调语言准确，避免产生任何歧义。但有时公文中也需要使用某种模糊语言，如基本、几乎、不少、绝大多数等。在一定情况下适当运用此类模糊语言，不但不会造成文意的模糊，反而恰恰能够达到准确表达文义的效果。

比如，"到本世纪末基本解决农村贫困人口的温饱问题"，这里用"基本解决"比用百分比的表达效果更强。

（3）朴实

朴实指语言平直自然，是非清楚，明白流畅，通俗易懂。公文的着力点应放在说明问题和讲清道理上，注重以理服人。因此，公文语言要实在、质朴、平易，叙事求实，论理有据，不夸张，不掩饰，不追求词句的华丽。当然，强调公文语言的朴实，绝不是说公文的语言不要求生动。公文也要尽可能写得生动，但这要根据公文的特点恰当处理，不能硬搬文艺作品的语言。

（4）精练

精练指语言简明扼要，精当不繁，满足行文目的及表现主题的需要，当详则详，当略则略。公文的语言必须简明扼要，不拖泥带水，用最少的文字表达尽可能多的意思。当然也要注意不要因片面地追求简练，而使文义不能得到完整、准确的表达。

（5）严谨

严谨指语言含义确切，文句严谨，细致周密，分寸得当，切忌模糊含混、语意多歧。公文是一种实用文体，是公务活动中进行交际、传递信息的文书。公文写作与一般性文章写作有明显的区别，它不需要繁杂的细节描写和深入细致的刻画，也不能抒发个人的情感，要求用规范、严谨的语言去表述事实、传达信息。

（6）规范

规范指语句不仅符合语法及逻辑原则，而且要合乎公务活动的特殊规范性要求。公文要遵守语法规则，使用规范化语言，用词要符合行文的语体风格。要使用书面语言，不用口语、方言。公文起草必须十分重视语法和修辞问题，做到字斟句酌，避免用语、用字不规范的现象。

小提示

我们强调公文语言要规范化，同时也不否定公文语言具有某些特点，这两者并不矛盾，而是统一的。如在公文中适当使用文言词语，可使公文语言风格更为庄重、典雅和简洁。

1.3.2 公文写作的基本步骤

1.3.2.1 酝酿准备阶段

"凡事预则立，不预则废"，就像盖房子一样，公文写作之前，也要对其有一个完整、可靠的规划和准备。事先准备充分与否，直接影响以后写作的进度和质量。公文写作的准备既包括内容，也包括形式，要通过充分的酝酿准备，做到对整篇公文胸有成竹。具体来说，公文写作的准备应从图1-31所示的几方面着手。

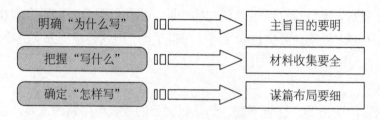

图1-31 公文写作的准备

（1）明确"为什么写"——主旨目的要明

公文是公务活动中传情办事的工具。每一篇公文的发出，都有其特定的作用。写一篇公文，首先要明确这篇公文要达到什么样的目的。

比如，是要解决全局问题，还是要解决局部问题；是要对方了解、认识某些问题，还是要求对方采取行动、措施等。

起草者要根据公文的写作目的和达到这一目的的根据，确定公文所要表明的主要观点、主张，即公文的主题。如果是领导交办的写作任务，起草者应就这些问题向领导进行仔细询问，认真研究，很好地领会其中含义，切不可不懂装懂，自由发挥。

（2）把握"写什么"——材料收集要全

"巧妇难为无米之炊"，丰富的写作材料和参考资料，对于一篇公文的成功，起着十分重要的作用。收集材料要在"全"字上下功夫，要找全需要利用和参考的有关资料，如图1-32所示。

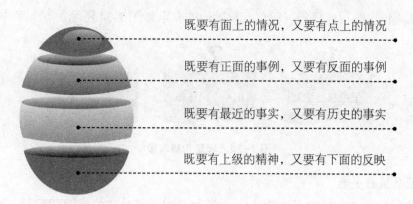

图 1-32　材料收集要全

全方位地掌握资料后,思想观点就会更加客观,方法步骤就会切实可行,写作起来便游刃有余,写出的公文也就丰满充实。

(3) 确定"怎样写"——谋篇布局要细

谋篇布局就是围绕主题把有关内容组织成篇的过程。公文写作的成败,往往取决于谋篇布局,主要应该确定以下三个方面的内容。

①定格式。要根据公文的主旨和目的,确定公文的发文对象,选择适当的文种。

②定结构。要为公文建框搭架,撰写写作提纲。写作提纲至少要解决图 1-33 所示的问题。

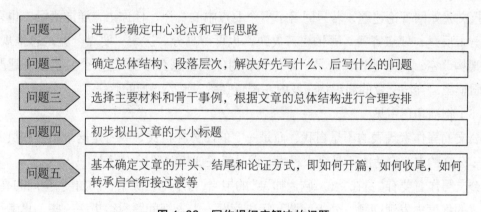

图 1-33　写作提纲应解决的问题

一般而言,为确保公文的准确性、严肃性和写作速度,再简单的公文,写作前都应拟个提纲。

③定重点。要根据文章的主旨目的,确定哪一部分应详写,哪一部分应略写。

1.3.2.2　起草初稿阶段

准备工作好比"十月怀胎",起草环节则是"一朝分娩"。初稿写作不顺利,就难以高效率地完成预定的写作任务。起草初稿阶段的要求如图 1-34 所示。

图 1-34　起草初稿阶段

（1）把准核心主题

主题是贯穿公文始终的基本观点、主张和意图，是公文的灵魂和统帅。有了主题，公文就能提纲挈领。特别是起草领导的讲话稿时，主题更是一面鲜明的旗帜，反映讲话者的立场，体现讲话稿的导向，切忌顾左右而言他、泛泛而谈，更不能眉毛胡子一把抓、无的放矢。

确立一篇讲话稿的主题，要在大量信息的基础上，结合当前急需解决的突出矛盾和领导工作的实际需要，弄清领导意图、找准核心重点，这样写出的讲话稿才能有的放矢、正中靶心。

（2）把准逻辑主线

逻辑顺畅，则公文温润如玉，行文如行云流水；逻辑混乱，则公文杂乱无章，行文如一盘散沙。

撰文犹如回答论述题，若只回答了多个要点中的一个，任你语言洋洋洒洒，也只能得低分；反之，要点齐备，哪怕语言欠缺，也可得高分。这个"要点"就是思维规律、逻辑架构严密，简单地说，就是"是什么、为什么、怎么办"。起草公文也要搭建严密的逻辑框架，弄清文章的组织构造及内在逻辑联系，形成清晰的脉络。

（3）把准角色主见

公文的写作者代表的不是自我，而是一定的团体和机关，或者是这个团体和机关的领导；公文的内容表达的不是个人思想，而是机关或机关领导的意志。

公文写作者要有"身在兵位，胸为帅谋"的担当，善于站在决策者的角度、全局的高度、主讲人的维度去发现问题、分析问题和解决问题，力求把问题看得更深一些、思考得更准一些、阐述得更新一些，这样的文章才有独到的见解，领导的思想风格才能跃然纸上。同时，公文写作者要学会把自己置于受众位，站在文件受众、讲话听众的角度起草文稿、组织语言，这样写出的公文才能让受众产生共鸣，收到预期的效果。

1.3.2.3　修改定稿阶段

作为公文写作者，在修改公文时，既要站在行文者的角度，又要站在受文者的角度，对公文进行审改。

(1) 站在行文者角度审改

公文写作者要站在行文者的角度检验公文的准确性。公文的修改，要从大处着眼，从小处落笔，先检查公文的主旨材料、通篇结构是否有毛病，然后从字、词、句、段逐一进行检验修改，具体要求如表1-3所示。

表1-3 站在行文者角度审改

序号	审改角度	具体说明
1	看主题是否正确，表达是否清楚	首先检查主题是否正确，是否符合党和国家的有关法规、方针政策等。主题正确了，再看主题表达是否清楚，这要从三个方面检验： （1）要检查公文的大小标题是否准确，是否直接、简洁、鲜明地反映主题 （2）要检查公文的内容表述是否集中，是否紧扣主题，反映主题 （3）要看文章的思想是否与主题相统一
2	看结构是否合理	修改时应检验结构布局是否完整合理，有无残缺脱漏；段落层次是否分明，并合乎逻辑；过渡、照应是否恰当；开头、结尾是否得体等
3	看选材是否正确、典型	根据写作目的和公文主旨，对初稿选用的材料要认真检验核实。对虚假失实的材料，要坚决舍弃；材料空洞贫乏的，应适当补充，以使主旨基础坚实
4	看语言是否精当，标点符号是否规范	（1）初稿形成后，要逐字逐句推敲，删繁就简，竭力将可有可无的字、句、段删除 （2）用词要准，要考虑公文的语体特色，使语言达到准确、精练、规范、明白、朴实、生动的要求 （3）要检查标点符号的使用是否恰当，有无错别字等 以上这些看似细枝末节，但如果马虎大意，有所疏漏，就会使受文者产生误解或引发歧义，甚至出现重大错误，给工作带来困难或造成损失

(2) 站在受文者角度审改

公文写作者要站在受文者的角度检验公文的可行性。在修改公文时，还要从受文者的角度出发，对公文内容的正确性、可行性和指导性进行检验，具体要求如表1-4所示。

表1-4 站在受文者角度审改

序号	审改角度	具体说明
1	查政策界限是否正确	每份公文规定要做什么、不要做什么、应当怎么做，政策界限必须正确，否则，在执行中必然会产生偏差
2	查措施办法是否明确具体	（1）要重点检查"工作交代"是否明确 （2）凡请示的文件，均须写明情况和自己的要求及意见，并写明希望何机关何人何时答复何项问题 （3）凡指示的文件，对各级的要求，也应规定明确

续表

序号	审改角度	具体说明
3	查措施办法是否可行，与各方面有无抵触	文件提出的实现目标的措施和解决问题的方法必须切实可行，否则，就可能成为一纸空文，达不到行文目的。因此，要注意查明下列问题： （1）提出措施、方法的理由是否充分，与客观条件是否相符，在行文范围内是否有普遍的指导意义 （2）检查文件的内容与中央、上级发布的方针、政策、规定等是否保持一致，与同级平行机关的有关规定、办法有无抵触，与过去本单位制定的有关政策、规定是否相矛盾。如有不一致的地方，要根据情况进行修改或适当处理 （3）查看文稿本身的标题和内容、观点和材料之间有无自相矛盾、互相抵触的地方 以上三点得到全面解决，才能有效推动受文者自觉地按公文要求行动，促进公文目标的实现

1.3.3 公文写作者的素质培养

1.3.3.1 什么是公文写作者的素质

公文写作者是指公文的撰拟制作者，特别是指各级党政机关、企事业单位、社会团体中的秘书人员。

公文写作者的素质是指公文写作者在物质和精神方面的一种综合能力，包括先天特质和后天涵养两个方面，主要特点如图 1-35 所示。

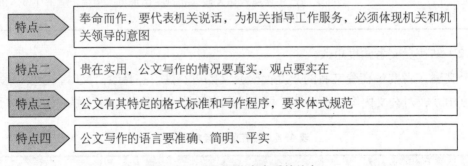

图 1-35 公文写作者素质的特点

1.3.3.2 公文写作者素质的体现

公文写作者的素质特性决定了公文写作者必须具备生理与心理、政治、科技、文化等多方面的素养。

(1) 生理与心理素质

公文写作者生理与心理素质是指写作者所具备的独特的、稳定的心理与生理品质。就写作者而言，主要包括个人的天赋、气质、性格、兴趣等要素，如表1-5所示。

表1-5 公文写作者生理与心理素质的要素

序号	要素	具体说明
1	天赋	天赋首先是指一个人的神经系统正常，无缺陷。正常的先天生理条件对公文写作者的成长具有决定性的意义，也是他后天独特心理品质发展的根基。而后天的训练无疑是对天赋的成全、补充与完善
2	气质	气质是人的高级神经活动特点在行为方式中的表现，是个人心理活动的动力特征。气质在很大程度上决定着写作者写作或创作的观点、过程、语言乃至风格
3	性格	公文写作者的性格主要表现在他对外物的感知、认识、推理、判断及感情意志等心理活动中，对公文写作过程中题材处理、主题提炼、文种驾驭、语言表达及个性风格的形成都会产生深刻的影响
4	兴趣	兴趣是指一个人经常趋于认识某种事物，力求参与某项活动，并且有积极情绪色彩的心理倾向。公文写作者的个人兴趣对他写作过程中的材料选择与主题提炼、内容的倾向及风格的形成都有直接的影响。因此，公文写作者具有广泛、持久、深刻、健康的兴趣，才能写出好的公文作品来

(2) 政治素质

政治素质是指人的道德观念和思想品质，反映了人的社会聚合力状况，包括世界观、价值观、幸福观、责任感、义务感等内容，良好的政治素质无疑是对公文写作者的一个基本要求。

道德观念是人们共同生活及其行为的准则和规范。公文写作者从事公文写作时，总会按照一定的道德标准去评判生活、人物，衡量是非曲直。写作者的立场和信仰决定着公文本身的政治倾向，写作者的觉悟与人生观、生活态度则直接决定了写作者对问题认识与评价的正确性和深刻程度。可以这样说，优良的思想品质是公文写作者正确感知、体验、理解和判断、分析现实生活的基础。

(3) 文化知识素质

文化素质主要是指人在知识、智能方面的素质，是后天学习和培养的结果。公文写作者的文化素质应该是多方面的，除了政治理论知识、公文写作专业知识外，还应该具有比一般人更广泛的文化知识，如市场经济知识，历史学、地理学、心理学知识及自然科学知识和日常生活常识等。

> **小提示**
>
> 公文写作者良好的文化素质能扩充公文作品中蕴含的信息量,提高公文所反映问题的深度和广度。

1.3.3.3　公文写作者素质的培养途径

公文写作者素质的培养途径主要如图 1-36 所示。

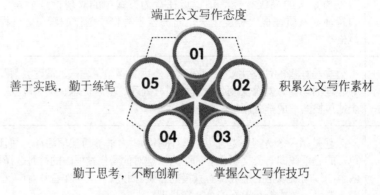

图 1-36　公文写作者素质的培养途径

（1）端正公文写作态度

公文写作虽然不容易,但也不是高不可攀。写作者如果有坚持不懈的韧劲和积极的态度,不断学习,刻苦练习,一定能写出好的公文。因此,端正公文写作态度至关重要,其措施如图 1-37 所示。

要坚定政治立场	要坚持实事求是的态度
公文是政策性较强的文章,写作者一定要有坚定的政治立场和敏锐的洞察力,在思想上始终与党中央保持高度一致,为提高公文写作素养打好政治基础	公文要用事实说话,所以,写作者在起草公文时一定要实事求是,一就是一,二就是二,绝不能夸大或者缩小,更不能浮夸。同时,公文写作者必须从本单位实际情况出发,才能写出好的文章

图 1-37　端正公文写作态度的措施

（2）积累公文写作素材

要想写好公文,必须有丰富的材料,这就要求写作者在日常工作与学习中不断积累素材,其措施如图 1-38 所示。

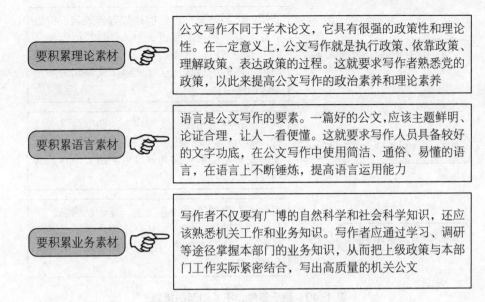

图 1-38 积累公文写作素材的措施

（3）掌握公文写作技巧

公文写作必须符合公文写作规范，这就要求公文写作者掌握图 1-39 所示的写作技巧。

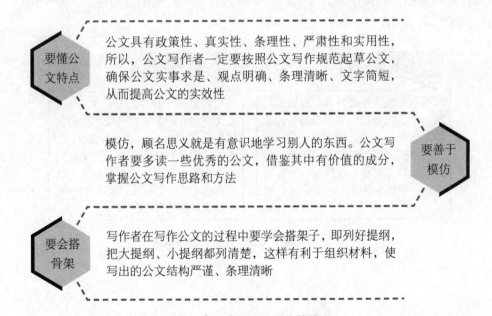

图 1-39 掌握公文写作的技巧

（4）勤于思考，不断创新

公文写作者在日常工作、学习、生活中积累了大量的公文写作材料，但是大量的材料不可能全部用到每一次公文写作之中，这就要求写作者勤于思考，不断创新，对已有的材料进行整理，具体措施如图 1-40 所示。

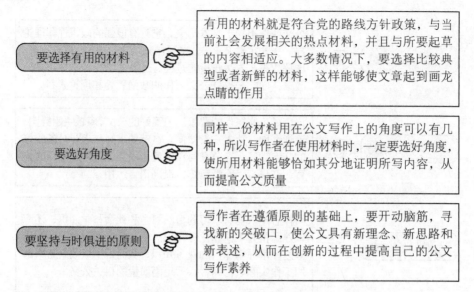

图1-40　勤于思考，不断创新的措施

（5）善于实践，勤于练笔

文章非天成，妙手靠实践。写作者要想写出好公文，只读只看是不行的，必须要动手实践，常写常练，坚持不懈，才能做到下笔如有神，才能使其写作素养有所提高，具体措施如图1-41所示。

勤于动笔	勤于修改
写作者可以从整理日常工作会议记录入手，把会议记录用简洁、通俗的语言记录下来。同时，也可以把所看到的感兴趣的信息写下来，坚持边工作边写作，这样在一段时间之后，写作水平就会有所提高	公文大多是三分写，七分改。写完公文之后，一定要对公文中的相关材料反复确认，对语言反复推敲，看选用的材料是否正确，使用的语言是否恰当，多一次修改就多一次写作的体验。在不断的修改过程中，写作素养就能有所提高

图1-41　善于实践，勤于练笔的措施

第 2 篇　法定类文书写作

法定类文书是指《党政机关公文处理工作条例》中规定的公文种类，包括决议、决定、命令（令）、公报、公告、通告、意见、通知、通报、报告、请示、批复、议案、函、纪要等。

2.1 决议

2.1.1 决议的认知

2.1.1.1 决议的定义

决议一般指党的领导机关就重要事项，经会议讨论作出决策，并要求贯彻执行的重要指导性公文。

决议适用于会议讨论通过的重大决策事项。

2.1.1.2 决议的特点

决议具有表2-1所示的特点。

表2-1 决议的特点

序号	特点	具体说明
1	权威性	决议一般是经党的会议讨论通过才能生效并由党的领导机关发布的，是党的领导机关意志的反映
2	指导性	决议表述的观点和对事项的评价都具有指导意义

2.1.1.3 决议的分类

按不同的分类标准，决议可分为不同的类型。

（1）根据内容的不同，决议可以分为表2-2所示的类型。

表2-2 决议按内容分类

序号	类型	具体说明
1	综合性决议	是将整个会议决议的事项全面总结和概括后形成的决议，它反映会议的全部成果
2	专题性决议	是指会议就某个单一问题或单项工作作出的决议

（2）根据性质的不同，决议可以分为表2-3所示的类型。

表 2-3　决议按性质分类

序号	类型	具体说明
1	规范性决议	其主文表述的是重要决策事项，具有条例、规定等法规文件的效力
2	发布性决议	其主文表述的不是决策事项，只说明或简要说明决议事项的法定效力。而有关的决策事项，则作为附件附于决议之后

2.1.1.4　决议的结构

决议一般由标题、成文时间、正文三部分组成，如表 2-4 所示。

表 2-4　决议的结构

序号	组成	具体说明
1	标题	决议的标题一般有两种形式： （1）由"发文机关（或会议名称）+ 事由 + 文种"构成，如"×××关于××××的决议" （2）由"事由 + 文种"构成，如"关于××××的决议"
2	成文时间	凡属于法定会议正式讨论通过的决议，日期一般放在标题之下，在小括号内注明会议名称及通过时间，有时也可省略会议名称
3	正文	正文由开头、主体和结尾三部分组成： （1）开头，写明决议的根据，一般包括会议听取了什么、学习讨论了什么、审议了什么、批准或通过了什么、自何时生效等 （2）主体，决议主体部分的内容比较复杂，因此写法也较灵活。如果是批准事项或通过文件的决议，相对比较简单，多是强调意义，提出号召和要求。如果是安排工作的决议，要写明工作的内容、措施、要求；内容复杂时，要明确分出层次，并列出各层次的小标题，或者分条撰写。如果是阐述原则问题的决议，主体部分要有较多的议论，多采用夹叙夹议的写法，把道理说深说透 （3）结尾，决议的结尾部分可有可无。有时主体结束，全文也就结束了，不必再专门撰写结尾；有时需要写一个结尾，多以希望、号召收结全文

2.1.2　决议的写作

2.1.2.1　决议的写作要求

决议的写作要求如表 2-5 所示。

表 2-5　决议的写作要求

序号	写作要求	具体说明
1	文风庄重严谨	忠于会议的主旨，把握会议的中心。写作上要叙议结合，定性准确，评价恰当，能激发人们执行决议的积极性和自觉性

续表

序号	写作要求	具体说明
2	文字要简明扼要	一般不写过程,只写什么时间,召开什么会议,作出了什么决议。重点应放在决议事项上。当然,内容是否简明扼要,并不以篇幅长短作为衡量标准,决议篇幅是长是短,要根据决议的内容和担负的任务来定
3	格式书写要规范	标题、决议通过的日期、会议名称、决议正文等,都应按决议的规范标准去写。决议为普发性公文的,一般没有主送单位和落款
4	注意成文的时效性	一般的决议都要在会议期间讨论通过,因此,时效性强,要求成文迅速、及时

2.1.2.2 决议的写作模板

_____决议

_____(成文时间)

_____

_____(决议缘由)。

_____(决议事项)。

_____(提出号召)。

2.1.2.3 决议的写作范例

范例1

**××市第××届人民代表大会第×次会议
关于××市人民政府工作报告的决议**

(20××年××月××日××市第××届人民代表大会第×次会议通过)

××市第××届人民代表大会第×次会议听取和审议了市长×××所做的政府工作报告。会议充分肯定市政府20××年的工作,同意报告提出的20××年预期目标和主要工作,决定批准这个报告。

会议号召,全市人民要在市委的正确领导下,坚持以××××××思想为指导,全面贯彻党的××大精神,深入落实×××来××考察时重要讲话的指示精神,按照中央经济工作会议、省委××届×次全会和×委××届×次全会部署要求,坚持稳中求进的工作总基调,坚持以新发展理念引领高质量发展,更好地服务和融入新发展格局,更好地统筹发展和安全,突出做好稳增长、稳就业、稳物价工作,贯彻落实"三个年"活动和全市八个方面重点工作,解放思想、改革创新、再接再厉,奋力谱写高质量发展新篇章,全面推动中国式现代化××实践迈出坚实步伐。

 范例 2

××市人民代表大会常务委员会
关于批准20××年市级财政决算的决议

(20××年××月××日在××市第×届人大常委会第×次会议通过)

××市第×届人民代表大会常务委员会第×次会议听取了市财政局局长×××受市人民政府委托所做的《关于20××年市级财政决算的报告》和市审计局局长×××受市人民政府委托所做的《关于20××年度市级预算执行和其他财政收支的审计工作报告》。会议结合审计工作报告,对20××年市级财政决算(草案)进行了审查。会议同意市人大财经委提出的审查结果报告,决定批准20××年市级财政决算。

2.2 决定

2.2.1 决定的认知

2.2.1.1 决定的定义

决定是对重要事项或重大行动作出决策或安排,并要求机关各部门和下级机关或有关单位贯彻执行的指令性公文。

决定常用于对重要事项作出决策和部署、奖惩有关单位和人员、变更或者撤销下级机关不适当的决定事项。

2.2.1.2 决定的特点

决定主要有表2-6所示的两大特点。

表2-6 决定的特点

序号	特点	具体说明
1	决策性	决定是领导机关对重要事项或者重大行动安排作出的决策，集中体现了领导机关的指挥意志、处置意图和政治倾向
2	制约性	决定的内容具有不可变更的确定性，下级机关必须遵照执行

2.2.1.3 决定的分类

根据具体用途和内容的不同，决定一般分为表2-7所示的两类。

表2-7 决定的种类

序号	类型	具体说明
1	知照性决定	知照性决定最突出的特点是，除当事者（单位或个人）外，一般只要求下属单位和有关人员知晓，不要求下属单位及有关人员承办和贯彻执行。有些决定在末尾有号召性语言，但没有执行的具体意见和要求，也属于知照性决定。常用的知照性决定有表彰决定、处分决定、机构设置决定、人事决定和具体事项的决定等。这些决定在写作方法上要求开门见山，直陈直述，篇段合一或只写两三个自然段；不分条目，篇幅简短，结构严谨，层次分明，文字精练，语言规范，表述准确
2	指挥性决定	指挥性决定最突出的特点是，需下属单位和有关人员承办和坚决贯彻执行。常用的指挥性决定有规定性、规范性决定，指导性、指示性决定，处理问题的决定和重要行动的决定等。指挥性决定一般篇幅较长，说理透彻，措施具体；也有些决定篇幅简短，均具有指令性和指导作用

2.2.1.4 决定的结构

决定一般由标题、主送机关、正文、落款组成，具体如表2-8所示。

表2-8 决定的结构

序号	组成	具体说明
1	标题	一般有两种形式： （1）由"事由+文种"构成，如"关于××××的决定" （2）由"发文机关+事由+文种"构成，如"×××关于××××的决定"

续表

序号	组成	具体说明
2	主送机关	决定属于下行公文，需简要写明收文机关名称。如果没有特定的收文对象，则不需要标明主送机关
3	正文	首先，交代决定的背景、原因或者目的。其次，阐述决定的具体内容。最后，写明希望与要求
4	落款	一般由发文机关、印章和发文时间三部分构成。有些决定由会议通过，需把通过时间写在标题和正文之间，落款处不标时间

2.2.2 决定的写作

2.2.2.1 决定的写作要求

决定的写作要求如表 2-9 所示。

表 2-9 决定的写作要求

序号	写作要求	具体说明
1	采用合适的结构形式	决定的结构形式取决于决定的内容。决定的内容不同，其结构形式也不一样。因此，要写好决定，首先要确定决定的内容，然后采用与内容相适应的结构形式： （1）知照性决定，由于是解决具体问题的，内容单一，文字简短，所以，大都是一气呵成，不分段落，多采用"篇段合一"的结构形式 （2）部署指挥性决定，主要是传达部署对某一具体重要工作或行动的决策，往往先交代决策的背景与依据，在篇头处进行文字撮要表达，然后再写明决策的具体内容与要求。为了清楚表达和便于执行，多采用分条列项的方法，条与条之间是并列的逻辑关系 （3）法规政策性决定，其结构形式有两种，一是"分部分"的结构形式，即把全文划分为几个大的层次，层次与层次并列，各自相对独立，涉及重大问题、确立大政方针的决定,大都采用这种结构；二是"分条列项"的结构形式，即把全文分为若干条，一条为一个独立的意思，条下列项，与法律、法规的写法相似，适用于规范人们社会行为的一类决定 （4）表彰或处分性决定，一般采用"分列自然段"的手法，先用一段文字介绍被表彰或受处分对象的基本情况，再用一段或数段内容写明表彰或处分的依据，然后作出表彰或处分的决定，并就此提出希望、要求或发出号召
2	掌握恰当的表达方式	法规政策性、部署指挥性决定，由于内容比较复杂，在表达方式上应当以说明为主，适当结合议论。说明文字用来表达决定的具体内容、事项与要求；而议论文字通常写于全文和每一部分、每一层次、每一段落之首，用来明确篇旨和段旨，起到亮明观点、点出主旨的作用。表彰或处分性决定，更多的是使用说明文字，议论性文字用得偏少。只有在写事情的性质、意义或影响时才涉及议论文字

续表

序号	写作要求	具体说明
3	运用准确的语言词汇	撰写决定必须紧紧把握发文主旨和会议中心议题,做到行文简洁,用语准确。决定中的观点一定要鲜明,文字要严谨、精练、准确、无歧义,切忌模棱两可、含糊不清和令人费解。语言表达重在统一思想认识,作出行动安排,提出行动要求,以便于下级机关及群众遵照执行
4	选用客观真实的材料	决定中的材料包括理论依据和事实依据。这些材料一定要真实客观,具有可信度: (1)决定的内容一定要实事求是,符合实际情况,切不可杜撰和空想。 (2)决定的内容,必须符合党和国家的方针、政策、法律、法规或组织章程,不能出现违反现行法律、法规和政策的内容 (3)决定一定要注意政策的连续性。新的决定应该是过去同类文件的继续和发展,能够对社会发展和社会进步等起到促进作用
5	使用规范的文体	决定是权威性较强的文种,因此,在使用中一定要规范。要避免小题大做,人为地强调某件事的重要性,滥用"决定"行文,把本来的一般事项或行动升格为重要事项或行动,失去了公文的严肃性。要避免误用,把本来可以用"通报"表扬、批评的事项写进"决定"。只有在有关法规、规章及条例、条令中有明确规定的奖惩事项,才可用"决定"行文。此外,一般的表扬先进、批评错误用"通报"行文

> **相关链接**

决定与决议的异同

1. 决议与决定的相同点

决议和决定都是对重大事项或行动作出决策安排的指挥性下行公文。它们的相同点体现在以下几个方面。

(1)文体性质相同

决议是党政机关对重要问题或重大事项进行决策部署时使用的领导指导性公文;决定是各级党政机关安排重要事项,或对重要问题、重大行动进行决策部署时使用的具体规定性和领导指导性公文。决议与决定同属决策性、领导指导性公文。

(2)具体作用相同

决议与决定都是对某些重要事项、重要问题的处理或对重要工作的安排,一般都要求下级机关坚决贯彻执行。其中,决议一律要求下级机关执行,而决定中只有部署性决定才要求下级机关执行,宣告性决定只起知照性作用,一般不要求下级机关执行。决议和部署性决定都带有决策性质,并具有一定的强制性,一经公布,必须坚决贯彻执行。

(3) 行文方向相同

决议与决定一样，都是公文种类中比较典型的下行公文。上级党政领导机关一旦对某些带有全局性的重要事项、重要问题作出处理，或对一些重要工作、重大行动作出部署安排，就要及时向下级发文，并要求其贯彻执行，起到领导与指导的作用。

(4) 写作模式相同

决议与决定的写作模式基本相同。两者的标题拟写与其他公文一样，即在标题之下标明题注，注明会议通过的时间和会议名称。标题之下正文之前一般不写主送机关。两者的正文一般都由缘由、事项和结语三部分构成，可视内容多采用篇段合一式、分条列项式、自然分段式、总分式等结构形式。

2. 决议与决定的相异点

(1) 制作程序不同

决议所要求贯彻执行的决策事项是会议集体讨论通过的；而决定是会议集体讨论并按照法定程序表决的结果，有的是由领导机关直接作出的。

(2) 性质用途不同

决议常用于由会议审议批准某项议案、重要报告、法规以及审议机构成立或撤销，所审议批准的条文作为决议的附件；决定则常用于由会议或领导机关直接制定发布行政法规以及给予表彰奖励或处分。

(3) 使用范围不同

决议比决定的使用范围小一些，决议一般由会议讨论通过并正式公布，而且决议涉及的事项一般是比较重大的。决定的使用范围比较宽泛，不限于由会议通过，也可以是某个单位、某个组织或者某个人确定的。决定的内容可以是重大的事项，也可以是普通的事项，可直接告知相关人员，不一定公布。

(4) 类型划分不同

决定可分为指挥性决定、奖惩性决定和知照性决定三类。决议可分为批准文件的决议、重大问题的决议和专门问题的决议。

(5) 写作要求不同

决议的内容比较概括，原则性条文多，常涉及事关全局、原则性强的重大问题，以指导为主，议论较多。决定着重提出开展某项工作的步骤、措施、要求等。决定的内容要明确、具体，措施要易于落实，行政约束力要强，可以直接作为下级机关的行动准则。

2.2.2.2 决定的写作模板

```
                    _____决定

_____(收文机关)：
    _____
    _____
    _____
    _____(决定的依据)。
    _____
    _____
    _____(决定的事项)。
    _____(希望与要求)。

                                  _____(署名)
                                  _____(日期)
```

2.2.2.3 决定的写作范例

××市人民政府关于20××年××市教学成果奖励的决定

×府发〔20××〕××号

各区县（自治县）人民政府、市政府各部门、有关单位：

　　近年来，全市广大教育工作者深入实施科教兴市和人才强市行动计划，深入推动教育理念、教育方式、教育评价等改革创新，在教书育人、立德树人上取得了突出成绩，涌现出一大批优秀教育教学成果。为进一步调动全市广大教育工作者从事教育教学工作的积极性、主动性和创造性，推动教育高质量发展，根据《××市教学成果奖励办法》（××市人民政府令第××号），按照公开、公平、公正的原则，经全市各级各类学校推荐申报、评审委员会审议、社会公示和市第×届人民政府第×××次常务会议审定，市政府决定对"××××××"等×××项高等教育教学成果、"××××××"等×××项基础教育教学成果、"××××××"等××项中等职业教育教学成果予以奖励。

希望获奖单位和个人再接再厉，积极开展教育教学研究，遵循教育教学规律，推动教育内涵式发展。全市各级各类学校、教研机构及广大教育工作者要坚持以××××思想为指导，深入贯彻×××关于教育工作的重要论述，全面落实×××对××提出的重要指示要求，把立德树人作为根本任务，自觉学习、借鉴、运用先进的教育教学改革研究成果，充分发挥教学成果奖的示范带动作用，不断深化教育教学改革，提高教育教学水平和人才培养质量，努力办好人民满意的教育，以优异的成绩迎接党的××大胜利召开。

附件：20××年××市教学成果奖获奖名单

20××年××月××日

范例4

关于表彰20××年度先进集体和个人的决定

机关总部、各分公司：

为表彰先进，进一步激发员工的工作积极性，经总部领导研究决定，对20××年成绩显著、表现突出的集体和个人进行表彰，并通报其所在单位。

希望受表彰的集体和个人珍惜荣誉，在今后的工作中发挥先锋模范作用，再接再厉，再创佳绩！同时，各单位其他员工要以他们为榜样，立足本职、奋发有为，为公司作出新的贡献！

附件：20××年度先进集体和个人名单

××市××××有限责任公司
20××年××月××日

2.3 命令

2.3.1 命令的认知

2.3.1.1 命令的定义

命令是国家政权中特定机关发布的具有强制性、领导性、指挥性的下行公文。令是命令的简称。

命令常用于公布行政法规和规章、宣布施行重大强制性措施、批准授予和晋升衔级、嘉奖有关单位和人员。

2.3.1.2 命令的特点

命令具有表2-10所示的特点。

表2-10 命令的特点

序号	特点	具体说明
1	权威性	命令的发布权限有严格的规定，根据我国《宪法》及地方各级人民代表大会和地方各级人民政府组织法的规定，只有国家主席、全国人大常委会及其委员长、国务院、国务院总理、国务院各部（委）、国务院各部部长、国务院各委员会主任、地方人民代表大会常务委员会、地方各级人民政府，才可以在法定权限内发布命令。其他任何单位和个人均无权发布命令
2	强制性	命令具有极大的强制性，一经发出，受令方必须无条件执行，没有任何商量的余地。否则，相关责任人员要受到严厉的纪律处分，情节严重的还要受到法律的制裁
3	严肃性	命令一经发出，就不能随意更改或变通。命令在语气上果断干脆，措辞严肃，非常明确坚定
4	重要性	命令所涉及的事项，有的是发布行政法规和规章，有的是宣布施行重大强制性行政措施，这些都是重要的内容。使用命令来奖惩有关人员，往往具有较大的影响。如果是一般性的表彰先进或批评错误，不使用命令，而是用通报等公文文种

2.3.1.3 命令的分类

命令可分为多种类型，按内容和作用，有发布令、行政令、任免令、嘉奖令以及惩戒令、动员令、戒严令和特赦令等。前四种比较常见，如表2-11所示。

表 2-11 命令的分类

序号	类型	具体说明
1	发布令	多用于发布重要法规、规章和条例等。发布令篇幅一般比较短，文字精练、准确、鲜明和庄重
2	行政令	多用于发布行政法规、规章和宣布施行强制性行政措施等
3	任免令	多用于发布人事任免事宜，有时也以"任免名单"的形式代替
4	嘉奖令	多用于表彰有关人员。嘉奖令可由国家行政领导机关、立法机关单独发布，也可以由党政军机关联名发布，但省以下机关多以表彰性的通报来代替嘉奖令

2.3.1.4 命令的结构

命令一般由标题、发文字号（令号）、主送机关、正文、署名、日期六部分组成，如表 2-12 所示。

表 2-12 命令的结构

序号	组成	具体说明
1	标题	标题一般有以下三种形式： （1）由"发文机关 + 事由 + 文种"构成 （2）由"发文机关 + 文种"构成 （3）由"事由 + 文种"构成
2	发文字号（令号）	发文字号有两种： （1）序号式。不按年度编排，而是以一届政府的任期为单位，按该届政府整个任期期间发布的命令（令）顺序编号。这种序号主要用于发布令，且编排在标题下居中位置 （2）机关代字、年号、序号齐全的形式，如"国发〔20××〕××号"。这种形式多用于行政令、任免令、嘉奖令等公文中，且发文字号一般位于版头部分
3	主送机关	发布令、行政令因其面向政府所辖范围内的全体成员，故没有主送机关。而嘉奖令则有主送机关
4	正文	（1）发布令一般采用篇段合一式，要写明发布依据、发布对象、发布决定和施行日期等重要信息 （2）行政令由缘由、主要内容和执行要求等部分组成 （3）任免令包括任免依据、被任免者的姓名及所任免的职务 （4）嘉奖令一般包括事迹介绍、性质评价、如何嘉奖及希望号召等部分
5	署名	签发者应是发文权力机关或发文权力机关的最高领导人（包括职务以及姓名）。后者虽然是个人名义，但代表着权力机关，具有法定效力
6	日期	正式签发日期

2.3.2 命令的写作

2.3.2.1 命令的写作要求

命令的写作要求如表 2-13 所示。

表 2-13 命令的写作要求

序号	写作要求	具体说明
1	严格按规定权限行文	根据我国《宪法》的规定,命令只能由国家主席、委员长、总理、各部长、各委员会主席(主任)及人民政府发布,省以下机关的职能部门无权使用。这说明发布命令的机关等级一般都比较高,超越规定权限的命令只是一纸空文。不论哪一级首长,发布什么内容的命令,都必须按规定权限行文,不得越权行令,不得随意制发命令。比如,上级机关的业务部门就不可对下级机关或下级机关业务部门行令
2	内容要准确无误	命令的内容很重要,稍有不慎危害很大。因此,机关制发命令时,必须准确把握命令的依据,正确理解上级的指示、本级首长的意图和决心;必须实事求是地安排任务、提出要求,规定允许办什么、不允许办什么、什么时间完成;必须有严肃认真的态度,不能有丝毫的马虎,应保证一字不差
3	行文简短有力	命令是要求下级执行的,应力求让下级易于理解,便于贯彻执行。因此,行文一定要简明扼要,切忌冗长啰嗦、空话连篇
4	语言要坚决果断	命令的语气应坚决果断,斩钉截铁,用词准确肯定,意思清楚明白。切忌使用商量的语气或者容易产生歧义的词语,也不宜多用修饰词和形容词。命令一般不过多叙述道理,但是,为使受令者深刻理解命令的意义,简明扼要地阐述一些道理也是必要的

2.3.2.2 命令的写作模板

1. 发布令

_____(发令机关名称或发令机关领导人职务名称)命令

_____(发文字号)

_____(公布的法规名称)已经____年__月__日(通过或批准的时间)_____会议通过(通过或批准的机关或会议),现予发布,自____年__月__日起施行(通过或批准的时间及施行时间)。

_____(发文机关或行政首长签名)
_____(发文日期)

2. 行政令

```
_____（发令机关名称 + 主要事由）命令

_____
_____（说明发布命令的缘由），_____
_____（写出命令的具体内容）。

                    _____（发文机关或行政首长签名）
                    _____（发文日期）
```

3. 任免令

```
            _____（发令机关名称）令

_____（受文单位）：
    根据/经_____决定（依据），
    免去_____同志的_____职务。
    任命_____同志为_____。
    （于____年__月__日就职。）

                            _____（发文机关）
                            _____（发文日期）
```

4. 嘉奖令

```
            _____（发令机关名称 + 主要事由）命令

_____（受文单位）：
    _____（说明嘉奖的缘由）。
    _____（概括嘉奖的事项）。
    _____（发出号召）。

                            _____（发文机关）
                            _____（发文日期）
```

2.3.2.3 命令的写作范例

范例5

××省人民政府令

第×号

《××省扶助残疾人办法》已经20××年×月×日××省人民政府第×届×次常务会议通过，现予发布，自20××年×月×日起施行。

省长　签名章

20××年×月×日

范例6

××市××区人民政府关于封锁非洲猪瘟疫区的命令

××市××区人民政府封锁令〔20××〕第×号

20××年××月××日，根据国家农业主管部门官网公告，××省××市××区一养殖场排查出非洲猪瘟疫情。该养殖场生猪发病××头，死亡××头。为迅速扑灭疫情，防止疫情蔓延，根据《中华人民共和国动物防疫法》第三十一条、第三十二条，国务院《重大动物疫情应急条例》第二十七条及农业农村部《非洲猪瘟疫情应急预案》等有关规定，特发布本封锁令。

一、封锁范围及时间：将××区××养殖场划定为疫点，从××区××养殖场边缘向外延伸3公里为疫区，从疫区边缘向外延伸10公里为受威胁区（××省供中国港澳生猪及其产品应急通道除外），以根除疫情为目标，展开疫情应急处置工作。经××市××区人民政府研究决定，自20××年××月××日起，对疫区实施封锁，封锁时间为××天。

二、疫区封锁期间，在疫区周围设立警示标志，在出入疫区的交通路口设置临时消毒站，并派人执行监督检查任务，对出入的人员、车辆及有关物品实施强制消毒。禁止所有生猪、易感动物及产品运入或流出，关闭生猪屠宰场。对生猪养殖场（户）等场所进行严格消毒，并做好采样检测和流行病学调查工作，根据检测和调查结果确定扑杀范围。对疫点、受威胁区按相关规定开展处置工作，违者按有关规定处罚。

三、对所有病死猪、被扑杀的猪及其产品进行无害化处理。对其排泄物、垃圾、污水等进行无害化处理。对被污染或可能被污染的物品、交通工具、用具、屠宰生产线、场地进行严格彻底消毒。

四、××市××区防控非洲猪瘟等动物疫病应急指挥部各成员单位按各自的职责依法做好疫点、疫区的现场隔离、封锁、控制、安全保卫和社会管理工作，严厉查处利用疫情造谣惑众、扰乱社会和市场秩序的违法犯罪行为。严格按照"早、快、严、小"的原则，加强协调配合，迅速扑灭疫情。

五、本命令从发布之日起执行，疫区在扑杀范围内所有的猪死亡或扑杀完毕，并按规定进行消毒和无害化处理6周后，经××市兽医主管部门组织验收合格后，由××区人民政府发布解除封锁令。

××市××区人民政府
20××年××月×××日

范例7

××市人民政府关于任免干部职务的令

各镇政府、市直有关部门、驻××中区县直各单位：

经市政府研究决定，

免去×××同志市招商局副局长的职务。

任命×××同志为市招商局副局长。

以上新提拔人员，实行试用期制度，试用期为一年。

××市人民政府
20××年×月×日

2.4 公报

2.4.1 公报的认知

2.4.1.1 公报的定义

公报是党政机关和人民团体公开发布重大事件或重要决定事项的报道性公文,是党和国家经常使用的重要文种。

公报适用于公布重要决定或者重大事项。

2.4.1.2 公报的特点

公报具有表 2-14 所示的特点。

表 2-14 公报的特点

序号	特点	具体说明
1	政治性	公报是官方正式文件,涉及的是一些人们普遍关注的重大事件或者重要会议,政治性极强
2	公开性	公报应当及时将国内外瞩目的重大事情或者重要决议公之于众,告知天下,让国内外都有所了解
3	新闻性	公报内容由于事关重大,所以一经发布,即成为具有很高传播价值的重大新闻

2.4.1.3 公报的分类

公报可分为表 2-15 所示的三类。

表 2-15 公报的分类

序号	类型	具体说明
1	会议公报	发布党的重要会议的基本情况及重要决定事项,如"中国共产党第××届中央纪律检查委员会第×次全体会议公报"
2	外交公报	两个或两个以上国家的政府在会谈后公布达成的共识及各方观点的公报,如"××总理第×次定期会晤联合公报"
3	统计公报	发布统计数据,如"20××年全国教育事业发展统计公报"

2.4.1.4　公报的结构

公报一般由标题、成文时间和正文三部分组成，如表 2-16 所示。

表 2-16　公报的结构

序号	组成	具体说明
1	标题	公报的标题有三种常见的形式： （1）会议公报的标题一般由"会议名称 + 文种"组成 （2）外交公报的标题一般有"国名 + 联合公报""政府名称 + 事由 + 联合公报""会议名称 + 新闻公报"几种形式 （3）统计公报的标题一般由"内容（时间 + 范围 + 事项）+ 文种"组成
2	成文时间	（1）会议公报、外交公报的成文日期一般用括号标注于标题下方 （2）统计公报一般在标题下方署上发文机关名称和成文日期
3	正文	（1）会议公报的正文一般包括会议的基本情况与会议议定事项两部分 （2）外交公报的正文主体部分先写明会晤的基本情况；再写明双方达成的共识及各方观点。结尾处感谢接待方，并发出回访邀请；请来访者转达对其国家元首的问候；商定下次会晤时间；说明公报文本的文字及份数等 （3）统计公报的正文一般包括数据产生的背景和来源、各方面数据等内容

2.4.2　公报的写作

2.4.2.1　公报的写作要求

公报的写作要求如表 2-17 所示。

表 2-17　公报的写作要求

序号	写作要求	具体说明
1	文种使用恰当	公报是党和国家的高级机关用来公布重大事件、重要会议、重要消息和重要决策的，或是国家统计部门用以公布社会发展和国民经济重要情况的，其他事项很少使用公报
2	主旨明确	公报要做到重点明确，主旨突出，把写作重点放在对事件的陈述和观点的阐述上
3	用语精练	公报作为党和国家高级机关使用的公文，用语一定要准确、具有概括性

2.4.2.2 公报的写作模板

```
_____公报

             _____（成文日期）

_____
_____
_____（会议、事件的核心内容）。
_____
_____
_____（公报的事项）。
```

2.4.2.3 公报的写作范例

中国共产党××市第×届委员会
第×次全体会议公报

（20××年××月××日中国共产党××市第×届委员会第×次全体会议通过）

中国共产党××市第×届委员会第×次全体会议，于20××年××月××日在××举行。

出席全会的有，市委委员46人，候补市委委员5人。市纪委常委、市监委委员和有关方面负责同志列席会议。市第××次党代会代表中部分基层同志也列席会议。

全会由市委常委会主持。市委书记××做了讲话。

全会听取和讨论了××代表市委常委会做的工作报告，审议通过了《中共××市委关于深入推进创新驱动引领高质量发展的决定》《中共××市委×届×次全体会议关于召开中国共产党××市第×次代表大会的决议》。××就该决定（讨论稿）与决议（讨论稿）向全会做了说明。

全会充分肯定市委××届×次全会以来市委常委会的工作……

全会提出……

全会强调……

全会决定，今年××月召开中国共产党××市第×次代表大会。

全会号召……

范例9

××市20××年国民经济和社会发展统计公报

××市统计局国家统计局××调查队

20××年×月×日

20××年，面对严峻复杂的国际、国内形势，××坚持以××××思想为指导，全面贯彻党的××大和××届×中、×中、×中、×中全会精神，深入贯彻落实×××出席××××大会和视察××、××的重要讲话、重要指示精神，认真落实省委省政府工作部署，坚持稳中求进的工作总基调，坚定不移贯彻新发展理念，扎实推进×××区中国特色社会主义先行示范区建设，确保全市经济社会保持平稳健康发展及"十三五"规划主要目标任务顺利完成，为开启全面建设社会主义现代化国家新征程奠定坚实基础。

一、综合

（略）

二、农业

（略）

三、工业和建筑业

（略）

四、服务业

（略）

五、固定资产投资

（略）

六、国内贸易

（略）

七、对外经济
（略）

八、金融
（略）

九、人民生活和社会保障
（略）

十、教育和科学技术
（略）

十一、文化、旅游、卫生和体育
（略）

十二、城市环境和安全生产
（略）

2.5 公告

2.5.1 公告的认知

2.5.1.1 公告的定义

公告是行政公文的主要文种之一，它和通告都属于发布范围广泛的晓谕性文种。公告是向国内外宣布重要事项或者法定事项时使用的公文。

2.5.1.2 公告的特点

公告具有表 2-18 所示的四大特点。

表 2-18 公告的特点

序号	特点	具体说明
1	发文权力的限制性	由于公告宣布的是重大事项和法定事项，因此发文的权力被限制在高层行政机关及其职能部门的范围之内。企事业单位、人民团体，无权发布公告

续表

序号	特点	具体说明
2	发布范围的广泛性	公告是向国内外发布重要事项和法定事项的公文,其信息传达范围有时是全国,有时是全世界
3	题材的重大性	公告的题材是能在国际或国内产生一定影响的重要事项,或是依法向社会公布的法定事项
4	内容和传播方式的新闻性	公告的发布形式也有新闻性特征,它一般不用红头文件的方式传播,而是借助报刊、电视、网络等媒体迅速传播

2.5.1.3 公告的分类

公告按用途的不同,可分为表2-19所示的两类。

表2-19 公告的分类

序号	类型	具体说明
1	重要事项公告	凡是用来宣布国家政治、经济、军事、科技、教育、人事、外交等方面重要事项的公告,都属于这一类
2	法定事项公告	包括公布有关法律、法令、法规的公告和按照国家一系列法律规定需要向社会发布的公告 按照国家法律规定需要向社会发布的公告,主要有以下几项: (1)《中华人民共和国专利法》第三十九条规定:"发明专利申请经实质审查没有发现驳回理由的,由国务院专利行政部门作出授予发明专利权的决定,发给发明专利证书,同时予以登记和公告" (2)《中华人民共和国企业破产法》第十四条规定:"人民法院应当自裁定受理破产申请之日起二十五日内通知已知债权人,并予以公告" (3)《中华人民共和国公务员法》第二十八条规定:"录用公务员,应当发布招考公告" (4)《中华人民共和国民事诉讼法》规定发布的公告种类繁多,有通知权利人登记公告、送达公告、开庭公告、宣告失踪和死亡公告、财产认领公告、强制迁出房屋或退出土地公告等

2.5.1.4 公告的结构

公告一般由标题、编号、正文、落款组成,如表2-20所示。

表 2-20　公告的组成

序号	组成	具体说明
1	标题	标题一般有以下三种形式： （1）由"发文机关＋事由＋文种"构成，如"中国人民银行关于国家货币出入境限额的公告" （2）由"发文机关＋文种"构成，如"国家税务总局公告" （3）由"事由＋文种"构成，如"关于试鸣防空防灾音响警报的公告"
2	编号	公告的编号有以下几种形式： （1）编号采用流水号，并用圆括号标注，如（第×号） （2）编号由年份与流水号组成，并用圆括号标注，如（20××年×号） （3）采用行政公文发文字号，其前提条件是，该公告采用正式行政公文形式下发，如×政发〔20××〕×号 （4）无编号，这种往往用于刊登或张贴的部分公告中
3	正文	一般要写明公告的依据、公告的事项和结语三个内容。若公告事项较复杂，则应分项列点行文。公告的结语常用"现予公告"或"特此公告"等惯用语
4	落款	要求写出发布机关的名称和年、月、日。如果机关名称已在标题中出现，在落款处也可不写，只写年、月、日，或将年、月、日写在标题的下方、正文的上方

2.5.2　公告的写作

2.5.2.1　公告的写作要求

公告的写作要求如表 2-21 所示。

表 2-21　公告的写作要求

序号	写作要求	具体说明
1	文种使用规范	有权向国外发布重要事项的只能是国家最高权力机关和国家最高行政机关。只有向国内外宣布重大事件时才用公告，重要程度稍小的事件，可用通告、布告、通知、启示、海报等形式公布
2	语言精练	公告的基本要求是文字简练，直陈其事，不加说明。篇幅一般都很简短，客观地把重大事件的主要点公之于众即可，无需详述细节
3	一事一告	公告的内容要求集中，公告的事项要求单纯，应一事一告

2.5.2.2　公告的写作模板

```
　　　　　　　　　　　　_____公告

　_____
_____
_____(公告的依据)。
_____
_____
_____(公告的事项)。
特此公告。

　　　　　　　　　　　　　　　　　　　_____(署名)
　　　　　　　　　　　　　　　　　　　_____(日期)
```

2.5.2.3　公告的写作范例

范例 10

××市人民政府公告

　　根据《国务院关于开展第一次全国经济普查的通知》和我市普查实施方案的要求，××市第×次全国经济普查的单位清查和个体经营户普查工作将于20××年××月下旬在全市范围展开。我市辖区内的所有法人单位，从事第二、三产业活动的单位和个体经营户均为普查（清查）对象。届时，经济普查机构的普查人员将佩证上门进行调查登记，广大普查对象要积极配合，如实提供相关的数据资料，不得虚报、瞒报和拒报。

　　《全国经济普查办法》规定：普查人员有权查阅普查对象的会计、统计和业务核算等相关原始资料及有关的经营证件；有权要求普查对象更正其普查表中存在的问题。普查人员负有对知悉的国家秘密和被调查者的商业秘密的保密义务。经济普查取得的单位和个人资料,不得作为对普查对象进行纳税征管的依据。

特此公告。

××市人民政府

二○××年××月××日

范例11

财政部税务总局关于民用飞机增值税适用政策的公告

财政部税务总局公告2022年第38号

现将民用飞机有关增值税政策公告如下:

自本公告发布之日起至2023年12月31日止,纳税人生产销售空载重量大于25吨的民用喷气式飞机,按照《财政部 税务总局关于民用航空发动机、新支线飞机和大型客机税收政策的公告》(财政部 税务总局公告2019年第88号)第二条、第五条、第七条和《财政部 税务总局关于延长部分税收优惠政策执行期限的公告》(财政部 税务总局公告2021年第6号)第一条有关规定执行。

特此公告。

财政部 税务总局

2022年12月30日

2.6 通告

2.6.1 通告的认知

2.6.1.1 通告的定义

通告是在一定范围内公布应当遵守或者周知事项的周知性公文。通告的使用面比较广泛，一般机关、企事业单位甚至临时性机构都可使用。但强制性的通告必须依法发布，不能超过发文机关的权限。

2.6.1.2　通告的特点

通告具有表 2-22 所示的特点。

表 2-22　通告的特点

序号	特点	具体说明
1	公开性	通告以向社会公开发布的形式让社会有关单位或人员知晓相关事项
2	知照性	通告的目的就是让有关人员知晓通告内容或遵守执行其有关事项
3	规定性	通告的规定性，即祈使性，有的通告不仅仅让公众了解情况，还要求其遵守有关规定
4	紧迫性	通告有时限定生效和失效时间，因而具有时限性，故常需借助大众媒体迅速传播

2.6.1.3　通告的分类

根据内容的性质和要求，通告可分表 2-23 所示的两类。

表 2-23　通告的分类

序号	类型	具体说明
1	周知性（事务性）通告	即在一定范围内公布需要周知或需要办理的事项，政府机关、社会团体、企事业单位均可使用，例如，建设征地通告、更换证件通告、施工通告等
2	规定性（制约性）通告	用于公布应当遵守的事项，只限行政机关使用，如"关于禁止燃放烟花爆竹的通告"

2.6.1.4　通告的结构

通告一般由标题、发文字号、正文、署名和成文日期组成，如表 2-24 所示。

表 2-24　通告的组成

序号	组成	具体说明
1	标题	通告标题有四种表达形式，可根据实际情况选择： （1）由"发文机关＋事由＋文种"构成，如"深圳市建设局关于对建筑企业进行资格年审的通告"

续表

序号	组成	具体说明
1	标题	（2）由"事由+文种"构成，如"关于确保重阳节登高活动安全的通告" （3）由"发文机关+文种"构成，如"中华人民共和国公安部通告" （4）只用"文种"，这样的通告，正文一般较简短
2	发文字号	印刷张贴的通告的发文字号标注在标题之下，一般靠右。登报的通告不一定在报上登出发文字号，但存档时一定要编发文字号
3	正文	通告正文一般分缘由、事项和结尾三层： （1）缘由，扼要写明原因、依据和目的等 （2）事项，写明通告的具体内容，内容较多或较复杂时最好分点写 （3）结尾，若有具体要求，则写出具体要求；若没有具体要求，通常用"特此通告"来结尾，也可省略结语
4	署名	若标题上出现了发文机关名称，可不再落款；若标题上没有出现发文机关名称，则应落款
5	成文日期	用阿拉伯数字写明年、月、日

2.6.2 通告的写作

2.6.2.1 通告的写作要求

通告的写作要求如表 2-25 所示。

表 2-25 通告的写作要求

序号	写作要求	具体说明
1	一事一告	通告的内容限于说一件事或一个问题，不要把性质不同的事情放在一起
2	语言简洁	通告的语言要通俗简洁，明白晓畅，便于公众接受

相关链接

公告与通告的使用区别

通告与公告都有告知性，但在使用上又有严格的区别，主要表现在：

1. 发布机关不同

（1）公告一般由较高级别的机关单位制发。

公告的发布权力被限制在高层行政机关及其职能部门的范围之内，即国家最高权力机关，国家最高行政机关及其所属部门，各省、自治区、直辖市行政领导机关，某些法定机关（税务局、铁路局、人民银行、检察院、法院等）。其他地方行政机关、党团组织、社会团体、企事业单位一般不能使用公告。

（2）通告可以由各级机关、人民团体、企事业单位制发。

2. 发布内容不同

（1）公告的所谓"重要事项"，是指能在国内外产生重大影响的事项。如，向国内外宣布中国人民解放军将在东海和南海海空实弹演习；向国内外宣布我国将向南太平洋发射运载火箭试验；向社会大众发布招考机关工作人员和国家公务员等事项。

公告的所谓"法定事项"，是指按法律程序批准确定的重大事项。如，××市人大常务委员会发布的确认补选×××、×××为人大代表的公告。

（2）通告涉及的内容是"应当遵守或周知的事项"，这些事项通常是各级机关单位业务范围内的事项，但告知的对象是机关单位以外的广大群众。如《××省卫生厅关于积极预防传染病的通告》《××市公安局在春节花市期间对市内部分路段实行交通管制的通告》等，都是发文机关的业务工作，而受众是广大人民群众。

另外，通告发布的政策法规一般属于具体性的、局部性的问题，如《××省人民政府关于禁毒的通告》。

3. 告知范围不同

公告面向国内外发布，而通告是在相关范围内公布。

2.6.2.2 通告的写作模板

_____通告

_____（通告的依据）。

_____
_____（通告的事项）。

特此通告。

_____（署名）
_____（日期）

2.6.2.3 通告的写作范例

范例 12

关于处罚×××同志旷工的通告

兹有我公司职工×××，男，现年××岁，系我公司生产部第×车间第×组组长。

该职工自20××年××月××日到20××年××月××日连续旷工××日，经单位××部多次通知，仍拒不到公司报到。其旷工行为严重违反了我公司《员工规范》的相关规定，属于严重的违纪行为，为严肃公司纪律，即日起给予×××同志××处分。

特此通告。

×××公司××部
20××年××月××日

2.7 意见

2.7.1 意见的认知

2.7.1.1 意见的定义

意见是党政机关或个人对某项事业或工作提出改进措施和建设性意见而使用的一种公文，它的使用范围非常广泛，各个领域或部门以及个人要想提出或陈述建议与设想，都可以使用。

意见适用于对重要问题提出见解和处理办法。

2.7.1.2 意见的特点

从字面上理解,意见多代表个人主观意思上对客观事件或人物的见解,带有较强的主观意愿和色彩,但意见并不代表建议,通常只表达自己的观点。要想将意见落到实处,我们还需要从实际情况出发进行进一步的规划和整理。

意见的特点主要有四项,具体如表 2-26 所示。

表 2-26　意见的特点

序号	特点	具体说明
1	灵活性	意见的行文方向具有灵活性,意见既可以作为上行文,也可以作为下行文和平行文
2	广泛性	意见广泛适用于各级行政机关、企事业单位和人民团体,对行文机关没有限制
3	指示性和参考性	下行文的意见具有指示、指挥、指导的性质和功能。而上行文和平行文的意见具有参考和协商的功能
4	时限性和连续性	一个问题解决了,一项工作完成了,有关意见也就自动失效了。有的问题、工作、活动是长期的,有关意见的时效期就会很长,而且还可以陆续出台补充意见或修改意见

2.7.1.3 意见的分类

意见按行文顺序的不同,可分为表 2-27 所示的几类。

表 2-27　意见的分类

序号	类型	具体说明
1	下行意见	是上级机关心系全局,对重要问题提出见解和处理办法,供下级机关更好地理解落实并采取得力措施去贯彻执行的行文。主要有以下几种类型: (1)规划性意见,是对某一时期的某一方面工作提出的大体构想,如"民营科技园区发展意见""茶产业发展意见" (2)实施意见,一般是为贯彻落实某一重要决定或中心工作所制定的实施方案,如"促进节约集约用地实施意见""城区拆违工作实施意见" (3)具体工作意见,对如何做好某项工作提出意见,涉及的内容比较具体,有时还会有一些可操作性的办法、措施等,如"关于继续做好公路养路费等交通规费征收工作的意见""对副科级干部的考察意见"
2	上行意见	是下级机关向上级机关就某重要问题发表自己的见解或提出处理办法的行文,以供上级机关决策参考,如"关于节约使用办公用品爱护办公用具的意见""关于××省国家公务员医疗补助的实施意见"

续表

序号	类型	具体说明
3	平行意见	就平级机关或不相隶属机关某重要问题提出建设性意见和可行性处理办法的行文，仅供对方参考，如"××省人民政府办公厅关于加强××江近期防洪建设的若干意见"

2.7.1.4 意见的结构

意见一般由标题、主送机关、正文、落款组成，如表 2-28 所示。

表 2-28 意见的组成

序号	组成	具体说明
1	标题	意见的标题通常有两种写法： （1）由"发文机关＋事由＋文种"构成，如"国务院关于解决农民工问题的若干意见" （2）由"事由＋文种"构成，如"关于加强教学管理提高教学质量的意见"
2	主送机关	意见的主送机关为应知照的单位或群体，如果是涉及面较广的普发性意见，可以不写主送机关
3	正文	一般由前言、主体、结尾三部分组成： （1）前言，写明发文原因。一般首先交代提出意见的背景、依据、目的、意义等，陈述"为何提意见"或"为什么发布实施意见"等。然后用"现提出如下意见""特制定本处理方法""现提出如下实施意见"等过渡语，转入主体部分 （2）主体，阐述见解办法。见解办法是意见的核心部分，主要是对有关问题阐明观点，表明态度，提出相关的见解、建议或规范性的解决办法 （3）结尾，提出希望、要求。如果是报请上级批转或转发的意见，结尾要另起一行，以"以上意见如无不妥，请批转各地区、各部门执行"做结尾用语
4	落款	即写明发文机关和发文时间

2.7.2 意见的写作

2.7.2.1 意见的写作要求

意见的写作要求如表 2-29 所示。

表 2-29 意见的写作要求

序号	写作要求	具体说明
1	明确使用情境	为了准确使用意见，要把握意见的含义，把它与相似的请示、指示、指示性通知及函严格区别开来

续表

序号	写作要求	具体说明
2	用语要恰当	意见的行文方向不同，其用语也截然不同： （1）上行的意见，要使用下级对上级汇报见解、陈述办法的语气，如"我们考虑""我们认为""我们建议""我们要求""我们的意见"及"请""敬""望"等 （2）下行的意见，则较多使用一些带有祈使语气表示肯定或带有禁止语气以示否定的指令性语句 （3）平行的意见，要使用平等协商的语气，多用商量、谦恭的语句，以征得对方的理解与支持
3	行文要及时、具体	意见多是根据实际情况为解决现实工作中亟待解决的问题而提出来的，因此，意见行文的及时性对意见的价值有重要的影响。错过了时机，再好、再恰如其分的意见也会失去其应有的作用和意义 所谓具体，就是结合实际，切实可行；从实际出发，实事求是，恰如其分。意见的提出既要考虑实际需要，又要考虑可行性
4	把握行文结构	可采用"提出问题——→分析问题——→解决问题"的方式。意见写作要层层深入、环环相扣、脉络清晰、表达清楚

意见与其他文种的区别

1. 下行意见不同于决议、决定

（1）决议具有决策性，决定具有指挥性，而意见只具有指导性。

（2）决议、决定所形成的决策、指令等，下级行政机关必须不折不扣地无条件执行。而意见则不同，要求下级行政机关结合本部门、本地区的实际参照执行。

（3）决议、决定重在宏观指挥；意见则重在微观指导，是对某项具体工作的实施安排和处理办法。

2. 下行意见不同于指挥性通知

（1）指挥性通知务实性强，主要用于传达要求下级具体办理或共同执行的事项，一般比较具体、可操作性强。而意见则带有"务虚性"，侧重思想性、原则性。

（2）指挥性通知具有很强的指导性、决定性、不可更改性，其内容是要求下级办理和执行。而意见则具有弹性，往往针对出现的新情况、新问题提出意见，由于经验尚不足、条件尚不成熟，故其内容具有指导性、选择性、灵活性。

（3）指挥性通知必须执行、办理，具有很强的约束力。而对于意见，下级机关则可以根据实际情况和政策规定，独立自主、灵活机动地加以运用。

3. 上行意见不同于请示

（1）请示的请求性较强，有些请示主要就是交代请示的理由和请示的事项。而意见则主观能动性较强，可以针对具体事项、问题提出具体的看法或主导意见，留有让上级选择的余地。

（2）请示适用于对解决一般问题提出请求，申请人、财、物等"硬件"，上级单位一般只需回答"是"或"否"。而意见则是对重要问题提出自己的见解和处理办法，向上级申请的不是人、财、物等"硬件"，而是政策、办法等"软件"。

（3）请示必须一文一事，一事一中心。而意见则可以用于方方面面需要解决的问题或向有关部门、单位请求配合、协调。

4. 平行意见不同于函

平级或不相隶属机关之间相互行文，对某些重要问题提出见解和处理办法，如供对方参考不需要回复时，就用意见，反之，就用函。

2.7.2.2 意见的写作模板

_____意见

_____（主送机关）：

_____
_____（制发意见的背景、缘由、目的）。

_____
_____（阐明工作或问题的意义）。

_____
_____（提出目标任务、具体措施或意见看法）。

_____
_____（提出要求、期望）。

_____（署名）
_____（日期）

2.7.2.3 意见的写作范例

范例 13

××区20××年义务教育阶段入学工作意见

根据《中华人民共和国义务教育法》《××市实施〈中华人民共和国义务教育法〉办法》等法律法规，以及《中共××市委教育工作领导小组关于印发〈××市关于进一步深化教育教学改革全面提高义务教育质量的意见〉的通知》和市教委《关于20××年义务教育阶段入学工作的意见》（×教基二〔20××〕×号）等文件精神，依法保障符合××区入学条件的适龄儿童与少年接受义务教育的权利，现就××区20××年义务教育阶段入学工作提出如下意见，请结合实际认真贯彻执行。

一、指导思想

以××××思想为指导，深入贯彻党的××大和××届×次全会精神，坚持和捍卫"两个确立"，切实增强"四个意识"、坚定"四个自信"、做到"两个维护"。全面贯彻党的教育方针，坚持以人民为中心发展教育，积极落实全国和全市教育大会精神，坚持稳中求进的工作总基调，立足新发展阶段，贯彻新发展理念，构建新发展格局，提高"四个服务"水平，大力促进教育公平。进一步完善入学机制，严格规范秩序，确保有序推进，努力让每个孩子都能享有公平而有质量的教育。

二、入学条件及方式

（一）本市户籍适龄儿童入学。（略）

（二）按本市户籍对待的适龄儿童与少年入学。（略）

（三）非本市户籍适龄儿童与少年入学。（略）

（四）残疾儿童与少年同等条件下在服务范围内就近就便优先入学。（略）

（五）区级以上引进人才的子女入学按有关规定办理。（略）

三、工作要求

（一）加强入学保障。（略）

（二）注重宣传引导。（略）

（三）严肃工作纪律。（略）

（四）强化部门联动。（略）

义务教育阶段入学工作是基础教育工作的重要组成部分，涉及人民群众切身利

> 益，事关社会和谐稳定大局。全区各部门、各镇政府（街道办事处）要高度重视，将义务教育阶段入学工作列入地区经济社会发展的重要民生保障工程，统一思想、严密组织、规范操作，认真对待群众来信来访，依法严肃处理违规违纪事件。及时发现并处理各类问题，切实维护适龄儿童与少年接受义务教育的合法权益，确保社会和谐稳定。
>
> 　　本实施意见自发布之日起实施，未尽事宜按相关规定执行。
>
> ××市××区教育委员会
20××年××月××日

2.8　通知

2.8.1　通知的认知

2.8.1.1　通知的定义

通知是应用广泛的知照性公文，用来发布法规、规章，转发上级机关、同级机关和不相隶属机关的公文，批转下级机关的公文，要求下级机关办理某项事务等。

通知适用于发布、传达要求下级机关执行和有关单位周知或者执行的事项，以及批转、转发公文。

2.8.1.2　通知的特点

通知具有表2-30所示的特点。

表2-30　通知的特点

序号	特点	具体说明
1	应用的广泛性	通知可以用来指导工作、转发公文、传达有关事项、知照情况及任免人员等，其应用相当广泛
2	法定的权威性	通知的精神往往是国家政策、法令的具体化，要求下级机关和有关人员贯彻执行和实施，因此有较强的权威性

续表

序号	特点	具体说明
3	对象的专指性	通知大多是针对特定机关和特定人员下发的，因此具有专指性特点，不像公告、通告那样具有泛指性

2.8.1.3 通知的分类

通知可分为表 2-31 所示的类型。

表 2-31 通知的分类

序号	类型	具体说明
1	转发通知	用于批转或转发公文： （1）批转通知，批转下级机关文件，要求有关单位执行或参照执行 （2）转发通知，将上级机关或不相隶属机关的文件转发给下级机关
2	印发通知	将本机关有关规章、会议文件和领导讲话等发给下级机关
3	部署通知	即要求下级机关办理事项的通知
4	知照通知	指需要有关单位和人员周知或执行事项的通知
5	任免通知	用于任免和聘用干部
6	会议通知	这类通知是由会议的主办单位向应该参加会议的下属或有关单位发出的，告知参加会议的有关事项

2.8.1.4 通知的结构

通知由标题、主送机关、正文和落款组成，如表 2-32 所示。

表 2-32 通知的组成

序号	组成	具体说明
1	标题	多用"发文机关＋事由＋文种"和"事由＋文种"两种形式。转发、印发通知标题中的"事由"，根据实际情况，使用"批转""转发"或"印发"等显示性质的字样，且只许保留一个"关于"与"通知"，以保证标题的简明。若是多层转发，则可省去中间桥梁单位，直接写本机关转发发文机关。若被转发公文是几个单位（并列性质）联合行文，可保留主办单位名称，后再加"等单位"或"等部门"字样
2	主送机关	下行通知，一般有多个主送机关，且常用统称；国务院下发的通知，多用"各省、自治区、直辖市人民政府、国务院各部委、各直属机关"；平行通知，则写出具体的主送机关

续表

序号	组成	具体说明
3	正文	通知类别不同，正文写法也不尽相同： （1）批转通知，首先对被转公文进行批示，然后交代转发，最后提出执行要求或作出指示、政策性规定 （2）转发通知，首先指明转发文件的目的、依据，然后交代转发，最后向下级提出要求或作出具体执行规定 （3）部署通知，首先写明部署工作、任务的依据、目的、意义等，然后对具体工作、任务进行部署，最后对受文单位提出希望或执行要求 （4）任免通知，首先写明任免原因、依据，然后写清被任免人员的姓名、职务等，结尾用"特此通知"即可，也可不用 （5）会议通知，正文大都由三部分组成，第一部分先交代开会的缘由、依据和会议名称，然后以"现将有关事项通知如下"之类的语句引出下文；第二部分为主体部分，大致由"会议六要素"构成，即开会时间与期限、会议地点、与会者及其条件、会议内容或主要议题、参会需做的有关准备、会议其他事项（如经费、食宿、交通安排）；第三部分为结尾，通常提出具体的受文要求（如要求寄回回执或电话回复是否参会等），还可注明联系人、联系地址及联系电话
4	落款	写出发文机关名称，如已在标题中写明了机关名称，此处也可以省略；用阿拉伯数字写全年、月、日

2.8.2 通知的写作

2.8.2.1 通知的写作要求

通知的写作要求如表2-33所示。

表2-33 通知的写作要求

序号	写作要求	具体说明
1	内容具体，语言确切	制发通知的目的是回答和解决一些实际问题。因此，撰写通知一定要从实际出发，有的放矢，加强内容的针对性，可以从对象、问题、思想三个方面考虑： （1）对象的针对性是指通知的内容应从具体的受文对象出发，真实地反映受文对象的实际，有效地回答和解决受文对象面临的问题 （2）问题的针对性是指通知所反映的情况和问题，是确实存在的，并且具有一定的普遍性和典型性，回答和解决问题具有必要性和迫切性 （3）思想的针对性是指指出与存在的问题相联系的思想认识问题，并对其实质和意义作出分析，以提高受文对象的理性认识，并实事求是、合情合理地提出切实可行的意见

续表

序号	写作要求	具体说明
2	层次清楚，段落分明	层次即文书内容的表现次序。就是说，一份文书，有序号，有标题或观点，一目了然。段落又称自然段，与层次有区别也有联系。段落侧重于文字表达的需要，有时一层意思用若干自然段来表达，有时一层就是一段。段落分明要做到"五性"： （1）单一性。就是一段突出一个中心思想。不要在一段内容里写得很杂，以免节外生枝 （2）完整性。不要把一段完整的内容，分几个自然段去阐述，弄得七零八落、支离破碎 （3）鲜明性。每段的第一句话，要尽量加段首句或标题，必要时还要加序号。当然，有时段落很简单，也可不加段首句或标题 （4）连续性。段落之间要有内在联系，使每段都是一份文书的有机组成部分，做到"分之为一段，合则为一篇" （5）协调性。分段要注意整体的匀称，做到轻重相当，长短适度。不要有的段很长，有的段很短
3	篇幅简短，文字精练	通知事项，不管是作出指示，还是部署工作，或是安排活动，对于做什么、怎么做、做到什么程度、有什么要求等内容，都应当具体明确、简明扼要，不能含糊，模棱两可，这样受文对象才能把握要领，落到实处。通知的内容现实性、针对性较强，要想有效地回答和解决实际问题，就必须迅速及时地制发。如果拖延时机，等情况变化以后再通知，就会失去其应有的意义

2.8.2.2 通知的写作模板

_____通知

_____（主送机关）：

_____

_____

_____（制发通知的原因、依据、理由、目的）。

_____

_____

_____

_____（通知的具体事项）。

_____（署名）

_____（日期）

2.8.2.3 通知的写作范例

范例 14

转发《关于做好第七批援疆干部选派工作的通知》的通知

（20××年××月××日在××市第×届人大常委会第×次会议通过）

各区卫生局，××、××新区公共事业局，委机关各处室，委直属各单位：

现将市委组织部《关于做好第七批援疆干部选派工作的通知》（以下简称《通知》）转发给你们，请认真学习，遵照执行，并将有关事项通知如下。

一、职位要求

（一）喀什市卫生局副局长（在疆工作时间3年）。原则上从党政机关中具有公务员身份的人员中选派，要求35周岁以下、任正科级3年以上。年纪轻的、优秀的干部优先选派。

（二）医务人员8名（在疆工作时间1年）。在市属、区属医院在编人员中选派，要求55周岁以下。喀什市人民医院医生5名，均要求有高级技术职称，急诊内科、临床检验、妇产科、儿科、普外科各1名；塔什库尔干县人民医院医生3名，均要求有中级技术职称，普外科、泌尿外科、内科心血管各1名。

具体任职资格条件、人员管理、福利待遇等相关要求详见《通知》内容。

二、推荐工作安排

请各单位认真做好宣传发动工作，采取个人报名与组织推荐相结合的方式，通过资格初审，确定推荐人选，并出具推荐意见。

六区和新区卫生行政主管部门对照职位条件，原则上需推荐具有中级技术职称的普外科、泌尿外科、内科心血管医务人员至少各1名。如有副高以上技术职称的急诊内科、临床检验、妇产科、儿科、普外科医务人员，也可推荐。

市直属单位对照职位条件，市属综合性医院原则上需推荐具有副高以上技术职称的急诊内科、临床检验、妇产科、儿科、普外科医务人员至少各1名；其他医院根据自身情况在上述专业中任选2个专业各推荐1名医务人员；市属各医院如有中级技术职称的普外科、泌尿外科、内科心血管医务人员，也可推荐。

我委将对各单位推荐的候选人进行资格复审，择优选派援疆干部。援疆干部除享受《通知》规定的福利待遇外，其在援疆期间的继续医学教育学分按外出进修标准授予，同时列入我委和各单位后备干部人选，在日后干部选拔工作中优先考虑。

援疆期间工作表现突出的医务人员，工作期满回原单位后，符合提拔资格条件的，可按干部管理权限和有关规定提拔为中层干部。

三、报名材料

请委机关和市卫生监督所符合条件且有意报名喀什市卫生局副局长职位的公务员于××月××日（周×）下班前将"援疆干部报名表""干部任免审批表"和主要表现材料一式两份报委人事处×××房（附电子版；区属单位报名党政干部职位的，按干部管理权限报区委组织部，同时抄报我委）。

请各单位将推荐的专业技术人员的"援疆干部报名表""干部任免审批表"和"赴疆医务人员名单"于××月××日（周×）下班前报委人事处×××房（附电子版）。

特此通知。

（联系方式：××××××××，×××××@×××.com）

××市卫生和人口计划生育委员会
20××年××月××日

范例 15

市政府关于×××等同志职务任免的通知

各区人民政府、市政府各委办局、市各直属单位：

经研究决定，

×××同志任××市人民政府副秘书长（挂职，时间两年），挂职期满所任职务自行免除，不另行文。

×××同志任××市发展和改革委员会副主任。

×××同志任××市商务局副局长，免去其××市人民政府驻××办事处副主任（招商专员）职务。

××同志任××市市场监督管理局副局长，免去其××市市场监督管理局食品安全总监职务。

×××同志任××市国防动员办公室副主任。

××同志任××市国防动员办公室副主任。

×××同志任××市人民政府侨务办公室专职副主任，试用期一年。

×××同志任××市人民政府国有资产监督管理委员会副主任，试用期一年。

×××同志任××市市场监督管理局食品安全总监，试用期一年。

××同志任××市应急管理综合行政执法监督局局长，试用期一年。

免去×××同志××市人民政府驻××办事处主任职务。

免去××同志××市××新城区国有资产经营控股（集团）有限责任公司总经理职务。

免去×××同志××市应急管理局副局长职务。

免去×××同志××市农业综合行政执法总队政委职务。

免去×××同志××新城区开发建设管委会副主任职务。

请有关单位按规定办理。

××市人民政府

20××年××月××日

2.9 通报

2.9.1 通报的认知

2.9.1.1 通报的定义

通报是党政机关、企事业单位和社会团体将工作情况、经验教训、典型事例及有教育、指导、规范意义的事件向下级或公众发布的周知性公文。

通报适用于表彰先进、批评错误、传达重要精神和告知重要情况。

2.9.1.2 通报的特点

通报具有表2-34所示的特点。

表2-34 通报的特点

序号	特点	具体说明
1	告知性	通报常常是将现实生活中一些正反面的典型事件或某些带有倾向性的重要问题告诉人们，让人们知晓和了解

续表

序号	特点	具体说明
2	教育性	通报的目的不仅仅是让人们知晓内容，更重要的是让人们从中接受先进的思想教育，改正错误，接受教训。这一目的不是靠指示和命令来实现的，而是靠正反面典型案例的带动、真切的希望和感人的号召力，使人们真正从思想上树立正确的认识
3	政策性	政策性并不是通报独具的特点，其他公文也同样具有这一特点。但是，作为通报，尤其是表扬性通报和批评性通报，政策性更强一些。因为，通报中的决定（即处理意见）直接涉及具体单位、个人或事情的处理，此后也可能会被其他单位、部门效仿执行。决定正确与否，影响颇大。因此，通报必须讲究政策依据，体现党的政策

2.9.1.3　通报的分类

通报根据适用范围、内容及作用，可分为表 2-35 所示的三类。

表 2-35　通报的分类

序号	类型	具体说明
1	表彰性通报	表彰性通报即表彰先进个人或先进单位的通报。这类通报着重介绍人物或单位的先进事迹，点明实质，提出希望和要求，然后发出学习的号召
2	批评性通报	批评性通报即批评典型人物或单位错误行为、不良倾向和违章事故等的通报。这类通报通过讲事实、找根源、阐明处理决定，使人们从中吸取教训，以免重蹈覆辙。这类通报应用面广，数量大，惩戒性突出
3	情况通报	情况通报就是上级机关把现实社会生活中出现的重要情况告知所属单位和群众，让其了解全局，与上级协调一致，统一认识，统一步调，克服存在的问题，开创新的局面。这类通报具有沟通和知照的双重作用

2.9.1.4　通报的结构

通报一般由标题、主送机关、正文、署名、成文时间构成，如表 2-36 所示。

表 2-36　通报的组成

序号	组成	具体说明
1	标题	通报的标题通常由"发文机关＋事由＋文种"三个要素构成；有时也可省略发文机关，由"事由＋文种"构成
2	主送机关	一般为直属下级机关，或需要了解该内容的不相隶属的单位。有的通报特指某一范围，可以不标注主送机关
3	正文	（1）表彰（批评）通报的正文由三部分构成： ①说明表彰或批评的原因，即写清先进事迹或错误事件的经过，要求用叙述的手法真实、客观地反映事实

续表

序号	组成	具体说明
3	正文	②对所叙述的事实进行准确的分析和中肯的评价，使人们能从好的事例中受到鼓舞，从错误中吸取教训 ③一般是对先进事迹或错误事件的主体作出嘉奖或惩处。同时还要根据通报的情况，针对现实的需要，发出号召或提出要求 （2）情况通报的正文一般由两部分构成，即被通报的情况，希望和要求
4	署名	在正文后右下方标注发文机关，如在标题中已出现发文机关，此处也可省略
5	成文时间	一般为发文日期，该日期也可标注于标题之下

2.9.2 通报的写作

2.9.2.1 通报的写作要求

通报的写作要求如表 2-37 所示。

表 2-37 通报的写作要求

序号	写作要求	具体说明
1	通报的内容必须真实	通报的事实、所引材料都必须真实无误。动笔前要调查研究，对有关情况和事例认真进行核对，客观、准确地分析、评论
2	通报的决定要恰如其分	无论哪一种通报，都要做到态度鲜明，分析中肯，评价实事求是，结论公正准确，用语把握分寸。否则，通报不但会缺乏说服力，而且有可能产生反作用
3	通报的语言要简洁、庄重	其中表扬性和批评性通报还应注意用语的分寸，要力求文实相符，不讲空话、套话，不讲过头的话

> **相关链接**
>
> **通报、通告、通知的区别**
>
> 通报、通告、通知都有沟通情况、传达信息的作用，但它们之间也有一定的区别。
>
> **1. 所告知的对象不同**
>
> 通报是上级机关将工作情况或带有指导性的经验教训下发给下级单位或部门，

无论哪种通报，受文单位只能是制发机关的所属单位或部门；通告所告知的对象是全部组织和群众，它所宣布的规定条文具有政策性、法规性和某种权威性，要求人们遵照执行，一般要张贴出来或通过电台、电视台等新闻媒体大力宣传；通知一般只通过某种公文交流渠道传达至有关部门、单位或人员，它所告知的对象是有限的。

2. 制发的时间不同

通报制发于事后，往往是对已经发生的事情进行分析和评价，并通报有关单位，让其从中吸取经验和教训；通告、通知制发于事前，都有预先发出消息的作用。

3. 目的不同

通报主要是通过典型事例或重要情况的传达，向全体下属进行宣传教育或沟通信息，用来指导、推动今后的工作，不存在工作的具体部署与安排；通知主要是通过具体事项的安排，要求下级机关在工作中遵照执行或办理；通告公布的是在一定范围内必须遵守的事项，有较强的、直接的和具体的约束力。

4. 作用不同

通报可以用于奖惩有关单位或人员，而通知、通告不具有此作用。

2.9.2.2 通报的写作模板

（1）表扬性通报模板

<u>　　　　　　</u>通报

<u>　　　　　</u>（主送机关）：

<u>　　　　　　　　　　　　　　　　　　　　　　　　</u>
<u>　　　　　　　　　　　　　　　　　　　　　</u>（介绍相关事迹）。

<u>　　　　　　　　　　　　　　　　　　　　　　　　</u>
<u>　　　　　　　　　　　　　　　　　　　　　</u>（分析事迹的意义）。

<u>　　　　　　　　　　　　　　　　　　　　　　　　</u>
<u>　　　　　　　　　　　　　　　　　　　　</u>（作出决定并提出号召）。

<u>　　　　　</u>（署名）

<u>　　　　　</u>（日期）

（2）批评性通报模板

_____**通报**

_____（主送机关）：

_____
_____（介绍相关情况）。
_____
_____（作出处理）。
_____
_____（分析原因）。
_____
_____（提出要求）。

_____（署名）
_____（日期）

（3）情况通报模板

_____**通报**

_____（主送机关）：

_____
_____（介绍情况）。
_____
_____（分析情况）。
_____
_____（提出希望和要求）。

_____（署名）
_____（日期）

2.9.2.3 通报的写作范例

范例 16

××市人民政府关于表扬20××年度全市重点水利工程
建设先进集体和先进个人的通报

各县区人民政府,市开发区、高新区管委会,市政府各部门、各直属机构,市属各企业,各大中专院校:

　　20××年,在市委、市政府的坚强领导下,全市水务系统深入学习贯彻××××××思想,科学组织、团结进取、创先争优、奋力拼搏,推动全市重点水利工程建设取得明显成效,涌现出了一批先进集体和先进个人。为表扬先进,激励创新,现对在全市重点水利工程建设中作出突出贡献的5个先进集体和60名先进个人予以通报表扬。

　　希望受到表扬的先进集体和先进个人珍惜荣誉、戒骄戒躁、再接再厉、再创佳绩。各级各部门要以受到表扬的先进集体和先进个人为榜样,不忘初心、牢记使命、勇于担当、积极作为、锤炼作风、砥砺前行,为全市水务工作跨越发展作出积极贡献。

　　附件:1.××新河上游段和××河治理河道疏挖工程先进集体
　　　　2.全市重点水利工程建设先进个人名单

××市人民政府
20××年×月×日

范例 17

××市教育局关于对15所受到行政处罚的
幼儿园予以全市批评的通报

各区(新区)教育行政部门:

　　市公安局于第一季度组织开展了校园及周边风险隐患排查整治专项行动,其中我市有15所幼儿园（详细名单见附件）存在严重安全隐患，市公安局已依法对15所幼儿园进行了行政处罚。为警醒全市幼儿园重视安全工作，落实安全责任，消除安全隐患，现对15所受到行政处罚的幼儿园予以全市通报批评，以上幼儿园20××年年度检查结果均按不合格处理。

各区要指定专人督促存在严重安全隐患的幼儿园限期整改。对整改不到位或拒不整改的幼儿园，应结合评优评先、政府资助奖励等工作进行处罚，情节严重的，应停止招生或办学。市教育局将于今年秋季开学对以上幼儿园安全隐患问题开展"回头看"专项检查工作。

全市其他幼儿园要以此为鉴，认真贯彻执行学前教育相关法律、法规和政策制度的要求，进一步端正办学思想，落实安全主体责任，依法依规办学，保障在园师生人身安全和身心健康。

附件：1.第一季度存在严重安全隐患幼儿园列表
　　　2.关于建议对19所受到行政处罚的学校予以全市通报的函

××市教育局
20××年×月×日

范例18

中共××市××区教育局党组关于巡察整改进展情况的通报

根据区委统一部署，20××年×月××日至×月××日，××市区级交叉巡察第××组对中共深圳市××区教育局党组进行了巡察。20××年××月××日，××市区级交叉巡察第××组向××区教育局党组反馈巡察意见。根据《中国共产党巡视工作条例》和《中国共产党党内监督条例》有关规定，现将巡察整改进展情况予以公布。

一、高度重视，强化责任，全面有序开展整改工作

（一）深化思想认识，提高政治站位。（略）

（二）细化工作措施，压实主体责任。（略）

（三）注重标本兼治，建立长效机制。（略）

二、具体问题整改情况（略）

三、逐步建立长效机制，切实强化巡察成果运用

下一步，将坚持政治引领、问题导向、正本清源、立足民生，持续巩固区委巡察整改成果，充分发挥党组政治核心作用，细化措施推进持续整改，建立健全制度体系，推进教育资源均衡化发展，逐步建立长效机制，切实强化巡察成果运用，防止整改问题回潮。

（一）坚持政治引领，在组织保障上形成长效机制。（略）

（二）坚持问题导向，在措施保障上形成长效机制。（略）

（三）坚持正本清源，在制度保障上形成长效机制。（略）

（四）坚持立足民生，在整改成效上形成长效机制。（略）

欢迎广大干部群众对巡察整改落实情况进行监督。如有意见或建议，请及时向我们反映。联系电话，××××××××；邮政地址，××市××区××大道××号区府二办；电子邮箱，×××××@×××.gov.cn。

中共××市××区教育局党组
20××年××月××日

2.10 报告

2.10.1 报告的认知

2.10.1.1 报告的定义

报告是下级机关主动或应上级要求，向上级机关汇报工作、反映情况、提出建议，答复上级机关询问，报送文件等的报请性公文。

报告适用于向上级机关汇报工作、反映情况、回复上级机关的询问。

2.10.1.2 报告的特点

报告具有表 2-38 所示的特点。

表 2-38 报告的特点

序号	特点	具体说明
1	语言的陈述性	因为报告具有汇报性，即向上级讲述做了什么工作，或工作是怎样做的，有什么经验、体会，存在什么问题，今后有什么打算，对领导有什么意见、建议，所以行文上一般都使用叙述方法，即陈述事实，而不是像请示那样采用祈使、请求等语气
2	行文的单向性	报告是下级机关向上级机关行文，为上级机关进行宏观决策提供依据，一般不需要受文机关批复，属于单向行文
3	成文的事后性	多数报告都是下级机关在事情做完或发生后，向上级机关作出汇报，是事后或事中行文
4	双向的沟通性	报告虽不需批复，但却是下级机关取得上级机关支持和指导的桥梁；同时，报告也是上级机关进行决策指导和协调工作的依据
5	内容的汇报性	一切报告都是下级向上级机关或业务主管部门汇报工作，让上级机关掌握基本情况，并及时对自己的工作进行指导，所以汇报性是报告的一大特点

2.10.1.3 报告的分类

报告按其内容，可以分为表 2-39 所示的几种类型。

表 2-39 报告的分类

序号	类型	具体说明
1	工作报告	适用于定期向上级汇报某一阶段的正常工作。全面汇报工作中的困难、做法、经验和教训，能使上级及时掌握本单位工作进度，有利于本单位取得上级的支持和帮助
2	情况报告	适用于向上级反映情况，特别是反映调查中了解到的重大情况、特殊情况。一些有倾向性的新风气、新动向，最近出现的新事物，也有必要向上级汇报
3	答复报告	适用于答复上级询问的事项，这种报告内容较为单一，针对性很强。即上级问什么则答复什么，不答非所问，不节外生枝

相关链接

工作报告与情况报告的区别

区别	文种	
	工作报告	情况报告
反映的工作不同	经常性的、常规性的工作	偶发性的特殊情况

续表

区别	文种	
	工作报告	情况报告
内容不同	内容相对稳定	内容多为不确定
写法不同	写法相对稳定	写法灵活多样
表达方式不同	有不同程度的说理，事与理结合	重在叙述、说明情况
写作时间不同	汇报时间固定或不固定	无固定汇报时间

2.10.1.4 报告的结构

报告由标题、主送机关、正文、署名、成文日期组成，如表 2-40 所示。

表 2-40 报告的组成

序号	组成	具体说明
1	标题	报告的标题一般由"发文机关+事由+文种"组成
2	主送机关	报告的主送机关是直接的上级机关。原则上主送一个上级机关，根据需要同时抄送相关上级机关和同级机关，一般不向上级机关负责人送报告
3	正文	报告正文一般由报告缘由、报告事项和结语三部分组成： （1）报告缘由，以概括性语言简要说明报告的背景、主要内容、结论，或者说明写报告的目的和依据。段末常用"现将有关情况报告如下"导出下文 （2）报告事项，此部分是正文的核心，是报告的重点部分，不同报告的写法有所不同 ①工作报告的内容包括几个方面，一是基本情况与成绩，陈述工作概况和基本做法，并在此基础上总结成绩和经验。二是存在的问题与不足，分析工作失误的原因，说明应当吸取的教训。三是今后的工作打算和拟采取的整改措施。 ②情况报告重在反映重要的、特殊的、突发的新情况。以陈述情况为主，应写明时间、地点、原因、经过、结果、已采取的措施或建议等 ③答复报告针对性强，一般问什么就答什么。不能漫无边际地写一些与上级机关询问无关的事项，应针对所提问题答复意见或处理结果，既周全又不节外生枝，有问必答，答其所问，表述明确具体，用语准确，不含糊其词，不模棱两可 （3）结语，报告的结语比较简单，通常用"特此报告""特此报告，请审阅"等惯用语；有时报告事项完即止，不写结束语
4	署名	在正文后右下方标注发文机关
5	成文日期	用阿拉伯数字写全年、月、日

2.10.2 报告的写作

2.10.2.1 报告的写作要求

报告的写作要求如表 2-41 所示。

表 2-41 报告的写作要求

序号	写作要求	具体说明
1	情况真实	一切上报的信息必须真实可靠,力求准确反映事物的本来面目,全面反映情况。报告不实将导致上级决策失误,影响大局。汇报成绩时不能虚报夸大,反映问题时不能文过饰非。必须以客观事实为依据,情况要真实
2	确有必要	是否要向上级报告,一个很重要的标准就是提供的信息是否真正紧扣当前的中心工作,是否对上级决策有帮助。每天收集到的大量信息并不是全部都有价值,特别是对一些原始、初级信息,要有一个筛选、加工处理过程。这就需要选取正确角度、深入挖掘,选择那些能够指导全局工作、具有较强影响力的信息,通过"去粗取精、去伪存真、由表及里、由此及彼"的处理,形成对全局工作具有普遍指导意义的情况汇报
3	点面结合、突出重点	报告的写作既不能烦琐罗列具体事例,也不能只做全面情况的概述。必须突出重点、有主有次、详略得当地安排材料,并加以精当的分析,用适当的议论点明主题,使报告既有深度又有广度。需要注意的是,报告中不能夹带请示事项

2.10.2.2 报告的写作模板

_____报告

_____(主送机关):

_____

_____(发文的依据、缘由)。

_____

_____

_____(报告事项)。

_____(署名)

_____(日期)

2.10.2.3 报告的写作范例

范例 19

××区××街道20××年法治政府建设工作报告

区人民政府：

20××年，在区委区政府的坚强领导、区司法局的大力指导下，××街道紧紧围绕上级工作部署，加强法治政府建设，牢固树立依法行政理念，规范行政执法行为，提升依法行政水平，取得了较好的成效，现总结报告如下。

一、加强组织领导，建立健全体制机制

（一）成立领导小组，落实党政主要负责人履行法治建设第一责任人职责。成立了以街道党工委书记、办事处主任为组长，各办（队）、中心及各社区工作站负责同志为成员的××街道法治政府建设工作领导小组，领导小组办公室设在综合治理办公室（司法所），负责贯彻落实领导小组的决策部署，并统筹协调各成员单位开展有关工作。同时，制定了《××街道法治政府建设第一责任人工作机制》，将法治政府建设工作列为单位党政主要负责人职责，进一步加强对法治政府建设工作的组织领导，有效形成了主要领导亲自抓，分管领导具体抓，各职能部门、社区党委抓落实的工作机制。

……

六、推进政府信息公开，强化多方监督

（一）积极推进政务公开工作，打造阳光透明政府。制定《××区××街道党务公开、政务公开工作实施方案》，进一步明确信息公开的内容、形式、时限、范围、程序及责任部门和责任人，积极稳妥地将能够公开的政府信息予以公开，最大限度地保障人民群众的知情权和监督权。

（二）充分发挥街道人大主席团的监督作用。街道人大主席团筛选关系群众切身利益和社会普遍关注的问题，对相关法律、法规实施情况进行检查，切实解决群众反映的法治建设热点、难点问题，营造共建共治共享的社区法治氛围，使人大代表建议答复率达到100%。

××市××区××街道办事处
20××年×月×日

××区××街道关于召开民主生活会有关情况的报告

区纪委、区委组织部：

根据《关于认真开好20××年度党员领导干部民主生活会的通知》要求，××街道于20××年×月×日召开了民主生活会，现将有关情况报告如下。

一、会前准备情况

接到《关于认真开好20××年度党员领导干部民主生活会的通知》后，街道党工委高度重视，于×月×日召开班子会议，进行专题研究，并对相关工作进行布置，细化分工，责任到人。

……

二、会议召开情况

……

三、整改落实打算

民主生活会后，街道党工委责成办公室认真做好专题民主生活会后各项整改措施的梳理、落实和整改方案制定工作。下一步，我们将重点抓好以下几方面工作。

（一）重视学习提升，不断增强党性修养。第一，强化政治学习。抓住"学懂、弄通、做实"三个关键词，全面把握中国特色社会主义进入新时代的新要求，做到知行合一、言行一致，保持对理想信念的激情和执着，自觉用理论指导实践，使各方面工作更符合客观规律、科学规律的要求。第二，强化实践学习。坚持和完善党工委理论学习中心组学习制度，每年集体学习不少于12次，集体学习研讨不少于6次。依托"周二下村"大兴调查研究之风，多到田间地头、菜场小店，多到群众意见多的地方去，多到工作做得差的地方去，从人民群众关心的事情做起，凝聚放大优势，突破发展瓶颈，进一步提升工作能力和水平。

……

（四）崇尚实干作风，不断强化作用发挥。我们要紧紧围绕区委"坚持三看四态促转型不动摇、持续高质量打好转型攻坚硬仗"的要求，实施"拥江发展"战略，推动各项工作开创新局面。第一，以党建为龙头，夯实基层基础。全方位学习贯彻党的××大精神，开展"不忘初心、牢记使命·奋战××"活动，全面推进基层党建"一村一品"工作，进一步加强村级组织建设和街村两级干部管理，加强意识形态和党风廉政建设。第二，以搬迁为重点，彰显铁军精神。完成××更新三四区块500余户居民的搬迁任务；围绕××核心带的建设，完成两个整村900多户农户的搬迁任务;围绕造纸转型,搬迁企业不少于50家。第三,以目标为导向,提升发展环境。一手抓"腾空间",按"四个一批"加快造纸企业有序退出,引进"无污染、小空间、高科技、大产出"的高新产业;一手抓"美环境",积极创建"三美",以更高标准、更严要求,持续抓好"三改一拆""五水共治"、废塑料整治等各项工作。

特此报告。

中共××市××区××街道工作委员会
20××年×月×日

范例21

××市××区市政管理局关于报送网民留言答复的报告

××区人民政府办公室:

领导留言板网民留言的"××街××路路面坑洼及道路行车线问题",我局第一时间进行核查,现将具体情况报告如下。

一、基本情况

××区××街等××路的市政基础设施已超出服役期。黑色路面、人行道老化破损严重,部分井盖下沉,导致路面坑洼不平整。

二、具体原因

(一)由于历史原因,我区没有建设地下综合管廊,所有管道直埋于地下,为保障市民的供电、供水、供暖、弱电、排污等生活需求,经审批后,企业对存在问题的路段,要进行破路抢修,因此存在开挖修复后的补丁路现象。

(二)市政道路维修受季节影响大,特别是冬季气温较低时,不具备施工条件,因此冬季路面开挖抢修后,只能临时用红砖铺设,待天气回暖后,再恢复油面,一并对下沉的井盖进行提升。

(三)旧城区市政设施老旧,存在不同程度的损坏,目前的人力、物力、财力很难满足大规模的更新,正在积极向上级部门申请改造资金。

三、处理结果

我局将于20××年×月初,对城区范围内市政设施的破损情况进行摸排,计划于×月中旬，由我局下设的业务队、工程部对各自管辖片区进行逐项维修，×月底前完成对××路破损市政基础设施的维修维护。

××市××区市政管理局
20××年×月×日

2.11　请示

2.11.1　请示的认知

2.11.1.1　请示的定义

请示是下级机关向上级机关请求对某项工作、问题作出指示，对某项政策界限给予明确，对某事予以审核批准时使用的一种请求性公文。

请示适用于向上级机关请求指示、批准。

2.11.1.2　请示的特点

请示具有表2-42所示的特点。

表2-42　请求的特点

序号	特点	具体说明
1	报请性	当下级机关遇到需要办理却又无权办理、无力办理或不知如何办理，需要得到上级的指示、批准后方可付诸实践的问题时，就需要用请示行文。一般遇到以下情况需要向上级机关请示： （1）对上级机关的法规、政策和其他文件等有不理解之处，或认为它们不适合本单位情况需要变通处理时，请上级机关予以解释、指示或认可 （2）请求批准人员编制、机构设置、干部任免、经费预算以及对重要人员或事故的处理 （3）请求审批或批转本单位制定的重要文件 （4）请求解决本单位无法解决的困难和问题 （5）根据规定必须履行审批手续的事项

续表

序号	特点	具体说明
2	超前性	请示是在工作中遇到实际困难或问题、工作难以继续开展下去的情况下使用的，该项工作下一步怎样开展必须得到上级机关的指示或批准，因此，请示必须事前行文。对请示事项"先斩后奏"是不允许的
3	说明性	绝大部分公文都是略写缘由详写事项，而请示恰恰相反。能不能得到上级机关的批准，上级机关怎样回复，主要取决于请示的理由是否充分，有关事项交代得是否清楚、明白，因此，请示往往是详写缘由略写事项。请示的事项往往比较单纯，一两句话就能交代明白
4	单一性	请示的行文规则要求请示内容单一，不能将两件或两件以上互不相干的事情放在一份请示当中。请示的"单一性"特征十分明显
5	期复性	上级机关的回复是下级机关继续开展某项工作的前提条件，因此，作为请示主体的下级机关，急切希望得到上级机关的回复。上级机关也应该体谅下级，尽可能在规定的时间内给下级机关回复，以免贻误工作

2.11.1.3 请示的分类

请示按其内容的不同，可分为表 2-43 所示的几类。

表 2-43 请示的分类

序号	类型	具体说明
1	请示批准类	一般针对有充分理由、希望上级机关批准的事项，如机构设置、领导班子调整、人员编制、财务预算、重要事件的批准或重要人物的处理等。这类请示一定要把理由写充分
2	请求指示类	这类请示主要针对工作中遇到无章可寻或对有关政策把握不准等问题，需要上级机关给予明确的指示。这类请示，下级机关应该先拿出意见，供上级领导参考
3	请求批转类	一般是职能部门就与自己业务范围有关的全局性工作，提出意见或建议，请求上级同意，并批转各有关部门执行

2.11.1.4 请示的结构

请示由标题、主送机关、正文、署名、成文日期组成，如表 2-44 所示。

表 2-44 请示的结构

序号	组成	具体说明
1	标题	请示的标题一般有两种构成形式： （1）由"发文机关 + 事由 + 文种"构成 （2）由"事由 + 文种"构成
2	主送机关	请示的主送机关是指负责受理和答复该文件的机关。每个请示只能写一个主送机关，不能多头请示
3	正文	正文一般由开头、主体和结语三部分内容组成： （1）开头，主要交代请示的缘由。它是请示事项能否成立的前提条件，也是上级机关批复的根据。将原因讲得客观、具体，将理由讲得合理、充分，上级机关才能及时决断，予以有针对性的批复 （2）主体，主要说明请求事项。它是向上级机关提出的具体请求，也是陈述缘由的目的所在。这部分内容要单一，只宜请求一件事。另外，请示事项要具体、明确、条理清晰，以便上级机关给予明确批复 （3）结语，应另起一段，习惯用语一般有"当否，请批示""妥否，请批复""以上请示，请予审批"或"以上请示如无不妥，请批转各地区、各部门研究执行"等
4	署名	标题写明发文机关的，这里可不再署名，但需加盖单位公章
5	成文日期	用阿拉伯数字写全年、月、日

2.11.2 请示的写作

2.11.2.1 请示的写作要求

请示的写作要求如表 2-45 所示。

表 2-45 请示的写作要求

序号	写作要求	具体说明
1	一文一事	一份请示只能写一件事，如果一文多事，可能导致受文机关无法批复
2	单头请示	请示只能主送一个上级领导机关或者主管部门。如果需要，可以抄送有关机关。这就可以避免出现推诿、扯皮等现象
3	不越级请示	如果因特殊情况或紧急事项必须越级请示时，要同时抄送越过的直接上级机关。除个别领导直接交办的事项外，请示一般不直接抄送领导个人
4	不抄送下级	请示是上行公文，行文时不得同时抄送下级，以免造成工作混乱；更不能要求下级机关执行上级机关未批准和批复的事项

请示与报告的区别

请示和报告都是上行文,是行政机关公文使用频率较高且容易混淆的文种。常见的问题主要有:将请示文种用报告文种呈送上级机关,请求上级机关批复(答复),这样很容易贻误工作。因此,在撰写请示和报告时,要特别注意二者之间的区别,具体内容如下。

1. 作用不同

请示是向上级机关请求指示、批准;报告是向上级机关汇报工作,反映情况,提出意见和建议,答复上级询问,报送文件、物品等。

2. 内容不同

请示是本单位无力、无权解决或按规定需上级批准之后才能实施的事项;报告是本单位职责范围内比较重大的工作或向上级机关建议、需上级机关知道的事项。

3. 容量不同

请示应一文一事;报告可多事一报,但不得夹带请示的事项。

4. 时间不同

请示应事前行文;报告可在事前、事中和事后行文。

5. 范围不同

请示一般只主送一个上级机关,不得多头主送或越级主送;报告可以主送几个相关的上级机关,也可以抄送其他上级机关。

6. 处理不同

上级机关收到下级机关的请示后,应及时批准、批复(答复);若是办理件,下级机关在收到上级机关批复(答复)后才能实施。上级机关收到下级机关的报告(主要是了解情况)后,可以不答复,下级机关也不用等待上级机关答复。

7. 篇幅不同

请示的篇幅比较短,一般不超过1500字;报告的篇幅相对较长,但一般不超过3000字。

8. 结束语不同

请示的结束语常用"特此请示""特此请示""请批示""请审示"等;报告常用"专此报告""特此报告"等。

2.11.2.2 请示的写作模板

```
_____请示

_____（主送机关）：
_____
_____（请示缘由）。
_____
_____（请示事项）。
_____（结语）。

                                    _____（署名）
                                    _____（日期）
```

2.11.2.3 请示的写作范例

范例22

关于××社区党总支书记拟任人选的请示

区委组织部：

根据区委组织部印发的《在我区转制社区"社企分开"改革中加强基层党组织建设的实施意见的通知》（×组通〔20××〕××号）精神，结合实际，经研究决定，

拟任区下派干部×××同志为中国共产党××市××区××街××股份经济联合社委员会（简称××××党委）书记。

拟任区下派干部××同志为中国共产党××市××区××街××社区总支部委员会（简称××社区党总支）书记。

妥否，请批示。

××市××区××街工作委员会
20××年××月××日

范例 23

关于申报 20×× 年度社会信用体系建设应用项目的请示

××市发展和改革委员会：

  按照《关于组织申报20××年度社会信用体系建设应用项目的通知》（×信用办〔20××〕××号），结合全区实际，我委积极组织区内符合条件的企业申报，并对项目申报主体、支持方向、申报方式等进行严格审核，经过初步遴选和论证，拟推荐××跨境电子商务服务有限公司、×××××信息技术有限公司、××××（××）信息技术有限公司三家企业申报20××年度社会信用体系建设应用项目。现将企业有关申报材料随文上报，如无不妥，请予审核转报。

  特此请示。

××市××区发展和改革委员会

20××年××月××日

2.12　批复

2.12.1　批复的认知

2.12.1.1　批复的定义

批复是上级机关对下级机关来文所提出的请示表明态度或作出明确回答的公文，是一种下行文。

批复适用于答复下级机关的请示事项。

2.12.1.2　批复的特点

批复具有表 2-46 所示的特点。

表 2-46　批复的特点

序号	特点	具体说明
1	权威性	批复代表着上级机关的权力和意志，对请示事项的单位有约束力，受文机关必须执行批复内容
2	针对性	批复必须是针对下级机关请示事项而发，属被动行文，一文一事，内容简单，针对性强。批复的内容是由请示的内容决定的，批复的主送单位只能是请示机关
3	鲜明性	上级机关对下级机关的请示事项同不同意、批不批准，态度要明确，旗帜要鲜明
4	指示性	批复的目的是指导下级机关的工作，因此在表明态度后，还需概括地说明方针、政策以及执行中的注意事项

2.12.1.3　批复的分类

批复按其内容的不同，可分为表 2-47 所示的类型。

表 2-47　批复的分类

序号	类型	具体说明
1	指示性批复	针对方针、政策性问题进行答复。不但同意下级机关的请示事项，而且就请示事项的落实、执行，上级机关还要有针对性地提出指示性意见。批复的指示性内容，在其管辖范围内具有普遍的指导与规范作用
2	表态性批复	对请示事项表示同意或不同意的批复
3	否定性批复	即上级机关对于下级机关的请示事项持否定态度的批复。这种批复不但要明确表示否定的态度，同时还需写明否定的理由，对下级机关作出解释

2.12.1.4　批复的结构

批复一般由标题、主送机关、正文、署名、成文日期组成，如表 2-48 所示。

表 2-48　批复的组成

序号	组成	具体说明
1	标题	最常见的批复标题是完全式的标题，即由"发文机关＋事由＋文种"三部分构成。在事由中，一般将下级机关及请示的事由和问题写进去；还有一种完全式的标题由"发文机关＋表态词＋请示事项＋文种"构成，这种标题较为简明、全面和常用

续表

序号	组成	具体说明
2	主送机关	批复的主送机关，一般只有一个，那就是发出请示的下级机关。批复不能越级行文，当所请示的机关不能答复下级机关的问题而需要向所请示机关的上一级机关转报请示时，该上一级机关所做批复的主送机关不应是原请示机关，而应是"转报机关"。如果批复的内容同时涉及其他机关和单位，那么要采用抄送的形式送达
3	正文	正文由批复引语、批复内容和批复结语三部分组成： （1）批复引语，先通过引叙来文说明批复缘由，即点明批复的下级机关，并写明来文日期、标题和文号，以交代批复的根据；然后根据有关的政策、规定进行答复，常用"经研究""经决定""批复如下"领起下文 （2）批复内容，写明对请示事项的批复意见，即针对请示的内容给予明确肯定（或否定）的答复或具体的指示 ①完全同意，不复述同意的理由，同意之后，往往对落实批复内容提一些原则性要求，应明晰、准确、简洁 ②不同意，一定讲明不同意的理由和根据 ③基本同意、原则同意，应写明修正意见或补充处理办法 （3）批复结语，一般用"此复""特此批复"作为结语，结语应独占一段。也可以不写结束语
4	署名	写明发文机关
5	成文日期	用阿拉伯数字写全年、月、日

2.12.2 批复的写作

2.12.2.1 批复的写作要求

批复的写作要求如表 2-49 所示。

表 2-49 批复的写作要求

序号	写作要求	具体说明
1	要慎重、及时	批复机关收到请示后，要及时进行调查与了解，掌握有关情况，并根据现行政策法令及办事准则，认真研究后，及时给予答复
2	要针对请示进行答复	请示要求一文一事，批复也应有针对性地一文一批复。请示要求解决什么问题，批复就答复什么问题，上下行文互相对应
3	要态度明确，表述准确	批复意见不管同意与否，必须清楚明白、态度明确。不能含糊其词、模棱两可，以免下级无所适从

2.12.2.2　批复的写作模板

```
_____批复

_____（主送机关）：
　　你_____（对方的请求）收悉。根据_____
_____的规定，现批复如下。
　　_____
_____（批复事项）。
_____（执行要求）。


                                    _____（署名）
                                    _____（日期）
```

2.12.2.3　批复的写作范例

范例 24

××市××区发展和改革委员会
关于××路天然气工程项目核准的批复

××市燃气集团有限责任公司：

　　你单位《关于××路天然气工程项目核准的请示》《关于××路天然气工程项目招标方案核准的请示》收悉。根据××分局×××××等相关文件，经研究，同意××市燃气集团有限责任公司实施××路天然气工程项目，现就有关事项批复如下。

　　一、建设地点，项目自××路至××路，沿××路西侧7.75米，北侧与××路规划中压燃气管线相接，南侧与××路规划中压燃气管线相接，具体地点以规划意见为准。

二、建设内容及规模，项目新建 DN300 中压燃气管线 2860 米。

三、项目总投资及资金来源，项目总投资 599.53 万元，全部由××市燃气集团有限责任公司自筹解决。

四、各种税费的缴纳，按国家、市及区的有关规定执行。

五、本批复附《建设项目招标方案核准意见书》1 份，请项目单位据此依法开展招标工作。在建设项目设施过程中，确有特殊情况需要变更已核准的招标方案的，应当报我委重新核准。

六、本批复有效期为 2 年，在有效期内办理年度投资计划或取得延期批复的，本文件继续有效。

请据此办理有关手续。

附件：建设项目招标方案核准意见书

××市××区发展和改革委员会
20××年×月×日

范例 25

××监管分局关于×××任职资格的批复

××银行××支行：

你支行《××银行××支行关于核准×××任职资格的请示》（×发〔20××〕×号）收悉。经审核，核准×××的××银行××支行副行长（主持工作）任职资格。

请你支行按有关法律、法规规定及时发布上述高级管理人员的任命文件。

此复。

××监管分局
20××年×月×日

2.13 议案

2.13.1 议案的认知

2.13.1.1 议案的定义

议案是各级人民政府按照法律程序向同级人民代表大会或人民代表大会常务委员会提出并需大会列入议程，进行讨论、审议和决定的议事原案，属于报请类公文。

议案适用于各级人民政府按照法律程序向同级人民代表大会或者人民代表大会常务委员会提请审议事项。

2.13.1.2 议案的特点

议案具有表 2-50 所示的特点。

表 2-50 议案的特点

序号	特点	具体说明
1	制发机关的法定性	议案的制发机关只能是各级人民政府，政府的职能部门无权制发
2	内容的特定性	人民政府所提议案的内容必须属于该人民代表大会或常务委员会职权范围内的有关事项
3	时效的规定性	各级人民政府的议案必须在同级人民代表大会或其常务委员会举行会议规定的限期前提出，否则不能列为议案。超过期限提交的议案一般改做"建议"处理，或移交下次人大会议处理。提交大会审议的议案，必须限期审议表决或提出处理意见
4	行文的定向性	议案只能由各级人民政府向同级人民代表大会或其常务委员会行文，不能向其他部门、单位行文，主送机关也只有一个
5	事项的必要性和可行性	适合提交人大议案审议的事项，必须是重要事项，符合人民群众的意愿和要求，而且议案中提出的措施也必须是切实可行的，只有这样才有可能获得通过

2.13.1.3 议案的分类

议案按其内容的不同，可分为表 2-51 所示的几类。

表 2-51　议案的分类

序号	类型	具体说明
1	立法性议案	立法性议案主要在两种情况下使用：一种是政府机构制定了某项法律或法规之后提请人大审议通过时，如"国务院关于提请审议〈中华人民共和国××法（草案）〉的议案"；另一种是建议、请求某行政机构制定某项法规时，如"关于尽早制定我省××条例的议案"
2	重大事项的决策性议案	财政预算决算、城乡发展规划、重大工程上马，以及政治、经济、文化、教育、科技和卫生等领域中重大事项的决策，需要提请人民代表大会审议批准时使用的议案，就属于重大事项的决策性议案，如"国务院关于提请审议××工程的议案""××市人民政府关于组织动员全市人民综合治理开发建设××的议案"
3	任免性议案	行政机关向权力机关提请任命、免去或撤销行政机关工作人员职务，请求人民代表大会审议批准的议案，就是任免性议案，如"国务院关于提请××等同志职务任免的议案"
4	建议性议案	以行政部门的身份向权力部门提出建议，也可以使用议案。这种议案有些像建议报告，供人民代表大会审议、采纳

2.13.1.4　议案的结构

议案一般由标题、主送机关、正文、附件和落款组成，如表 2-52 所示。

表 2-52　议案的组成

序号	组成	具体说明
1	标题	标题一般有两种形式： （1）由"发文机关+事由（提请审议事项）+文种"三部分组成，如"国务院关于提请审议〈中华人民共和国劳动法（草案）〉的议案" （2）省略发文机关，只由"事由+文种"组成，如"关于提请审议修改后的××改革方案的议案"
2	主送机关	议案的主送机关只能是同级人民代表大会及其常务委员会，不能有其他并列机关，要采用全称或规范化简称，不得随意简化
3	正文	正文一般由以下三部分组成： （1）案据，是指提出议案的依据，包括提出审议事项的目的、原因、意义等 （2）方案，提出需审议的事项，包括措施、办法及产生经过等 （3）结语，一般提出审议要求，如"请予审议""现提请审议""请审议决定""请审议批准"等
4	附件	根据正文需要附上具体审议的文件本身
5	落款	标注制发此议案的一级人民政府的名称，或政府首长的职务、姓名。并签明日期，加盖公章

2.13.2 议案的写作

2.13.2.1 议案的写作要求

议案的写作要求如表 2-53 所示。

表 2-53 议案的写作要求

序号	写作要求	具体说明
1	正确使用文种	议案的作者是各级人民政府或政府首长,受文单位为同级的人民代表大会或其常务委员会
2	内容一案一事	议案的撰写目的是提请审议,因此要求一案一事,有针对性
3	要审议的事项应加"草案"	需要审议的法规草案、重大事项安排草案都应将草案列为附件,以供审议。提请审议的法律、法规要在其名称后面用圆弧写上"草案"两字

2.13.2.2 议案的写作模板

_____议案

_____(主送机关):

_____

_____(提请审议的缘由、目的和意义等)。

_____

_____(提请审议的内容、形成过程、要求等)。

_____(审议事项或问题解决途径、方法等)。

_____(署名)

_____(日期)

2.13.2.3 议案的写作范例

范例 26

××市人民政府关于提请审议××市
20××年政府投资项目计划（草案）的议案

××市人大常委会：

为充分发挥政府投资项目在我市经济社会发展中的基础配置和引领作用，在深入调研的基础上，围绕××经济区副中心城市建设及加快推进城镇化的总体要求，按照"保民生、促畅通、活产业、顾长远"的思路，根据《××市政府投资项目管理条例》相关规定，结合省、市经济工作会议精神及市政府工作报告，市政府拟定了《××市20××年政府投资项目计划（草案）》（以下简称《计划（草案）》）的议案。《计划（草案）》已经市政府常务会议研究确定，并报市人大常委会主任会议审议通过。现提请本次会议研究，请予审议。

一、项目总体安排情况

《计划（草案）》以城乡公共基础设施、城乡公共管理和公益性社会事业、保护和改善环境、推进科技进步和高技术产业化四大领域为重点，结合我市实际财力状况及经济、社会发展需要，共安排市本级政府投资项目×个，总投资××亿元。

二、亿元以上项目安排情况

（略）

三、主要措施

（一）健全机制，全力加快项目进度。（略）

（二）多措并举，积极筹措建设资金。（略）

（三）严格管理，提高政府投资效益。（略）

（四）转变观念，规范政府投资管理模式。（略）

（五）强化监督，确保政府投资安全、高效。（略）

××市人民政府
20××年×月×日

范例 27

××区人民政府关于提请任命×××同志职务的议案

××市人大常委会：

因工作需要，现依据《中华人民共和国××组织法》有关规定，以及×××提名，提请任命下列人员职务。

任命×××同志为××区人民政府副区长。

请审议决定。

附件：×××同志简历

××区人民政府区长　　签名章

20××年××月××日

2.14　函

2.14.1　函的认知

2.14.1.1　函的定义

函是不相隶属机关之间商洽和接洽工作、询问和答复问题时所应用的文体。

函适用于不相隶属机关之间商洽工作、询问和答复问题、请求批准和答复审批事项。

2.14.1.2　函的特点

函具有表2-54所示的特点。

表 2-54　函的特点

序号	特点	具体说明
1	行文对象的广泛性	函可以是任何不相隶属机关之间的单一行文
2	行文方向的平行性	函基本是同级机关和不相隶属机关之间行文
3	内容的简便灵活性	函的内容简约直接，形式精短，因而在商洽工作、联系有关事项时十分灵活

2.14.1.3　函的分类

按照不同的标准，函可以有不同的分类。

（1）按照行文方向的不同，可分为发函与复函，如表 2-55 所示。

表 2-55　按函的行文方向分类

序号	类型	具体说明
1	发函	发函也称去函、问函，是本机关主动向对方去的函
2	复函	回复对方来函称为复函，是回复询问或批准事项等的函

（2）按照内容和目的不同，可分为商洽函、答询函、请批函、告知函几类，如表 2-56 所示。

表 2-56　按函的内容和目的分类

序号	类型	具体说明
1	商洽函	商洽函用于不相隶属机关之间商洽工作
2	答询函	答询函用于不相隶属机关或部门之间相互询问或答复问题
3	请批函	请批函用于向有关部门请求批准事项
4	告知函	告知函亦称通报函，用于将某一活动或情况告知对方。告知函不需对方回复

（3）按照内容重要与否，可分为公函与便函，如表 2-57 所示。

表 2-57　按函的内容轻重分类

序号	类型	具体说明
1	公函	公函的内容比较重要，行文郑重，有完整的公文格式
2	便函	便函大多适用于一般的事务性工作，没有完整的公文格式，只有上款和下款；不列函件标题与发文字号，可以加盖公章，也可以个人名义署名。便函一般不归档，但仍用于公务

> **小提示**
>
> 事实上，公函与便函只是内容重要程度以及公文格式有区别，写法实质上几乎没有差异。

2.14.1.4 函的结构

由于函的类别较多，从制作格式到内容表述均有一定的灵活机动性。这里主要介绍规范性公函的结构、内容和写法。

公函由标题、主送机关、正文和落款组成，具体如表 2-58 所示。

表 2-58 函的组成

序号	组成	具体说明
1	标题	公函的标题一般有两种形式： （1）由"发文机关 + 事由 + 文种"构成 （2）由"事由 + 文种"构成
2	主送机关	主送机关即受文并办理来函事项的机关单位
3	正文	正文一般由开头、主体、结尾和结语四部分组成： （1）开头，主要说明发函的缘由，一般要求概括交代发函的目的、根据和原因等内容，然后用"现将有关问题说明如下"或"现将有关事项函复如下"等过渡语转入下文。复函一般先引叙来文的标题、发文字号，然后再交代根据，以说明发文的缘由 （2）主体，这是函的核心部分，主要说明致函事项。函的事项内容单一；一函一事，行文直陈其事。无论是商洽工作、询问和答复问题，还是向有关主管部门请求批准事项，都要用简洁得体的语言把需要说明的问题、意见写清楚。如果属于复函，还要注意答复事项的针对性和明确性 （3）结尾，此部分一般用礼貌性语言向对方提出希望，或请对方协助解决某一问题，或请对方及时复函，或请对方提出意见或请主管部门批准等 （4）结语，此部分通常根据函询、函告、函商或函复的事项，选择不同的结束语，如"特此函询（商）""请即复函""特此函告""特此函复"等。有的函也可以不用结束语，如属便函，可以像普通信件一样使用"此致""敬礼"
4	落款	一般包括署名和成文日期两部分内容，即署明机关单位名称，注明成文的年、月、日，并加盖公章

2.14.2 函的写作

2.14.2.1 函的写作要求

函的写作要求如表 2-59 所示。

表 2-59 函的写作要求

序号	写作要求	具体说明
1	一事一函	有一说一，切忌一函数事
2	内容简洁	开门见山，不需要问候、寒暄、客套
3	用语得体	（1）发函要使用平和、礼貌、诚恳的语言。对主管机关要尊重、谦敬，对级别低的单位要平和，对平行单位和不相隶属的单位要友善。切忌使用生硬、命令性的语言 （2）复函的态度要明确，语言要准确，避免含糊笼统、犹豫不定

请示与函的区别

函是不相隶属机关之间商洽工作、询问和答复问题、请求批准和答复审批事项的公文。函在公文往来中使用比较广泛，其主要作用体现在两个方面：一是不相隶属的同系统部门之间询问和答复工作；二是请求平行或不相隶属的职能部门批准有关事项，此时不能用请示或报告，应使用请求批准函。

在公文撰写中，容易将请求批准函误认为请示或报告文种，在与平行或不相隶属的机关行文时，使用请示或报告是欠妥的。请示与请求批准函有严格的区别，主要体现在以下五个方面。

1. 类型不同

请示是上行文；请求批准函是平行文。

2. 主送机关不同

请示的主送机关是具有领导、指导关系的上级机关；请求批准函的主送机关是平行或不相隶属的职能单位。

3. 内容范围不同

请示是请求批准、指示；请求批准函是请求批准某项职能事项。

4. 行文语气不同

请示的用语应尊重上级机关；请求批准函应互相尊重。

5. 批复方式不同

请示的事项由上级机关批复下级机关；请求批准函的有关批准事项由受文单位复函（审批函）。

2.14.2.2 函的写作模板

（1）发函的写作模板

_____函

_____（主送机关）：

_____

_____

_____（发函缘由）。

_____

_____（发函事项，包括商洽、请批、答复的具体内容）。

特此函告。

_____（署名）
_____（日期）

（2）复函的写作模板

_____函

_____（主送机关）：

你（单位或部门）关于（来函的标题和发文字号）的来函收悉。经研究（批准），_____，现复函如下。

_____

_____（针对来函的问题提出处理意见或办法）。

_____

_____（提出希望、做法、要求）。

特此函复。

_____（署名）
_____（日期）

2.14.2.3 函的写作范例

范例 28

关于调整本市巡游出租车燃油附加费有关事项的复函

市交通委运输管理局：

贵局《关于商请启动燃油附加费动态调整机制的函》（×交运函〔20××〕××号）收悉。按照《××市出租汽车燃油附加费动态调整办法》，经研究，并报市政府批准，现将本市巡游出租车燃油附加费调整有关事项函告如下。

一、本市巡游出租车（不含电动出租车）每运次加收燃油附加费1元。

二、请贵局做好政策实施前后的配套工作，加强政策宣传解释和督查落实，指导出租车企业及时做好燃油附加费明码标价和驾驶员培训工作，确保政策平稳实施。同时，加强行业管理，规范驾驶员运营行为，强化运营服务质量监管，切实提升行业服务水平。

三、本函自20××年××月××日起执行。在巡游出租车计价器调整期间，新旧燃油附加费政策并行,已调整计价器的巡游出租车方可收取燃油附加费,未调整计价器的仍按现行政策执行。××市发展和改革委员会《关于调整本市出租汽车燃油附加费有关事项的函》(×发改〔20××〕××号)同时废止。

专此函达。

××市发展和改革委员会
20××年××月××日

范例 29

关于调整我市污水处理费及相关政策的复函

市水务局:

你局《关于申请调整城市污水处理费征收标准的函》(××函〔20××〕×号)收悉。经召开价格听证会和实施价格成本监审,并经市政府××会议审议通过,现就调整污水处理费及相关政策的有关事项函复如下。

一、调整污水处理收费标准

(略)

二、调整污水处理费的相关配套政策

(略)

三、污水处理费由财政部门设立专户进行管理,专项用于污水处理。其中,××区、××区、××区污水处理费由市财政部门设立专户管理,××、××两区由区财政部门设立专户管理。

四、为加强对污水处理费征收、使用的管理,我局会同你局及市财政局制定污水处理费收支管理办法和污水处理费支付标准,按规定程序报市政府审批后实施。

五、新的污水处理收费标准及相关政策从20××年×月起(×月份用水量)执行。

六、以上规定,请你局组织相关单位贯彻实施,并做好对社会的宣传解释工作。

特此函复。

××市发展和改革委员会
20××年×月×日

2.15 纪要

2.15.1 纪要的认知

2.15.1.1 纪要的定义

纪要是记载和传达会议基本情况、主要精神、议定事项等内容的规定性公文；是在对会议讨论事项加以归纳、整理的基础上，反映出来的一种实录性公文文种。

纪要适用于记载会议主要情况和议定事项。

2.15.1.2 纪要的特点

纪要具有表 2-60 所示的特点。

表 2-60 纪要的特点

序号	特点	具体说明
1	纪实性	会议纪要必须是会议宗旨、基本精神和议定事项的概要纪实，不能随意增减和更改内容，任何不真实的材料都不得写进会议纪要
2	概括性	会议纪要必须精其髓，概其要，以极为简洁精练的文字高度概括会议的内容和结论，既要反映与会者的一致意见，又要兼顾个别与会者有价值的建议。有的会议纪要还会设置分析说理模块
3	条理性	会议纪要应对会议精神和议定事项分类别、分层次进行归纳、概括，使之眉目清晰、条理清楚

2.15.1.3 纪要的分类

纪要按其记载内容的不同，可分为表 2-61 所示的几类。

表 2-61 纪要的分类

序号	类型	具体说明
1	指示性纪要	是一种指导性文件。在行文中要提出工作中的问题，并加以分析，然后提出解决问题的政策性措施
2	决定性纪要	是反映国家机关、社会团体、企事业单位办公会或例会所作出的决定事项。这种会议纪要有专题和综合之分。其特点是，不仅要写明会议议定的事项，还要写明执行的要求

序号	类型	具体说明
3	情况性纪要	写明会议按法定程序办了哪些事情，不要求贯彻执行，只是一种告知公文

2.15.1.4 纪要的结构

纪要主要由标题、文号（制文时间）、正文、落款等几部分组成，如表 2-62 所示。

表 2-62 纪要的组成

序号	组成	具体说明
1	标题	标题有以下三种形式： （1）由"发文机关+会议名称+文种"组成，如"××区人事局第×次办公会议纪要" （2）由"会议名称+文种"组成，如"全国财贸工会工作会议纪要"。会议名称可以写简称，也可以用开会地点作为会议名称 （3）采用主副标题，把会议的主要内容在标题里揭示出来，类似文件标题，如"抓住机遇扩大开放——沿长江五市对外开放研讨会议纪要"
2	文号（制文时间）	文号写在标题的正下方，由年份、序号组成，用阿拉伯数字全称标出，并用"〔〕"括入，如：〔2023〕67号。对文号一般不做必须的要求，但是在办公例会中一般要有文号，如"第××期""第××次"，写在标题的正下方。会议纪要的时间可以写在标题的下方，也可以写在正文的右下方、主办单位的下面，要用汉字写明年、月、日，如"二〇二三年五月十六日"
3	正文	正文主要包括前言、主体、结尾三部分： （1）前言，主要用来记录会议的基本情况，包括召开会议的时间、地点、会议名称、主持人、主要出席人、会议主要议程、讨论的主要问题等 （2）主体，是会议纪要的核心部分。会议的主要精神、议定事项、会议上的各种观点及争论情况等，都在这一部分予以表述。多数情况下，这部分内容需要分条分项撰写。不分条的，多用"会议指出""会议认为""会议要求"等惯用语作为各层意思的开头语，以体现内容的层次感 （3）结尾，一般比较简短，通常用来强调意义、提出希望和号召等。在不影响全文结构完整的前提下，也可以不写结尾部分
4	落款	如果未在前面标题或题下标示中注明制发单位名称和制发日期，则要在正文后签署。也有的会议纪要不署名

2.15.2 纪要的写作

2.15.2.1 纪要的写作要求

纪要的写作要求如表 2-63 所示。

表 2-63　纪要的写作要求

序号	写作要求	具体说明
1	明确会议宗旨，突出中心	一次工作会议，涉及的问题很多。在写会议纪要时，必须抓住会议集中解决的几个主要问题，形成纪要的中心，切不可面面俱到。同时，一次工作会议，在具体讨论中必然会产生几种不同意见，不能把这些意见都纳入会议纪要，而应根据会议的宗旨，综合分析各种意见，集中反映符合会议中心议题要求的多数人的一致意见，也要注意吸收少数人的正确意见 　　对反映会议中心议题的正确意见，可采用"会议听取了""会议讨论了""会议研究了""会议认为""会议决定""会议指出""会议强调"等提法，集中概括、简明扼要地反映出来；对有分歧的意见，如属研讨性质的会议，也可写进会议纪要中
2	讲究用语	要按照会议纪要的不同用途，恰当地使用用语。上报的会议纪要，应使用对上的语气，如"会议讨论了以下几个问题""会议考虑"等；下发的会议纪要，则可用"会议决定""会议要求""会议强调""会议号召"等
3	要条理化、理论化	这是会议纪要与会议记录的一个主要区别。会议记录一般要把每个人的发言尽量客观、详细地记录下来，而会议纪要则需要有一个对会议讨论意见综合分析、整理加工的过程，这个过程也就是条理化、理论化的过程。所谓条理化，就是对会议讨论的意见分类归纳，使其层次清晰；所谓理论化，就是对会议讨论的意见尽量给予理论上的概括，起到提纲挈领、画龙点睛的作用。当然，条理化、理论化，并不是脱离会议实际，搞虚假的"粉饰"和"拔高"

相关链接

会议纪要与会议记录的区别

1. 使用范围不同

会议记录适用于任何正式会议，会议纪要则限于较重要的会议。

2. 文体性质不同

会议记录一般被视为资料，不能作为文件分发；而会议纪要则属于正式公文。

3. 记录重心不同

会议记录是从头到尾把会议情况全部记录，强调完整性；会议纪要则是综合概括会议基本情况和基本精神，强调概括性。会议纪要是对会议记录的再加工。

2.15.2.2 纪要的写作模板

（1）法定纪要写作模板

×××会议纪要

〔×〕×号

_____（编发机关）　　　　　　　　　　20××年××月××日

　　×月×日，××（职务）×××主持召开了×××会议。现将会议精神和议定事项纪要如下：

_____

_____

_____（会议精神和议定事项）。

　　出席：×××、×××、×××、×××

　　缺席：×××（原因）

　　列席：×××、×××

格式说明：

（1）此格式常用于各级常务会议、办公会议、专题会议、党政联席会议等，属于法定公文。

（2）出席人可移至开头会议名称之后叙述。

（3）一二段之间承上启下的习惯用语，还可写成"现将会议议定事项纪要如下""现纪要如下""会议议定事项如下"等。

（4）"会议精神和议定事项"部分，要写明传达的会议（或文件）精神、讨论的问题、作出的决议（或决定）、提出的任务、确定的措施等。

（5）缺席要注明原因，出席和列席有时要注明职务。

（2）非法定纪要写作模板

×××会议纪要

_____

_____（会议情况）。

_____（会议精神和议定事项）。
_____（结语）。

　　　　　　　　　　　　　　　　　　　　　　_____（署名）
　　　　　　　　　　　　　　　　　　　　　　_____（日期）

格式说明：
（1）此格式用于年会、学术会议、研讨会议、座谈会议等，属于非法定公文。
（2）标题还可写成"关于×××的会议纪要"。
（3）"会议情况"部分，要写明召开会议的目的、根据、时间、地点、主持人、出席人、议题等，可加承上启下的习惯用语（同格式一）。
（4）"会议精神和议定事项"部分，要写明传达的会议（文件）精神、讨论的问题、作出的决议（决定）、提出的任务、确定的措施等。
（5）"结语"部分，或发出希望号召，或交代有关事项，或向有关单位和人员表示谢意，有时可省略。
（6）落款可省略（成文日期移至标题之下）。

2.15.2.3　纪要的写作范例

范例 30

××学院党政联席会议纪要

〔第×次〕

××学院　　　　　　　　　　　　　　　　　　　　20××年×月×日

　　20××年×月×日，党总支书记×××在学院党员活动室主持召开20××年第×次党政联席会议，会议纪要如下：
　　一、部署20××年迎新工作
　　学院研究生秘书×××传达了关于印发《××大学20××年迎新工作方案》的

通知精神，并汇报了学院迎新工作的具体安排。党总支书记×××、院长×××对迎新工作细节工作做了强调。

二、传达会议精神

新生班主任×××传达了学校"大学生创新、创业大赛"会议精神。

三、专题研究、部署师德师风建设月工作

院长×××结合学校《关于开展第×届师德建设月活动的通知》精神，部署学院专项工作，开展师德文件与规范学习。要求结合本单位实际，采取多种形式，扎实做好《中共中央国务院关于全面深化新时代教师队伍建设改革的意见》《教育部关于建立健全高校师德建设长效机制的意见》《新时代高校教师职业行为十项准则》《教育部关于高校教师师德失范行为处理的指导意见》《××大学教师职业道德规范实施细则（试行）》等文件的宣传解读与贯彻落实工作，促使广大教师真正做到教书和育人相统一，言传和身教相统一，潜心问道和关注社会相统一，学术自由和学术规范相统一。牵头单位为党委宣传部（党委教师工作部）、工会、全校各单位。

四、部署四史教育工作

经研究决定，面向全院师生开展党史、新中国史、改革开放史和社会主义发展史教育，采取学生宣讲、教师集体备课学习等多种方式进行。

五、部署第×届全省学生"学宪法讲宪法"活动

党总支书记×××传达《关于组织开展第五届全省学"学宪法讲宪法"活动的通知》，结合学院实际情况，经研究决定，采取宪法日活动宣传教育、学生自学等多种形式，由院研究生会组织开展。

出席：×××、×××、×××、×××
列席：×××、×××、×××

第 3 篇 事务类文书写作

事务文书，即机关、团体等为处理工作而普遍使用的法定公文之外的文书，又称常用文书，主要包括总结、章程、办法、条例、规定、规则、细则、调查报告、大事记、简报等文种。

3.1　总结

3.1.1　总结的认知

3.1.1.1　总结的定义

总结一般指国家机关、社会团体、企事业单位等通过对过去一阶段工作的回顾、分析和评价，判明得失利弊，提高理性认识，以指导今后工作的一种常用文书。

3.1.1.2　总结的特点

总结具有表 3-1 所示的特点。

表 3-1　总结的特点

序号	特点	具体说明
1	理论性	总结所包含的内容应能提高认识、发扬成绩、吸取教训，更好地指导今后的实践活动
2	客观性	以客观事实为依据，不允许虚构和编造。要实事求是，有一说一，有二说二
3	独特性	总结应该具有个性及独特性。即使是个人总结，也应年年不同，第一，形势不同；第二，对象不同；第三，内容不同。因此，总结要体现其独特性，而不应成为千篇一律的套话

3.1.1.3　总结的分类

总结可分为表 3-2 所示的两类。

表 3-2　总结的分类

序号	类型	具体说明
1	按性质划分	可以将总结分为综合总结和专题总结两种： （1）综合总结又称全面总结，是对某一时期各项工作进行全面回顾和检查，从而总结经验与教训 （2）专题总结是对某项工作或某方面问题进行专项总结，多以推广成功经验为主。总结也有各种别称，自查性质的评估及汇报、回顾、小结等，都具有总结的性质

续表

序号	类型	具体说明
2	按内容划分	可以将总结分为工作总结、生产总结、学习总结、教学总结、会议总结等
3	按范围划分	可以将总结分为全国性总结、地区性总结、部门性总结、本单位总结、班组总结等
4	按时间划分	可以将总结分为月总结、季总结、年度总结、阶段性总结等

3.1.1.4 总结的结构

总结一般由标题、正文和落款几部分组成，如表 3-3 所示。

表 3-3 总结的结构

序号	组成	具体说明
1	标题	标题主要有以下几种形式： （1）陈述式标题，即一般公文式标题，由"单位名称＋时间＋事由＋文种"构成，如"××学院××年招生工作总结"。如果单位名称署于文末或标题下，时间概念也较明确，标题中就不再重复，如"招生工作总结" （2）论断式标题，由正副两个标题组成，正标题概括总结的内容或基本观点，副标题标明单位名称、内容范围、时间和文种 （3）概括式标题，根据内容概括出题目，类似一般文章标题的写法，如"抓好两个'发挥'深化农村教育综合改革"
2	正文	正文主要由前言、主体、结束语三部分构成： （1）前言，一般介绍工作背景、基本概况等，也可交代总结主旨，并作出基本评价。开头力求简洁，开宗明义，主要有以下几种类型， ①概述式，即概述介绍基本情况，简要交代工作背景、时间、地点和条件等 ②提问式，即提出问题，点明总结的重点，引起人们注意 ③结论式，即先明确提出总结结论，使读者了解经验教训的核心所在 ④对比式，即将前后情况进行对比，从而突出成绩 （2）主体，应包括主要工作内容、成绩及评价、经验和体会、问题或教训等。这些内容是总结的核心部分，可按照纵式或横式结构撰写。所谓纵式结构，即按主体内容纵向将所做的工作、方法、成绩、经验、教训等逐层展开。所谓横式结构，即按照材料的逻辑关系将其分成若干部分，标序加题，逐一展开 （3）结束语，可以归纳呼应主题、指出努力方向、提出改进意见或表示决心信心等，要求简短精练。结尾通常有以下几种写法 ①对全文作出高度概括性总评 ②发出号召 ③指出存在的问题，提出今后的努力方向
3	落款	落款即在正文的右下方写上单位名称，注明成文日期。如果在标题中已有单位名称，也可以不再署名，仅写明日期即可 如是报刊或简报刊用的交流经验的专题总结，应在标题下方居中署名

3.1.2　总结的写作

3.1.2.1　总结的写作要求

总结的写作要求如表 3-4 所示。

表 3-4　总结的写作要求

序号	写作要求	具体说明
1	要有实事求是的态度	工作总结中，常常出现两种倾向：一种是好大喜功，只讲成绩，不谈问题；另一种是将总结写成"检讨书"，把工作说得一无是处。这两种都不是实事求是的态度。总结的特点之一是"回顾的理论性"，要如实地、一分为二地分析与评价自己的工作，对成绩，不要夸大；对问题，不要轻描淡写
2	要写得有理论价值	一方面，要抓主要矛盾，无论是成绩还是存在的问题，都不要面面俱到。另一方面，对主要矛盾要进行深入细致的分析，对于成绩，要写清怎么做的，为什么这样做，效果如何，经验是什么；对于存在的问题，要写清是什么问题，为什么会出现这种问题，其性质是什么，教训是什么。这样的总结，才能对前一段工作有所反思，并从感性认识上升到理性认识
3	要用第一人称	即要从本单位、本部门的角度来撰写。表达方式以叙述、议论为主，说明为辅，可以夹叙夹议

3.1.2.2　总结的写作模板

```
_____总结

_____
_____（简明扼要地写明
工作依据、指导思想、工作内容概况），现将有关情况总结如下：
_____
_____（工作的进展情况、取得的成绩）。
_____
_____（存在的问题）。
_____（经验教训）。

                                _____（署名）
                                _____（日期）
```

3.1.2.3　总结的写作范例

范例 1

20××年公司财务部上半年工作总结

财务部在公司正确领导下，在其他部门有效配合下，加强学习理论知识，掌握制度规范和行业形势，以公司效益为中心，围绕部门年度工作目标和重点工作任务，积极提升全体财务人员的业务能力，为公司经营发展做好监督服务工作，真实反映公司财务状况、经营成果，为领导经营决策提供依据。现就上半年实际工作总结汇报如下：

一、认真做好20××年年终决算工作，全面反映了公司的经营状况、债权债务、资本结构，为20××年度的绩效考核、经营目标考核工作提供了真实可信的数据信息。财务部将根据公司领导的经营思路，不断积累经验，提供更加详尽的财务数据。

二、多方协调及调整，科学编制20××年度财务经营预算。围绕公司年度经营目标，制定和下达年度财务预算，持续推进全面预算管理工作。为发挥预算的引领和刚性约束作用，督促各部门、各中心细化工作措施和具体实施路径，将任务分解到全年12个月。

三、股权变更后，及时完成公司银行账户法人变更、银行印鉴更换，以及税务局登记的相关信息变更。

四、积极配合会计师事务所完成20××年度的年报审计以及集团公司各项内部审计工作。

五、严格按照集团公司的要求，积极对接集团，完成财务系统的设置，实现了财务系统记账、报表等功能。

六、不断修订完善现有财务制度体系，建立有效的内控措施，规范业务操作流程，进一步规范经济业务。

七、组织开展资产专项清查，摸清家底，掌握资产状况，对闲置、低效利用资产等，会同业务部门提出改进建议，实现资产效益最大化；按照集团的要求，及时更新合同台账，做到时刻掌握工程的完工进度。

八、积极做好汇算清缴工作。在规定的时间内向税局报送年度企业所得税纳税申报表，并汇算清缴，结清应缴应退税款。报送的资料包括年度企业所得税纳税申报表纸质资料和电子数据。

20××年××月××日

范例2

××镇党员干部"下基层察民情解民忧暖民心"
实践活动阶段性工作总结

根据××市委、市政府《关于印发〈××市党员干部下基层察民情解民忧暖民心实践活动实施方案〉的通知》(×发〔20××〕×号)文件要求,××镇党委政府高度重视,迅速安排部署,认真组织实施,切实走好新时代党的群众路线,扎实做好"下基层察民情解民忧暖民心"实践活动,现将工作情况总结如下:

部署靠前,明方向。自××市党员干部"下基层察民情解民忧暖民心"实践活动启动以来,××镇委、镇政府高度重视,迅速召开专题党委会进行研究部署,并及时召开全镇工作部署动员会。同时,还印发了《××镇党员干部下基层察民情解民忧暖民心实践活动实施方案》,明确了开好一次会议、开展一次遍访、开展一次调研、办好一批实事、化解一批信访积案、解剖每一个村居、扶持一个产业、开展一次宣讲、选树一批典型、建成一批机制等10项重点工作任务,为实践活动开展奠定了基础。

务求实效,解民忧。通过开展实践活动,引导全镇102名党员干部深入村居、企业、市场主体、农户、项目现场、生产一线,着力在第一线发现问题,在第一线倾听群众呼声,在第一线汲取群众的智慧,在第一线解决问题、推进发展,切实为群众办实事、办好事。在遍访全镇农户的同时,重点走访易致贫返贫、低保、残疾人等重点群体,切实关注群众急难愁盼问题。截至×月××日,已集农户需求××条,正在逐个认领销号。

聚焦发展,谋振兴。镇党委领导班子带头深入企业、商户、农业农村合作社等市场经济主体,了解发展困境,为经济主体纾难解困。截至×月××日,××镇领导班子已走访企业及合作社××家,发现问题×个,领办任务×件,办结任务×件。充分发挥老干部余热,召开离退休干部和村居离任主副职干部座谈会,征集离任干部们对镇村工作的意见和建议。

下一步,我镇将持续推进"下基层察民情解民忧暖民心"实践活动,将遍访活动进行到底,主动关心全镇人民群众和各类市场主体发展问题,主动领办民生实事。同时,将研判会开到村居,深入剖析村居发展存在的问题,寻求解决方法,促进集体经济发展。

20××年××月××日

3.2　章程

3.2.1　章程的认知

3.2.1.1　章程的定义

章程是政党、社会团体对本组织的性质、宗旨、任务等内部事务和活动规则，或企事业单位对其业务性质、活动制度和行为规范等分别作出明文规定的文种。

3.2.1.2　章程的特点

章程具有表 3-5 所示的特点。

表 3-5　章程的特点

序号	特点	具体说明
1	共识性	章程反映了一个组织全体成员共同的理想、愿望、意志，体现了全体成员的共同利益，必须在全体成员达成共识的基础上才能建立起来。因此，章程的制定和修改必须经过充分的讨论，并且要在代表大会上表决通过。没有达成共识、多数人抱有质疑态度的内容，不能写进章程
2	稳定性	章程一经规定，就具有长期的稳定性，不能朝令夕改。一个成熟的章程，应该实行数年、十数年，甚至数十年而不过时。当然，随着时代的发展，对章程做一些补充和修改也是必要的，但这些修改必须经充分讨论和表决通过，而且只做局部调整，不做大面积改动
3	准则性	章程具有约束力，是这个组织所有成员的思想准则和行动规范，每个成员都应该遵章办事

3.2.1.3　章程的分类

章程可分为表 3-6 所示的几类。

表 3-6　章程的分类

序号	类型	具体说明
1	组织章程	针对团体组织的思想准则和行为规范而制定的组织章程最为常见。这类章程具体规定组织的性质、宗旨、任务、组织原则、机构设置、任务职责、成员资格、权利、义务、纪律、经费来源及使用等，如《中国共产党章程》《中国作家协会章程》等

续表

序号	类型	具体说明
2	业务章程	针对某项活动的准则或某些事项的治理依据而制定的规范章程也较多。主要用以明确标准做法、具体原则要求，或确定某项活动的宗旨、程序、安排、要求等，如"少年儿童业余体育学校章程""×××奖学金章程"等
3	企业章程	企业章程主要用于规范合资企业的经济活动、管理活动。随着中外合资企业、内资联营企业的增多，企业章程也较多地被使用。国内独资企业（包括国有、集体和个体）一般不制定这类章程。章程还可用作国内企业的工作规程，如"中国人民保险公司章程"

3.2.1.4 章程的结构

章程一般由标题、总则、分则和附则组成，如表3-7所示。

表3-7 章程的结构

序号	组成	具体说明
1	标题	由"组织、活动、事项、单位或团体的全称＋文种"构成。有的章程还在标题下面注明此章程通过的时间和会议名称
2	总则	一般来说，组织章程总则部分要准确、简明、庄重地阐明该组织的名称、性质、宗旨、任务、指导思想和组织本身建设的要求等内容。总则是章程的纲领，对全文起统率作用： （1）有些党派团体的章程采用"序条式"写法，将总则部分作为总纲，不分章条，而独立于分则各章之前，如《中国共产党章程》《中国共产主义青年团章程》等 （2）企业章程兼有组织章程与业务章程的性质，所以，总则部分一般要写明企业名称、宗旨、经济性质、隶属关系、业务范围等 （3）业务章程总则部分一般要写明业务内容、范围、服务对象、办理机构等
3	分则	（1）组织章程分则部分一般需写明以下内容： 组织人员，包括参加条件、参加手续和程序、承担的义务和享受的权利、对成员的纪律规定等 组织机构，包括领导机构、常务机构和办事机构的设置、规模、产生方式和程序、任期、职责、相互关系等 组织经费，包括来源和管理方式 组织活动，包括内容和方式 其他事宜，视不同组织、团体的需要而确定 （2）企业章程分则部分需写明资本、组织、人事管理、资产管理、利润分配等内容 （3）业务章程分则部分需逐条写明该项业务的办理及运作程序等
4	附则	附则是主体部分的补充，主要说明解释权、修订权、实施要求、生效日期、本章程与其他法规或规章的关系及其他未尽事项等。对于组织章程，还需说明办事机构地址或对下属组织的要求等内容。而企业章程和业务章程则一般要写明施行与修改补充等问题。也有的章程不写附则内容，如《中国共产党章程》《中国共产主义青年团章程》等

3.2.2 章程的写作

3.2.2.1 章程的写作要求

章程的写作要求如表 3-8 所示。

表 3-8 章程的写作要求

序号	写作要求	具体说明
1	使用要规范	章程的使用较为广泛,但具体使用时必须规范。一般说来,章程主要用于制定组织准则。用来制定单位某方面规范时,如果其内容比较单一,而时效又比较短,则应采用其他规范性文件行文。即使是用来制定组织规程,也要履行规范的程序,必须先以草案形式发到会员手中征求意见,然后在此基础上经本组织最高级会议(如会员大会、会员代表大会)审议通过。在使用过程中,不能只由少数人草拟,匆匆公布施行。如果是合资企业的章程,必须在充分协商、条款内容经过反复讨论成熟后才可使用;一般先由合资各方以签署"意向书""会谈纪要"的形式发布,然后经各方深入细致的磋商,取得共识,且经有关部门审核,再在"意向书"或"协议书"的基础上以章程的形式成文。因为章程是合资企业的最高行为准则,未经充分协商或条件不成熟的,都不宜成文
2	结构要严谨	章程结构要合乎规范。格式规范、结构严谨的章程有助于维护其严肃性
3	条款要简短单一	除一些大型团体组织的章程内容比较丰富、条款相对长些外,一般章程的条款要写得简短些。在阐述组织宗旨、任务时,一般性的内容多、大段列入,会显得文字烦冗。若一般性原则写得过多,指导性、操作性又较差,则不便于记忆。只有每条内容都能表述一个完整、独立的意思,才便于执行。此外,还要注意对团体组织及其成员意愿的准确把握
4	要注意章程与简章的区别	简章通常是对某项工作、某一事项的办理原则、要求、方式、方法作出规定的文书,只是有针对性地说明某一工作或事项的办事程序,在性质上更接近于规定和办法,如"××市市级机关招收公务人员简章""××大学招生简章"等,这与章程在适用范围和写法上均不同

3.2.2.2 章程的写作模板

_____章程

_____

_____(分条阐明该组织或团体的性质、宗旨、任务等,有的还应交代指导思想和组织要求等内容,以体现总纲的作用)。

　　　　　　　　　第二章　××

_____

_____

_____（以下数章为分则，分别阐述章程的具体内容）。

　　　　　　　　　第×章　附则

_____

_____

_____（分条阐述章程的制定者、解释权、修订权、生效日期及要求等内容）。

3.2.2.3　章程的写作范例

范例 3

××师范大学章程

序　言

　　××师范大学的前身是19××年成立的××省立师范专科学校。19××年经国务院批准，在原××省立师范专科学校的基础上成立××师范学院。19××年××师范学院与××师范学院（19××年成立）合并，成立××师范大学。19××年划归教育部管理。20××年被确定为国家"211工程"重点建设的高等学校。20××年被确定为国家"世界一流学科"建设高校。

　　××师范大学（以下简称学校）以"崇真务实、开放包容、勇于创新、追求卓越"为办学理念，以建成教师教育为主要特色的综合性研究型大学、力争建设特色鲜明的世界一流大学为办学目标，坚持立德树人，弘扬"扎根西部、甘于奉献、追求卓越、教育报国"的西部红烛精神，培养引领教育发展的卓越教师和教育家，培养具有社会责任感、创新精神和实践能力的优秀人才，培养德智体美劳全面发展的社会主义建设者和接班人。

第一章 总则

第一条 为建立现代大学制度,完善学校治理结构,规范办学行为,维护学术自由,保障师生员工合法权益,实现学校办学目标,依据《中华人民共和国教育法》《中华人民共和国高等教育法》以及《高等学校章程制定暂行办法》《高等学校学术委员会规程》等法律、法规和规章,制定本章程。

第二条 学校中文名称为××师范大学,简称"××师大"或"×师大";英文名称为××××××××,简称××。

学校法定地址为××省××市××区××路××号,设有××、××两个校区。××校区位于××省××市××区××路××号,××校区位于××省××市××区××街××号。

学校是由国家举办的非营利性教育事业单位,由国务院教育行政部门主管。

学校的设立、分立、合并以及终止,需经国务院教育行政部门批准。

第三条 学校具有独立法人资格,依法享有办学自主权。校长为学校的法定代表人。

第四条 学校坚持党的全面领导,坚持社会主义办学方向,全面贯彻党和国家的教育方针,以人才培养、科学研究、社会服务、文化传承创新和国际交流合作为基本职能,实施高等教育,不断拓展继续教育,积极开展中外合作办学。

学校的高等教育包括学历教育和非学历教育,采用全日制和非全日制两种教育形式。其中全日制学历教育是学校的主要教育形式。学历教育以本科生和研究生教育为主。

学校根据实际需要依照国家法律和有关规定,确定和调整教育修业年限。

第五条 学校根据国家需要和办学实际,依法设置和调整学科、专业,根据国家核定的标准,保持适度的办学规模。

学校的学科专业设置涵盖人文艺术、社会科学、自然科学、工程、医学等领域的学科门类。

第六条 学校依法颁发学业证书和学位证书。

学校依法授予学士、硕士、博士学位。

学校可以依法向为社会发展和人类文明进步作出突出贡献的杰出人士授予名誉博士学位或其他荣誉称号。

第二章 学生

(略)

第三章 教职工

（略）

第四章 管理体制组织机构

（略）

第五章 教学科研机构

（略）

第六章 财务与资产后勤

（略）

第七章 学校与社会

（略）

第八章 学校标识

（略）

第九章 附则

第八十三条 本章程的制定经教职工代表大会讨论，由校长办公会议审议、学校党委常委会审定后，报国务院教育行政部门核准。

第八十四条 章程的修改，须经学校教职工代表大会不少于50名的代表联名提议，或由校长办公会议提议，按章程制定程序进行，以章程修正案方式体现。

第八十五条 学校其他规章应依据本章程制定、修改，不得与本章程相抵触。

第八十六条 本章程由学校党委会负责解释。

第八十七条 本章程经核准自发布之日起生效实施。

范例 4

××股份有限公司章程

第一章 总则

第一条 为维护公司、股东和债权人的合法权益，规范公司的组织和行为，根据《中华人民共和国公司法》（以下简称《公司法》）、《中华人民共和国证券法》（以下简称《证券法》）和其他有关规定，制定本章程。

第二条 ××股份有限公司（以下简称公司）系依照《公司法》和其他有关规定成立的股份有限公司。

公司经××省人民政府×函〔20××〕×号文《省人民政府关于同意设立

××股份有限公司的批复》批准，以发起方式设立；在××省市场监督管理局注册登记，取得企业法人营业执照，营业执照号为×××××××。

第三条　公司于20××年×月×日经中国证监会证监发字〔20××〕×号文核准，首次向社会公众发行人民币普通股××××万股，并于20××年×月×日在××证券交易所上市。

第四条　公司注册名称：××股份有限公司，英文全称：×××××××。

第五条　公司住所：××省××市××镇，邮政编码：××××××。

第六条　公司注册资本为人民币××××万元。

第七条　公司为永久存续的股份有限公司。

第八条　董事长为公司的法定代表人。

第九条　公司全部资产分为等额股份，股东以其认购的股份为限对公司承担责任，公司以其全部资产对公司的债务承担责任。

第十条　本公司章程自生效之日起，即成为规范公司的组织与行为，公司与股东、股东与股东之间权利义务关系的具有法律约束力的文件，对公司、股东、董事、监事、高级管理人员均具有法律约束力。依据本章程，股东可以起诉股东，股东可以起诉公司董事、监事、总经理和其他高级管理人员，股东可以起诉公司，公司可以起诉股东、董事、监事、总经理和其他高级管理人员。

第十一条　本章程所称其他高级管理人员是指公司的副总经理、董事会秘书、财务负责人。

第二章　经营宗旨和范围

（略）

第三章　股份

（略）

第四章　股东和股东大会

（略）

第五章　董事会

（略）

第六章　总经理及其他高级管理人员

（略）

第七章　监事会

（略）

第八章　财务会计制度、利润分配和审计

（略）

第九章 通知和公告

（略）

第十章 合并、分立、增资、减资、解散和清算

（略）

第十一章 修改章程

（略）

第十二章 附则

第二百条 释义

（一）控股股东是指持有的股份占公司股本总额50%以上的股东；持有股份的比例虽然不足50%，但依其持有的股份所享有的表决权足以对股东大会的决议产生重大影响的股东。

（二）实际控制人是指虽不是公司的股东，但通过投资关系、协议或者其他安排，能够实际支配公司行为的人。

（三）关联关系是指公司控股股东、实际控制人、董事、监事、高级管理人员与其直接或者间接控制的企业之间的关系，以及可能导致公司利益转移的其他关系。但是，国家控股的企业之间不能仅因为同受国家控股而具有关联关系。

第二百零一条 董事会可依照章程的规定，制定章程细则。章程细则不得与章程的规定相抵触。

第二百零二条 本章程未尽事宜，公司依照有关法律、行政法规、部门规章和其他规范性文件，以及公司的股东大会决议或其他相关规则制度的规定执行；本章程与有关法律、行政法规的规定相抵触时，依照该等法律、行政法规的规定执行。

第二百零三条 本章程以中文书写，其他任何语种或不同版本的章程与本章程有歧义时，以在××省市场监督管理局最近一次核准登记后的中文版章程为准。

第二百零四条 本章程所称"以上""以内""以下"，都含本数；"以外""低于""多于"，都不含本数。

第二百零五条 本章程由公司董事会负责解释。

第二百零六条 本章程附件包括股东大会议事规则、董事会议事规则和监事会议事规则。

3.3 办法

3.3.1 办法的认知

3.3.1.1 办法的定义

办法是国家机关、社会团体、企事业单位对某项工作或活动作出具体规定的文件。其目的明确，要求具体，具有较强的行政约束力。

3.3.1.2 办法的特点

办法具有表 3-9 所示的特点。

表 3-9 办法的特点

序号	特点	具体说明
1	约束性	办法中要写明对某些事情的处理意见，以作为人们行动的规范
2	具体性	办法中包括对执行某一事项或活动的要求，其条款应更具体，不得笼统

3.3.1.3 办法的分类

办法按其内容的不同，可分为表 3-10 所示的两类。

表 3-10 办法的分类

序号	类型	具体说明
1	实施办法	实施办法以实施对象为成文的主要依据，具有附属性，是对原件的一种具体化，或对原件整体的实施提出措施办法，或对某些条文提出施行意见，或根据法规精神再结合本单位实际提出实施措施
2	管理办法	管理办法是各类机关单位在各自的管理权限范围内，在实际管理工作尚无条文可依的情况下制定的。这类办法没有附属性

3.3.1.4 办法的结构

办法一般由标题、发文单位、成文日期、正文和印发传达范围等五部分组成，如表 3-11 所示。

表 3-11 办法的组成

序号	组成	具体说明
1	标题	标题一般有以下两种形式： （1）由"发文机关+主题+文种"组成 （2）由"主题+文种"组成 　　如果所制定的办法是临时性的，或不太成熟，在执行一段时间后需再修改，有的还要随着事物的发展和情况的变化再修订，均应在"办法"之前加"临时""暂行""试行"等词。如果法律法规或上级机关有明确的规定，要求结合实际制定具体措施和办法，应在"办法"前加"实施"二字。其中，全国人大及其常委会制定的法律法规授权制定具体措施和办法的，才能结合本地实际制定实施办法；法律未授权的，不能制定实施办法
2	发文单位	发文单位，有的是发布单位，有三种情况： （1）标题之中有发文单位名称的，标题之下不再标注发文单位 （2）标题只有公文主题和文种的，应在标题之下居中加圆括号标注发文单位，既可与成文时间标注在同一行，也可在标题之下成文时间之上独立成行 （3）应当加盖公章的公文，署名应在正文之后
3	成文日期	成文日期应写明年、月、日，用全称。其标注方式也有三种情况： （1）标题有三个组成部分的，成文日期加圆括号居中标注在标题之下 （2）标题只有两个组成部分的，成文日期加圆括号居中标注在发文单位名称之下或标注在发文单位名称之右。与发文单位标注在同一行的，应一起括起来 （3）应当加盖印章的公文，县级以下及基层党的机关制定的办法的成文日期，标注在正文之后的发文机关名称之下；行政机关发布的办法的成文日期直接标注在正文之后 　　随命令和通知发布的办法，自身不显示制发时间和依据，但以后单独使用时，应将原命令和通知的发布时间标注于标题之下
4	正文	正文主要有三种结构形式： （1）序言（前言）分项（条）式。序言在第一条之前，说明制定办法的主题及目的、依据、意义和作用等。序言之后，是全文的主体部分，其有两种结构形式，一是条连式，即从第一条开始，直至把内容写完；二是分项式，即分几个部分或项目，部分或项目之下又分条、款，全文既可统一编写条的序数，也可分开在部分或项目之内分条。有的在最后还有专门的结尾。办法的内容撰写顺序是，先主后次；先直接方面，后间接方面 （2）章断条连式。全文由总则、分则、附则三个部分组成，章下分条，条下分款。其写作方法与其他章断条连式的法规性公文的写作方法相同 （3）条连到底式（又叫条目式）。这种结构的办法的写作方法，与其他同类结构形式的公文的写作方法相同。第一条写公文的主题及行文的目的、依据、意义和作用等，从第二条起依次撰写办法的具体内容；先主后次，先从正面提出解决问题的办法，作出规定；再从反面提出解决问题的办法，作出规定；最后撰写附则的内容
5	印发传达范围	办法或实施办法不标注主送机关，只标注印发传达范围，一般标注在正文之后。在正文之后要署名或加盖印章的，印发传达范围标注在成文日期的下一行

3.3.2 办法的写作

3.3.2.1 办法的写作要求

办法的写作要求如表 3-12 所示。

表 3-12 办法的写作要求

序号	写作要求	具体说明
1	条款具体、明确	办法是针对某一方面的工作、活动而制定的具体处理方法,不管是管理办法还是实施办法,都要写得具体明确,不能含糊笼统。特别是规范项目,应对概念、范围、原则、规范、责任和施行要求作出规定,以便于操作
2	结构严谨、清晰	办法的写作,根据篇幅长短、内容多少而确定结构方式。如果内容不多,则可以用分条结构,按照先叙因由,后列规范,再说明有关情况的顺序,依次编条排列。如果内容比较丰富,则将规范内容适当分章,每章再冠以章目。不论采用哪种方式,都要较好地反映内容之间的联系,以便阅读和引用

3.3.2.2 办法的写作模板

_____办法

(____年__月__日)

第一章 总则

_____(制定办法的目的、依据、意义、适用范围、实施部门等)。

第二章 ××

_____(分列出具体的方法、步骤、措施、要求等,可分若干章展开)。

第×章 附则

_____(写明特殊规定、补充规定和生效时间)。

3.3.2.3 办法的写作范例

范例 5

**关于印发《××学校关于加强干部德的考核
评价实施办法》的通知**

各党工委、各党委、各直属党总支、各院系、各单位：

《××学校关于加强干部德的考核评价实施办法》已经学校党委常委会审议通过，现予印发，请遵照执行。

特此通知。

附件：××学校关于加强干部德的考核评价实施办法

中共××学校委员会
20××年×月×日

××学校关于加强干部德的考核评价实施办法

第一条 为贯彻全面从严治党要求，落实德才兼备、以德为先用人标准，全面客观地考核干部的德，树立正确选人用人导向，提高选人用人公信度，根据《党政领导干部选拔任用工作条例》《关于加强对干部德的考核意见》精神，结合我校实际，制定本办法。

第二条 从建设高素质干部队伍的现实需要出发，突出德在干部标准中的优先地位和主导作用，树立以德修身、以德服众、以德领才、以德润才、德才兼备的正确导向。注重全面准确掌握干部德的表现，及时发现干部德方面存在的问题，坚决防止重才轻德、以才蔽德、以绩掩德，坚决防止"带病提拔""带病上岗"。

第三条 对干部德的考核，坚持重在平时言行，重在重要关头、关键时刻表现，注意了解掌握群众口碑。考核范围由学校党委根据需要研究决定，主要结合平时考核、年度考核、换届（任期）考察、任职考察和后备干部专题调研等一并进行。必要时可进行专项考核。

第四条 （略）

第五条 （略）

第六条 （略）

第七条 （略）

第八条 （略）

第九条 （略）

第十条 干部德的考核评价结果，可以适当方式向干部所在单位和干部本人反馈。

第十一条 本办法由党委组织部负责解释。

第十二条 本办法自发布之日起实施。

范例6

生态环境标准管理办法

中华人民共和国生态环境部令（第17号）

《生态环境标准管理办法》已于2020年11月5日由生态环境部部务会议审议通过，现予公布，自2021年2月1日起施行。

部长×××

2020年12月15日

生态环境标准管理办法

第一章 总则

第一条 为加强生态环境标准管理工作，依据《中华人民共和国环境保护法》《中华人民共和国标准化法》等法律法规，制定本办法。

第二条 本办法适用于生态环境标准的制定、实施、备案和评估。

第三条 本办法所称生态环境标准，是指由国务院生态环境主管部门和省级人民政府依法制定的生态环境保护工作中需要统一的各项技术要求。

第四条 生态环境标准分为国家生态环境标准和地方生态环境标准。

国家生态环境标准包括国家生态环境质量标准、国家生态环境风险管控标准、国家污染物排放标准、国家生态环境监测标准、国家生态环境基础标准和国家生态环境管理技术规范。国家生态环境标准在全国范围或者标准指定区域范围执行。

地方生态环境标准包括地方生态环境质量标准、地方生态环境风险管控标准、地方污染物排放标准和地方其他生态环境标准。地方生态环境标准在发布该标准的省、自治区、直辖市行政区域范围或者标准指定区域范围执行。

有地方生态环境质量标准、地方生态环境风险管控标准和地方污染物排放标准的地区，应当依法优先执行地方标准。

第五条 国家和地方生态环境质量标准、生态环境风险管控标准、污染物排放标准和法律法规规定强制执行的其他生态环境标准，以强制性标准的形式发布。法律法规未规定强制执行的国家和地方生态环境标准，以推荐性标准的形式发布。

强制性生态环境标准必须执行。

推荐性生态环境标准被强制性生态环境标准或者规章、行政规范性文件引用并赋予其强制执行效力的，被引用的内容必须执行，推荐性生态环境标准本身的法律效力不变。

第六条 国务院生态环境主管部门依法制定并组织实施国家生态环境标准，评估国家生态环境标准实施情况，开展地方生态环境标准备案，指导地方生态环境标准管理工作。

省级人民政府依法制定地方生态环境质量标准、地方生态环境风险管控标准和地方污染物排放标准，并报国务院生态环境主管部门备案。机动车等移动源大气污染物排放标准由国务院生态环境主管部门统一制定。

地方各级生态环境主管部门在各自职责范围内组织实施生态环境标准。

第七条 制定生态环境标准，应当遵循合法合规、体系协调、科学可行、程序规范等原则。

制定国家生态环境标准，应当根据生态环境保护需求编制标准项目计划，组织相关事业单位、行业协会、科研机构或者高等院校等开展标准起草工作，广泛征求国家有关部门、地方政府及相关部门、行业协会、企业事业单位和公众等方面的意见，并组织专家进行审查和论证。具体工作程序与要求由国务院生态环境主管部门另行制定。

第八条 制定生态环境标准，不得增加法律法规规定之外的行政权力事项或者减少法定职责；不得设定行政许可、行政处罚、行政强制等事项，增加办理行政许可事项的条件，规定出具循环证明、重复证明、无谓证明的内容；不得违法减损公民、法人和其他组织的合法权益或者增加其义务；不得超越职权规定应由市场调节、企业和社会自律、公民自我管理的事项；不得违法制定含有排除或者限制公平竞争内容的措施，违法干预或者影响市场主体正常生产经营活动，违法设置市场准入和退出条件等。

生态环境标准中不得规定采用特定企业的技术、产品和服务，不得出现特定企业的商标名称，不得规定采用尚在保护期内的专利技术和配方不公开的试剂，不得规定使用国家明令禁止或者淘汰使用的试剂。

第九条　生态环境标准发布时，应当留出适当的实施过渡期。

生态环境质量标准、生态环境风险管控标准、污染物排放标准等标准发布前，应当明确配套的污染防治、监测、执法等方面的指南、标准、规范及相关制订或者修改计划，以及标准宣传培训方案，确保标准有效实施。

第二章　生态环境质量标准

（略）

第三章　生态环境风险管控标准

（略）

第四章　污染物排放标准

（略）

第五章　生态环境监测标准

（略）

第六章　生态环境基础标准

（略）

第七章　生态环境管理技术规范

（略）

第八章　地方生态环境标准

（略）

第九章　标准实施评估及其他规定

（略）

第十章　附则

第五十三条　本办法由国务院生态环境主管部门负责解释。

第五十四条　本办法自2021年2月1日起施行。《环境标准管理办法》（国家环境保护总局令第3号）和《地方环境质量标准和污染物排放标准备案管理办法》（环境保护部令第9号）同时废止。

3.4 条例

3.4.1 条例的认知

3.4.1.1 条例的定义

条例是国家权力机关或行政机关依照政策和法令而制定并发布的，针对政治、经济、文化等各个领域内的某些具体事项而作出的，比较全面系统、具有长期执行效力的法规性公文。

《行政法规制定程序条例》第五条规定，行政法规的名称一般称"条例"，也可以称"规定""办法"等。国务院根据全国人民代表大会及其常务委员会的授权决定制定的行政法规，称"暂行条例"或者"暂行规定"。国务院各部门和地方人民政府制定的规章不得称"条例"。

3.4.1.2 条例的特点

条例具有表 3-13 所示的特点。

表 3-13 条例的特点

序号	特点	具体说明
1	权威性	条例的制定者是国家权力机关或行政机关，因此具有权威性。条例一经颁布，受文者必须执行
2	稳定性	条例是为保证某个领域的工作顺利开展而制定的，是长期实行的行为准则，在一定时期内相对稳定

3.4.1.3 条例的分类

条例按不同的标准，可分为不同的类型，具体如表 3-14 所示。

表 3-14 条例的分类

序号	分类标准	具体说明
1	按管辖的权限划分	可以分为直接颁发性条例和批准颁发性条例
2	按内容划分	可分为事项性条例和规定机关、团体组织职权的条例

3.4.1.4 条例的结构

条例一般由标题、通过的时间、正文组成,如表 3-15 所示。

表 3-15 条例的组成

序号	组成	具体说明
1	标题	一般由"制文机关+事由+文种"构成,如"中华人民共和国科学技术进步奖励条例"。也可以省略制文机关,以"事由+文种"构成,如"公共场所卫生管理条例"
2	通过的时间	通常在条例的标题下用括号括注条例通过的时间、会议和公布的日期、施行的日期等
3	正文	正文有两种写法: (1)章条式。第一章为总则,说明制定此条例的目的、依据等。最后一章为附则,申明条例的解释权、生效日期等。中间各章为分则,阐述条例的具体条款 (2)条款式。第一条说明制定条例的目的、依据,接着写条例的具体内容,最后一条或几条说明条例的解释权和生效日期等

3.4.2 条例的写作

3.4.2.1 条例的写作要求

条例的写作要求如表 3-16 所示。

表 3-16 条例的写作要求

序号	写作要求	具体说明
1	制定的合法性	要依据党规国法及自身权限,不能违背、超越,不能随意为之
2	执行的政策性	在执行时能体现政策,明确规定什么准许、什么不准许,并写明违反的惩处
3	内容的可行性	条款要可行,切忌虚张声势、空言威吓,所以,规定要具体,界限要清楚,前后不能矛盾,要体现出针对性、有效性、可行性
4	解释的单一性	用词准确,不能产生歧义,不能有不同解释
5	文字的简明性	语言简洁,条理清楚,意思浅显,一目了然

条例与办法的区别

1. 定义不同

（1）办法是在有关法令、条例、规章的基础上，对国家或某一地区政治、经济和社会发展的有关工作、有关事项的具体办理、实施提出切实可行的措施。

（2）条例是具有法律性质的文件，是有关法律、法令的辅助和阐释，可以比较全面、系统地规定国家或某一地区政治、经济、科技等领域的某些重大事项的管理和处置。

2. 领域不同

（1）办法重在发布具体的可操作性措施，它的制发者是国务院各部委、各级人民政府及所属机构。

（2）条例重在规定机关组织或工作人员的各项指标，它的制发者是国家权力机关、国家行政机关。

3.4.2.2 条例的写作模板

<u>　　　　　</u>条例

（___年_月_日第_届人民代表大会常务委员会第_次会议通过）

第一章　总则

_____

_____（分条阐明制定条例的目的和根据，以及其他原则事项）。

第二章　××

_____

_____（以下数章为分则，分别阐述条例的具体内容）。

第×章　附则

_____（实施说明）。

3.4.2.3 条例的写作范例

范例 7

××经济特区中医药条例

（20××年××月××日××市第×届人民代表大会常务委员会第×××次会议通过，根据20××年××月××日××市第×届人民代表大会常务委员会第×××次会议《关于修改〈××经济特区人体器官捐献移植条例〉等四十五项法规的决定》修正，20××年××月××日××市第×届人民代表大会常务委员会第××次会议修订）

第一章　总则

第一条　为了继承和弘扬中医药，保障和促进中医药事业发展，保护人民健康，推进健康××建设，根据《中华人民共和国中医药法》等有关法律、行政法规的基本原则，结合××经济特区实际，制定本条例。

第二条　本条例适用于××经济特区内中医药事业发展以及相关监督管理等活动。

第三条　发展中医药事业应当坚持以人民为中心，遵循中医药发展规律，坚持中西医并重和优势互补，突出中医药特色优势，注重运用现代科学技术，推进中医药传承、守正与创新，推进中医药医疗、预防、保健、产业、科研、教育、文化全面协调发展。

第四条　市、区人民政府应当将中医药事业纳入国民经济和社会发展规划，完善与中医药发展规律相适应的管理和服务体系，建立符合中医药特点的传承创新发展机制，保护、引导、支持和促进中医药事业高质量发展。

第五条　市、区人民政府应当建立由相关部门组成的中医药发展工作联席会议制度，主要履行下列职责：

（一）统筹、协调、指导辖区中医药工作。

（二）研究促进中医药事业改革发展的方针政策。

（三）指导、督促、检查有关中医药政策措施的落实。

（四）协调解决中医药事业改革发展中的其他重大问题。

中医药发展工作联席会议应当每年至少召开一次，日常工作由卫生健康部门承担。

第六条 卫生健康部门(以下称中医药主管部门)负责本行政区域的中医药管理工作。

市、区人民政府其他有关部门在各自职责范围内负责与中医药管理有关的工作,保障和促进中医药事业发展。

第七条 市中医药主管部门组织成立中医药改革发展专家咨询委员会,为中医药改革发展的重大项目、重大决策、重大事项等开展咨询、论证、指导和实施情况评估等工作。

第八条 市、区人民政府及有关部门应当引导中医药学会、协会等社会组织充分发挥作用,支持其依法开展行业自律管理、学术交流、技术推广、人员培训、宣传教育等活动。

鼓励和支持社会力量通过捐赠、资助、投资等方式发展中医药事业。

第九条 市、区人民政府及有关部门应当加强中医药文化宣传和知识普及,提高公众中医药健康文化素养。中医药主管部门应当会同教育、文化、广电、旅游、体育、市场监管等部门组织开展健康公益宣传、知识讲堂、学术交流、产品展览、服务体验等中医药文化活动。

每年××月××日为本市中医药文化宣传日。

第二章 中医药服务

第一节 中医药服务机构

(略)

第二节 中医药服务人员

(略)

第三节 中医药服务规范

(略)

第三章 中药保护与发展

第一节 中药产业

(略)

第二节 中药制剂

(略)

第四章 人才培养与科研支持

第一节 中医药人才培养

(略)

第二节 中医药人才评价

(略)

第三节 中医药科研支持

（略）

第五章 中医药传承与传播

第一节 中医药传承

（略）

第二节 中医药传播

（略）

第三节 中医药交流与合作

（略）

第六章 保障与监管

第一节 保障措施

（略）

第二节 监督管理

（略）

第七章 法律责任

（略）

第八章 附则

第九十五条 本条例下列用语的含义：

（一）中医医疗机构是指依法取得医疗机构执业许可证或者经过备案的中医综合医院、中医专科医院、中西医结合医院、纯中医治疗医院、民族医医院、中医门诊部、中西医结合门诊部、民族医门诊部、中医馆、中医诊所、中医（综合）诊所、中西医结合诊所、盲人医疗按摩所。

（二）中医药专业技术人员是指中医类别执业医师、中医类别执业助理医师、执业范围增加注册中医类专业的临床医师、从事中医护理工作的护士、从事中药药事管理和药学服务的药师（士）等医疗卫生人员。

（三）中医药适宜技术是指中医药特色突出，疗效确切，经济简便，可操作性强，且经过长期临床验证，安全可靠的中医药诊疗技术。

限制开展的中医药适宜技术包括针刺、瘢痕灸、发泡灸、牵引、扳法、中医微创类技术、中药灌洗肠以及其他具有创伤性、侵入性或者高危险性的技术方法。

（四）中医类医院是指依法取得医疗机构执业许可证的中医综合医院、中医专科医院、中西医结合医院、纯中医治疗医院和民族医医院。

第九十六条 本条例自20××年××月××日起施行。

范例 8

促进个体工商户发展条例

中华人民共和国国务院令

第755号

《促进个体工商户发展条例》已经2022年9月26日国务院第190次常务会议通过，现予公布，自2022年11月1日起施行。

促进个体工商户发展条例

第一条　为了鼓励、支持和引导个体经济健康发展，维护个体工商户合法权益，稳定和扩大城乡就业，充分发挥个体工商户在国民经济和社会发展中的重要作用，制定本条例。

第二条　有经营能力的公民在中华人民共和国境内从事工商业经营，依法登记为个体工商户的，适用本条例。

第三条　促进个体工商户发展工作坚持中国共产党的领导，发挥党组织在个体工商户发展中的引领作用和党员先锋模范作用。

个体工商户中的党组织和党员按照《中国共产党章程》的规定开展党的活动。

第四条　个体经济是社会主义市场经济的重要组成部分，个体工商户是重要的市场主体，在繁荣经济、增加就业、推动创业创新、方便群众生活等方面发挥着重要作用。

国家持续深化简政放权、放管结合，优化服务改革，优化营商环境，积极扶持、加强引导、依法规范，为个体工商户健康发展创造有利条件。

第五条　国家对个体工商户实行市场平等准入、公平待遇的原则。

第六条　个体工商户可以个人经营，也可以家庭经营。个体工商户的财产权、经营自主权等合法权益受法律保护，任何单位和个人不得侵害或者非法干预。

第七条　国务院建立促进个体工商户发展部际联席会议制度，研究并推进实施促进个体工商户发展的重大政策措施，统筹协调促进个体工商户发展工作中的重大事项。

国务院市场监督管理部门会同有关部门加强对促进个体工商户发展工作的宏观指导、综合协调和监督检查。

第八条　（略）

第九条 （略）

第十条 （略）

第十一条 （略）

第十二条 （略）

第十三条 （略）

第十四条 （略）

第十五条 （略）

第十六条 （略）

第十七条 （略）

第十八条 （略）

第十九条 （略）

第二十条 （略）

第二十一条 （略）

第二十二条 （略）

第二十三条 （略）

第二十四条 （略）

第二十五条 （略）

第二十六条 （略）

第二十七条 （略）

第二十八条 （略）

第二十九条 （略）

第三十条 （略）

第三十一条 （略）

第三十二条 （略）

第三十三条 （略）

第三十四条 （略）

第三十五条 （略）

第三十六条 （略）

第三十七条 （略）

第三十八条 省、自治区、直辖市可以结合本行政区域实际情况，制定促进个体工商户发展的具体办法。

第三十九条 本条例自 2022 年 11 月 1 日起施行。《个体工商户条例》同时废止。

3.5 规定

3.5.1 规定的认知

3.5.1.1 规定的定义

规定是国家机关及其部门和企事业单位对有关事项作出政策性限定的法规性公文。企事业单位使用的规定主要用于制定内部的规章。

3.5.1.2 规定的特点

规定具有表 3-17 所示的特点。

表 3-17 规定的特点

序号	特点	具体说明
1	广泛性	规定是使用比较广泛的文种。国家机关可以使用，基层单位也可以使用。可以用于制定较长期的规范，也可以用于对阶段性工作作出限定；可对重大事项作出规定，也可以用于一般性的内容；可以就某些事项作出全面的规定，也可以对某些事项的某一点作出规定，还可以对某些条文作出解释、补充
2	灵活性	规定的制发比较灵活、方便。可用文件形式直接发布，也可以像其他法规性公文那样，作为附件，用通知发布。而且，由于它的使用呈多样化，规范对象可大可小，时效、篇幅可长可短，使用者层级可高可低，因而制发受限较少
3	限定性	规定的制约和依据作用，主要表现在它用限定行为规范、制定办事准则及规范界限，对活动开展、事项管理、问题处置作出规定，因而其限定性比较强。在法规性公文中，它属于限制性法规文件，即多为解决"应该如何"和"不应该如何"的界限问题。特别是一些禁止性、限制性规定，其限定性特点尤为突出

3.5.1.3 规定的分类

规定适应面广，各级各类单位都可以使用。按其行文目的及规范内容分，主要有表 3-18 所示的四种类型。

表 3-18 规定的分类

序号	类型	具体说明
1	政策性规定	这类规定主要用以规定一些政策规范，依照有关法律法规条文，制定有关的准则和政策，作为开展某项活动、某项工作的主要依据，其依据性与政策性较强。如"广东省国家建设征用土地拆除城镇华侨房屋的规定"，其政策性和约束力都较强
2	管理性规定	这类规定主要用于制定某方面工作的管理规则，在一定范围内提出管理要求、禁止事项，以达到加强某些工作管理，规范活动和行为及限制某些不规范、不合理、不正常行为的目的。如"关于实行专业技术职务聘任制度的规定"，就具有较强的管理性
3	实施性规定	规定也可以作为实施法规的文种而使用，其用法近似"实施办法"，如"关于贯彻〈中华人民共和国药品管理法〉的有关暂行规定"。这类规定是和实施原件配套使用的，其功能和实施办法、实施细则相同
4	补充性规定	有些法规性文件内容不够具体，贯彻执行有一定困难，有时在贯彻执行过程中会出现一些问题或新的情况，此时就用"规定"作出一些补充。如"关于高级专家退休问题的补充规定"是对"高级专家离退休若干问题的暂行规定"某些条款的补充。这类规定要加以控制，最好在有了成熟的意见后，直接对原件进行修改，以免行文泛滥

3.5.1.4 规定的结构

规定一般由标题、正文和落款三部分组成，如表 3-19 所示。

表 3-19 规定的结构

序号	组成	具体说明
1	标题	规定的标题有三种常见的写法： （1）由"发文机关+规范内容+文种"构成，规范内容用介词结构"关于……的"来表述，如"国务院关于行政区划管理的规定" （2）由"规范范围+规范内容+文种"构成，如"广东省城镇园林绿化管理规定" （3）在"规定"前加某些修饰语，如"公安部关于城镇暂住人口管理的暂行规定""关于对赞助广告加强管理的几项规定"
2	正文	规定正文一般由因由、规范、说明三部分组成。不同类型的规定，其内容构成及具体写法也不尽相同： （1）政策性规定。政策性规定侧重于界限划分、明确范围、提出要求和惩处情况，解决"应当怎样"和"不应怎样"的问题 （2）管理性规定。管理性规定侧重于规定管理原则、管理职责、质量标准、措施、办法、管理范围及要求 （3）实施性规定。其写法和实施办法、实施细则大体类似。它侧重于对实施文件的有关事项作出规定，对原件条款作出解释，提出具体的实施意见

续表

序号	组成	具体说明
2	正文	（4）补充性规定。补充性规定主要就原件中某些提法不够明确、不够具体的方面加以明确，加以补充或解释，以便于实施 以上各类规定，因由和说明部分写法相似，因由部分一般说明制定依据，说明部分附带说明制定权、解释权和施行日期
3	落款	可在正文的右下方标注制发机关名称和日期，也可在标题下用括号标明通过的会议名称和时间

3.5.2 规定的写作

3.5.2.1 规定的写作要求

规定的写作要求如表 3-20 所示。

表 3-20 规定的写作要求

序号	写作要求	具体说明
1	正确使用规定，避免滥用错用	规定的使用比较广泛，但在具体使用中还是有一定的限制。一般说来，凡用来制定一些单方面的规定性、政策性强的有关条款，都可以用"规定"，但必须注意它是侧重于规定性、制止性及政策性方面的。此外，对具体工作来说，有些临时性、阶段性的工作，则应用"通知"行文；有些局部性的、业务性强的工作，则应用"规则""制度"一类文种行文
2	写法灵活规范	在结构安排上，篇幅较长的规定，应将整篇分若干章，再分条表述。篇幅不长的，只分条表述，依次排列制定因由、规范条款和说明事项，这类写法最常用。而"补充规定"，则一般无须分章、分条列出，也不求完整、系统，只需根据需要，有多少项就写多少项。有的规定还加前言，略摆情况，简述理由，申明意义。规定的写作，切忌反复论证及具体陈述

3.5.2.2 规定的写作模板

```
_____规定

_____
_____（制定本规定的目
的、依据或缘由，起到承上启下的作用），特制定如下规定。
```

_____
_____
_____（分条行文，写明规定的具体内容）。

_____
_____（主要说明实施要求、解释权属、实施日期以及其他事项等）。

　　　　　　　　　　　　　　　　　_____（署名）
　　　　　　　　　　　　　　　　　_____（日期）

3.5.2.3 规定的写作范例

范例 9

××中学差旅费报销管理规定

　　参照××市××局×财行〔20××〕××号关于《××市市直机关和事业单位差旅费管理办法》文件精神，结合学校的规章制度，制定以下规定。

　　第一条　教职工外出学习或受邀请到外地参加会议，应提供经部门或科组、体系负责人核准，最后经主管副校长、校长批准的会议通知或邀请函，同时登录学校网址×××××填写"项目立项及资金使用申请审批表"，财务凭此依据为其预订机票、办理后续费用报销等手续。

　　第二条　差旅费开支范围包括城市间交通费、住宿费、伙食补助费和公杂费。

　　第三条　出差人员要按照规定等级乘坐交通工具，凭据报销城市间交通费。未按规定等级乘坐交通工具的，超支部分自理。

　　出差人员乘坐交通工具的等级标准（略）

　　第四条　乘坐火车，从当日晚8时至次日晨7时乘车6小时以上的，或连续乘车超过12小时的，可购同席卧铺票。

　　第五条　往返机场、火车站、码头的交通费和航空旅客人身意外伤害保险费（限每人每次一份），凭据报销。

第六条 出差人员住宿一般在三星级以下（含三星）。住宿标准：处级人员住单间，科级以下人员两人住一个标准间。处级人员每人每天××元、处级以下人员每人每天××元凭据限额报销。

第七条 出差人员的伙食补助费按出差天数实行定额包干，包干标准每人每天××元。出差人员由接待单位统一安排伙食的，不实行包干办法。每人每天在规定包干标准内凭接待单位收据据实报销。

第八条 出差人员的公杂费实行定额包干，用于补助市内交通、文印传真、长途固话等支出。按出差天数每人每天××元。

第九条 外出参加会议，会议主办单位统一安排食宿的，会议期间的住宿费、伙食补助费和公杂费由会议主办单位按会议费规定统一开支，在途期间的住宿费、伙食补助费和公杂费按照差旅费规定报销。

第十条 会议主办单位不统一安排食宿的，会议期间和在途期间的住宿费、伙食补助费和公杂费均按照差旅费规定报销。

第十一条 会议通知没有明确食宿自理的，一律按统一安排食宿的规定报销差旅费。

第十二条 学校司机驾驶汽车出差的，按一般工作人员的差旅费规定执行。在市区内行车的，不发放伙食补助和公杂费，符合误餐费有关规定的，可按早餐每餐××元、午餐和晚餐每餐××元的标准领取误餐费。

第十三条 学校老师到市外单位援教工作，在途期间的城市间交通费、住宿费、伙食补助费和公杂费按照差旅费开支规定执行。在市外单位工作期间，由学校按每人每天××元的标准发放伙食补助费，不报销住宿费和公杂费。

第十四条 援藏、援疆老师的生活待遇按照×办发〔20××〕×号文和×办发〔20××〕×号文的规定执行。

第十五条 经学校法人批准，参加国家和省、市党政机关、工青妇团委举办的各种培训班、进修班、业务学习班（不包括学历学位教育），在市区内学习的，学习期间学校不发放任何补助费；到市区以外地方学习的，报销本人学习期间学校至学习地往返一次的城市间交通费，根据进修班、学习班主办单位实际收费情况在规定等级标准内凭据报销住宿费，学习期间伙食费自理。培训时间一个月（含一个月，按自然月（日历）计算）以内的，每人每天补助××元；学习培训在一个月以上的，每人每天补助××元。

第十六条 学校老师因调动工作所发生的城市间交通费、住宿费、伙食补助费和公杂费，按出差的有关规定执行，由学校给予报销。学校老师调动工作，一般不得乘坐飞机。

第十七条 学校老师因调动工作所发生的行李、家具等托运费，在不超过××公斤的范围内凭据报销（其中，生活急需的物品，在××公斤范围内可托运快件），超过部分自理，行李、家具等包装费用，由个人自理。

第十八条 与调入人员同住的家属（父母、配偶、未满16周岁的子女和必须赡养的家属），如果随同调动，其城市间交通费、住宿费、伙食补助费和公杂费，以及行李、家具托运费等，由学校按被调动人员的标准报销。

第十九条 教职工出差或调动工作期间，事先经学校领导批准就近回家省亲办事的，其绕道交通费，扣除出差直线单程交通费，多开支的部分由个人自理。绕道和在家期间不予报销住宿费、伙食补助费和公杂费。

第二十条 教职工出差期间，因游览或非工作需要的参观而开支的费用，均由个人自理。

第二十一条 本规定自发文之日起实行。

××中学
20××年×月×日

范例10

××股份有限公司企业文化管理规定

一、总则

1.为加强××股份有限公司的企业文化建设，塑造推动公司发展的企业文化，鼓舞和激励公司员工，特制定本办法。

2.本办法对公司企业文化发展的内容与实施作出规定，是公司开展企业文化工作的依据。

3.本办法一经制定，管业公司和各控股子公司必须遵照执行，管业公司与各子公司依照本办法享有相应的权利，同时也必须履行相应的义务。分公司若未特别提及，等同于子公司运用本办法。

二、企业文化管理机构

1.董事会是公司企业文化管理的最高决策机构，其职责包括：

（1）审议确定公司企业文化核心内容。

（2）审批公司各项企业文化管理制度。

（3）审批公司企业文化发展规划。

（4）审批公司企业文化年度工作计划。

（5）对相关企业文化的各项重大事项进行决策。

2.人力资源部是公司企业文化管理的执行机构，在公司总经理领导下开展工作，其职责包括：

（1）研究和拟制公司企业文化核心内容。

（2）拟制公司各项企业文化管理制度。

（3）拟制公司企业文化发展规划。

（4）制订公司企业文化年度工作计划。

（5）制定公司对内对外宣传规范，并监督执行。

（6）组织对公司企业文化重要议题进行相关研究。

（7）开展公司对内对外企业文化宣传，组织公司企业文化活动。

（8）审核子公司对外宣传内容，支持子公司开展企业文化活动。

三、企业文化理念管理

1.公司文化理念是指公司的愿景、使命、价值观、经营哲学、管理思想等核心内容。

2.人力资源部是公司企业文化理念管理的执行机构，人力资源部应充分调研国内外先进企业文化，总结公司的经验和特点，研究确定符合公司发展战略的企业文化核心理念。

3.人力资源部在开展企业文化工作中，应深入实际调研分析，了解员工的思想动态，分析公司所处产业的特点，广泛听取子公司的意见和建议，提炼公司企业文化的核心思想，使公司的企业文化理念能够切合公司实际，对公司的发展起到重要的推动作用。

4.子公司应为公司人力资源部的工作提供充分支持和密切配合，积极提供建议和意见。

5.董事会负责对公司企业文化理念进行审议和确定，审议确定的公司企业文化理念将作为公司企业文化工作开展的依据。

四、企业文化制度管理

（略）

五、企业文化器物管理

（略）

六、企业文化实施管理

（略）

七、附则

1. 本办法由人力资源部负责制定、修改并解释。
2. 本办法经公司总经理办公会审议通过后生效实施。

××股份有限公司
20××年××月××日

3.6 规则

3.6.1 规则的认知

3.6.1.1 规则的定义

规则是行政机关、社会团体、企事业单位为了有序地开展工作或确保某项活动有序进行等而制定的人们必须共同遵守的一种规范性文书。

规则适用于对一定范围内的某一具体管理工作进行程序规范和行为规范，以保证该项工作的正常进行。如"游泳规则"，是为加强游泳池管理工作而制定的，凡游泳者都必须遵守有关规定。又如"交通规则"，是为加强交通管理、保证交通安全而面向社会制定的，行人、车辆行驶要遵守这些规则，管理人员要以这些规则为依据进行交通管理。

3.6.1.2 规则的特点

规则具有表 3-21 所示的特点。

表 3-21 规则的特点

序号	特点	具体说明
1	针对性	规则的制定具有很强的针对性。它是依据有关法律、法规的规定，针对某项管理工作或某项公务活动而制定的操作规定，其内容必须合法，不能有任何随意性
2	可操作性	规则的规范事项必须周密、精细、具体，可以直接付诸实施，不需要再制定实施细则来保证其贯彻执行

3.6.1.3 规则的结构

规则由标题、制发时间、正文组成，如表 3-22 所示。

表 3-22 规则的结构

序号	组成	具体说明
1	标题	标题主要有两种形式： （1）由"主要内容+文种"构成，如"仓库防火安全管理规则" （2）由"制发机关+主要内容+文种"构成，如"××市人民政府工作规则"
2	制发时间	写在标题之下，有的用括号注明规则通过的年、月、日与会议名称；有的注明批准、公布的年、月、日和机关；有的写明公布的年、月、日和机关；也有的在正文之后标注制发机关和日期
3	正文	正文是规则的核心内容。撰写时应当首先用一个自然段说明制定规则的目的、应当遵循的总方针以及适用范围，以便给人以总体认识；然后分别提出对各类问题的处置要求，包括应遵循的方法、措施、注意事项以及奖惩等内容 在具体的结构形式上，可以采取条款式、序言加条款式和章断条连式三种形式： （1）条款式结构用于内容比较简单的规则，通常是在第一条主要写明制定规则的缘由和目的，而后依照内容的主次，逐条将应当遵守的规范事项列出 （2）序言加条款式的写法是在规则的条款之前先用一段文字说明制定规则的缘由和目的，常用"为了……制定本规则"或"为此，特制定以下规则"之类的固定语提领具体的规则条款 （3）章断条连式的写法一般用于内容复杂、层次较多的规则，其写法与其他相关的规章制度类公文完全相同

3.6.2 规则的写作

3.6.2.1 规则的写作要求

规则的写作要求如表 3-23 所示。

表 3-23 规则的写作要求

序号	写作要求	具体说明
1	要注意体现针对性	规则是对某一特定事项的规范性要求，是该项工作或活动的准则，因此，在写作时必须讲求针对性，要全面考虑各种可能的情况，力求做到周密详尽、责任明确、是非清楚、赏罚分明，真正做到有章可循

续表

序号	写作要求	具体说明
2	要注意把握内容表达的先后顺序	撰写规则，其条款应当直接涉及管理范围内的特定对象，条文内应当先说规范，后提要求；先倡导，后禁止；做到内容明确，要求具体，便于理解和执行
3	要区分规则与守则在写法上的差异	规则与守则虽然有一定的相似之处，但在内容要求、条款安排以及语言运用方面都有比较明显的不同： （1）从内容上看，守则内容着重倡导、引导、教育有关人员遵守一定的行为、品德和规范，一般不包括对违反者的处理；而规则既要写明有一定约束力的规定和规范，同时还要写明对违反者的处理意见和要求 （2）在条文安排上，守则一般按从原则到具体、从一般到特殊、从主要到次要的顺序安排条文，其篇幅短，条文少；规则一般按从原则到具体，依照工作程序从前到后，从直接到间接的次序安排条文，其篇幅视内容可长可短，条文可多可少 （3）在语言运用上，守则多使用倡导与禁止相结合的对比祈使句，使语气更为缓和，易于被接受；规则多从正面作出规定，既使用祈使句，又使用陈述性的说明句，说明该怎么做

3.6.2.2 规则的写作模板

_____规则

（_____批准____年__月__日_____发布）

_____

_____（制定本规则的目的、应当遵循的总方针以及适用范围）。

_____

_____

_____（分条行文，写明规则的具体内容，如应遵循的方法、措施、注意事项等）。

_____

_____（主要说明实施要求、解释权属、实施日期以及其他事项等）。

3.6.2.3 规则的写作范例

××镇党委议事规则

(××××批准20××年××月××日××××发布)

为保证党的路线、方针、政策的贯彻落实和上级党委各项政策顺利有效实施，坚持和健全党的民主集中制，提高镇党委的议事质量和议事效率，根据《中国共产党章程》及有关规定，特制定本规则。

第一章　会议召开

第一条　党委会议一般每月召开一至两次，如有特殊情况，可临时决定召开。

第二条　党委会议必须有超过半数的委员参加方能开会，党委会一般应提前将时间、地点、会议内容及相关事宜通知与会委员。委员因故不能出席会议的，应事先向书记或副书记请假。

第三条　党委会议必须由书记或由书记委托副书记召集、主持。

第四条　必要时召开党委扩大会议，由召集人根据议题确定扩大范围。

第二章　议事内容

第五条　以下几项内容必须经过党委会讨论决定：

一、上级党委重要的文件、工作布置及有关会议精神的传达、学习和贯彻落实意见。

二、党委、政府年、季度工作计划、安排和总结。

三、党的思想、组织作风建设方面的重要问题。

四、本镇重大的经济、社会发展安排、计划。

五、较大数额资金的收入、支出及有关情况。

六、所属班子的调整配备，干部的选拔、培养及奖惩等。

七、涉及本镇带其他倾向性的重大问题。

第六条　书记提交的其他事项。

第三章　议事程序

第七条　党委会问题的提出，一是由书记直接提出，二是分管领导向书记汇报，书记认为应该提出。凡提交党委讨论研究的问题，由党政办主任或组织干事收集、整理，送书记、副书记审定。

第八条　未列入议题的问题，不得临时动议研究讨论。

第四章　讨论、表决

第九条　会议表决实行委员每人一票制，可表示赞成，也可表示反对或弃权。形成决议可采取两种方式：一是按少数服从多数的原则，二是由会议主持人归纳总结。列席人员不能参与表决，可发表意见和建议。

第十条　讨论干部任免问题，须由2/3以上的委员到会，原拟人选被否定，必须按程序重新确定对象，考察后下次交党委会议定，不能由个别委员临时动议。

第十一条　会前要做好材料的充分准备，讨论问题要充分发扬民主，畅所欲言。对意见分歧大，一时不宜形成决议的，应暂缓作出决议，待进一步调查研究后重新议定。

第五章　执行与检查

第十二条　执行决议按党委成员分工，切实履行自己的职责，执行中确有困难，党委可进行复议。特殊或紧急问题可由书记、副书记根据实际情况处理，先执行再及时提交党委会议认可，其他任何人不得擅自改变会议决议。

第十三条　会议记录由专人负责记录，妥善保管，会后由主持人审查会议记录。

第十四条　会议决议执行情况由书记或副书记负责检查督促。

第六章　纪律

第十五条　党委会议要充分发扬民主，个人意见被否决后，不得在背后有任何不满的言论和行为，在坚决执行的前提下，可以保留意见，或向上级党组织汇报。

第十六条　未经会议批准或传达的意见，参会人员应严守机密，杜绝发生泄密现象。

第十七条　党委委员必须严格遵守本规则的各项规定，凡违反者，要进行严肃批评教育，情节严重的，给予一定的党纪处分。

范例 12

××商城店铺命名规则

第一章　概述

1.1　目的

为规范××商城店铺命名行为，提升消费者的体验，现依据国家相关法律法规及平台要求，特制定此规则。

1.2 适用范围

所有在××商城开设店铺的经营主体(以下简称开店主体)。

第二章 店铺命名限制

2.1 店铺名不得超过25个字符,支持中文、英文和数字;建议不超过12个中文字符(2个英文字符长度等于1个中文字符长度),以免因店铺名过长而导致显示不全,影响体验。

2.2 店铺名不得包含空格等异型符号。

2.3 店铺名不得与已经开通的店铺名称重复,如两个店铺同时申请同一店铺名,则依照申请在先原则审批开通店铺,未通过审批的店铺需更换其他店铺名重新提交申请。

2.4 店铺命名限定在"×××旗舰店""×××官方旗舰店"两种格式中选择。

2.5 店铺名称设置成功后无法修改,店铺命名不符合本规则约定或存在侵权情形的除外。

2.6 店铺名不得含有以下内容:

2.6.1 有损于国家、社会公共利益,或有损民族尊严。

2.6.2 受封建文化糟粕、消极政治影响,违背少数民族习俗或带有民族歧视内容。

2.6.3 涉嫌虚假宣传、含有不真实内容的,可能对公众造成欺骗或者误解,或引起社会公众不良心理反应等情况。

2.6.4 外国国家(地区)名称/国际组织名称。

2.6.5 政党名称、党政军机关名称、群众组织名称、社会团体名称及部队番号或国家领导人及老一辈革命家的名字。

2.6.6 不文明/格调低级/庸俗等不雅词汇或其他有违公序良俗的内容。

2.6.7 第三方电商平台名称相关的信息。

2.6.8 未经授权,出现"××""××××""××商城""×××××"或其他××所持有的商标、Logo等信息。

2.6.9 侵犯他人商标权、姓名权等合法权益。

2.6.10 其他法律、行政法规禁止的内容。

第三章 店铺命名规则

3.1 店铺名必须以"×××旗舰店"或"×××官方旗舰店"的格式命名。

3.2 命名形式:品牌名+(类目关键词)+(官方)+旗舰店,括号内为可选内容,店铺可自行决定是否需要。品牌名应为已经注册的商标。

3.2.1 若开店主体为品牌商,即开店主体所销售商品的品牌(商标)为其自有品牌(商标),则开店主体只需提供满足上述条件的店铺名称给平台,委托平台进行店铺名称的设置。

3.2.2 若开店主体为代理商,即开店主体所销售商品的品牌非其自有品牌,则开店主体需要提供品牌(商标)权利人直接出具的独占性授权文件,授权文件模板可见《××商城店铺命名独占授权书》,在"商家开放平台(BOP)—店铺管理—基础信息—品牌与类目信息"中提交,并委托平台根据授权文件中规定的店铺名称进行店铺命名设置。开店主体应在前述《××商城店铺命名独占授权书》授权期满前提供新的有效的授权书,否则××商城有权在授权期满后关闭相应店铺。若开店主体为多品牌代理商,则需要提供多份各个品牌的独占授权文件,而后开启多个店铺。开店主体为代理商,建议在商详页展示对应的销售授权书等授权证明。

3.2.3 若开店主体为××公司或其关联公司,则需要采取"品牌名+(类目关键词)+自营旗舰店"的格式命名,其他开店主体的店铺名称中均不可出现"自营"字样。

第四章　附则

4.1 上述开店主体的相关行为,发生在本规则生效之日以前的,适用之前的规则。发生在本规则生效之日以后的,适用本规则。

4.2 ××商城可根据平台运营情况随时调整本管理规则并通过××商城商家开放平台公示后生效。

4.3 本规则于20××年××月××日首次发布,20××年××月××日生效。

4.4 如对本规则有任何意见或建议,可发邮件至××××@×××.com进行反馈。

××商城
20××年××月××日

3.7　细则

3.7.1　细则的认知

3.7.1.1　细则的定义

细则也称实施细则,是有关机关或部门为使下级机关或人员更好地贯彻执行某一法令、条例和规定，结合实际情况，对其所做的详细的、具体的解释和补充。

3.7.1.2 细则的特点

细则具有表 3-24 所示的特点。

表 3-24 细则的特点

序号	特点	具体说明
1	派生性	细则不是一种独立存在的法规性文书，它必须以某一法律、法规为前提，是某一法律、法规的派生物。细则作为法律、法规的派生物，只能是对原文的补充、阐释和细节化，使相关法律和法规更详尽、周密和具体，而不能超出原法律、法规的内容范围，更不能自行其是，另立法规
2	解释性	细则要对原法律、法规的重要词语、规定事项予以阐释，使其含义更明确、具体，更具有可行性。如在原文中，重大损失是模糊概念，经细则解释后，变得清晰、明确
3	补充性	细则还要对原文不够详尽的地方进行补充，补充之后，可大大增强规定的可行性
4	详细性	细则还有一大特点，就是特别详细，这在文种名称中已经显现出来了

3.7.1.3 细则的分类

细则制定的依据和目的不同，决定了细则可分为实施法规细则和管理工作细则两类。实际上，管理工作细则较少，多数细则属实施法规细则。根据与所实施文件内容的关系，实施细则主要可分为表 3-25 所示的三种类型。

表 3-25 细则的分类

序号	类型	具体说明
1	整体性实施细则	这是职能部门对立法机关或行政机关制定的有关法规作出的全面的实施性说明，如《中华人民共和国居民身份证条例》经全国人大常委会制定通过后，国务院批准、公安部公布的《中华人民共和国居民身份证条例实施细则》，便是对该条例的实施作出的整体性说明
2	部分性实施细则	这种实施细则只对某一部分条款提出实施意见，如《商业、外贸企业成本管理实施细则》
3	地方性实施细则	这是地方政府或部门结合本地区实际实施有关法规文件而制定的实施细则，省、市、县及基层单位制定的实施细则属于此类

3.7.1.4 细则的结构

细则一般由标题、发布单位及日期、正文组成，如表 3-26 所示。

表 3-26 细则的结构

序号	组成	具体说明
1	标题	标题一般有以下两种形式： （1）由"适用地区 + 事由 + 文种"组成 （2）由"发布单位 + 事由 + 文种"组成
2	发布单位、日期	在标题之下正中位置，加括号标注发布日期和制发机关名称，或者批准、修订日期和机关名称。随命令、通知等颁布的细则，可不列此项
3	正文	正文的写法主要有以下两种形式： （1）章条式，这种写法适用于内容较多的细则。全文分为三大部分，分别是总则、分则、附则。总则是开头部分，主要用来说明制定细则的根据、目的、指导思想、基本原则、实施机关等；总则一般排为第一章，分若干条。分则是细则的主体部分，分若干章，每章再分若干条；分则用来对原法律、法规进行解释、补充，作出细致周密、切实可行的规定。附则是细则的结尾部分，主要用来提出执行要求 （2）条款式，这种写法不分章，直接列条，适用于内容较简单、篇幅较短的细则。依据、目的、基本原则、指导思想等内容，写入前几条；解释、补充和规定，写在中间，条款最多；执行要求写在最后

3.7.2 细则的写作

3.7.2.1 细则的写作要求

细则的写作要求如表 3-27 所示。

表 3-27 细则的写作要求

序号	写作要求	具体说明
1	调查钻研	（1）写细则，需要对实施区域内的有关情况进行深入的调查。首先要调查本地区、本单位的实际情况。法规一般是针对大多数情形而制定的，对本地区、本单位实施时会出现什么情况，有什么特殊性和例外情况，都要一一掌握。只有调查了解清楚了，才能制定出针对性强、有指导性的细则 （2）写细则，还要对原件进行认真的钻研，在某种意义上说，这也是一种调查。对原件的行文目的、基本规范、条文精神有一个全面的了解，对基本精神有一个很好的把握，对具体条款有比较透彻的领会，这样可以减小误差。如果对原文钻研不够，就会出现与原件内容有出入甚至相背离的情形。因此，深入调查实际情况，认真钻研原文条款是写细则的基本前提
2	完善细致	细则写作上要细致。要做到这一点，首先要在吃透原文精神的基础上，作出具体细致的条文表述。不能只对原文做一般性的转述，而要对原文作出具体的阐释，特别是和本地区、本单位的实际情况密切相关的部分，必须进行详细的说明，最好对重要条款进行条分缕析，对原件没有具体规定的情况加以补充，将实施过程中可能出现的有关情形加以限定。细则侧重于指导实施，只有细致完善，才能实现行文目的

序号	写作要求	具体说明
3	切实可行	（1）细则最大的特点就是指导性、实践性强。其行文目的是为细则实施提供具体的条文依据，帮助人们依规执行落实。条例、规定以及办法，往往只是定个原则，划个范围，给个界限；而细则关系到具体的实施，必须切合实际，方便实施，不是一般性的原则规定，而是提出具体的实施意见。对原件不够明确的，加以诠释；对不够具体的，加以展开；对不够完善的，加以补充，使细则写得切合实际，可以操作 （2）要使细则切实可行，除了要认真调查研究，摸清有关情况，科学预见实施中可能出现的情况外；还要在具体写作时力戒形式，避免空泛的一般性说明。应侧重于对原件的具体规范加以诠释说明，特别是对职责、任务、标准、要求、程序、方法作出具体的规定，对原件作出必不可少的补充，使之具有较强的操作性，否则，细则就会成为可有可无的摆设

3.7.2.2 细则的写作模板

————————细则

（___年__月__日_____公布）

第一章　总则

_____
_____
_____（制定细则的根据、目的、指导思想、基本原则、实施机关等）。

第二章　××

_____
_____
_____（分章分条行文，阐述细则的具体内容）。

第×章　附则

_____
_____
_____（施行要求）。

3.7.2.3　细则的写作范例

范例 13

××镇农村集体"三资"管理实施细则

（20××年××月××日××××发布）

为进一步强化村级"三资"管理，规范财务收支行为，确保村级资金安全，促使集体资产资源保值增值，规范"三资"管理程序，完善村（居）财务管理制度，不断提高村（居）"三资"管理水平，按照《××省农村集体财务管理办法》《××省村级非生产性支出管理办法（试行）》的相关要求，结合我镇实际，特制定本细则。

一、规范人员工作职责

1. 镇政府镇长全面负责"三资"管理工作；分管财经副镇长负责日常工作，具体包括会议召集、事项审批、工作指导及向镇政府汇报相关工作。

2. 镇包村行政干部主要对村级"三资"管理工作进行指导和监督，对村级"三重一大"事项进行审核。

3. 镇财政所所长负责"三资"办公室的日常事务；分管副所长负责在监管中心和交易中心的工作范围内履行职责，发现问题要及时向"三资"管理监督委员会报告。

4. 第三方委托代理机构按市统一要求负责会计核算工作，接受镇"三资"监管中心的监督及考核，按时提供各类报表。

5. 财政所资金会计负责村级存取款和结算业务；定期与代理会计及村报账员核对账目，做到账款相符；监督村级遵守资金管理规定，发现问题及时向监管中心报告。

6. "三资"专管员按"三资"管理制度和程序负责招投标及档案管理，并按要求在省"三资"管理信息系统登记、发布相关信息及与"三资"交易相关的其他事项。

7. 包村财政员负责对"三资"资产、资源处置及工程建设的监督，参与项目实施全过程，监督村级"三资"管理制度的执行，督促代理机构每季度向村居集体组织提供农村集体财务公开资料。

8. 村（居）党组织书记对本村（居）集体"三资"管理负总责，严格执行"三资"管理规定，确保村级经济业务的真实性、合法性、合规性；保证村级"三资"管理的相关人员行使正常的工作权利。

9.村（居）财经主任兼任村（居）报账员，必须由村居"两委"成员担任，负责本村（居）集体财经工作，包括村（居）集体收支、债权债务、资产资源处置、财务报账等所有经济业务活动；组织开展预算、民主理财、村务公开等议事活动。

二、规范村级资金管理

（略）

三、规范村级"资产资源"产权交易管理

（略）

四、规范村级对农民专业合作等社会经营主体的扶持管理

（略）

五、规范村务监督委员会管理

（略）

六、规范村级财务清理审计及村务公开

（略）

七、规范村级债权债务管理

（略）

八、严肃责任追究

凡违反上述管理规定，涉嫌违纪的，由乡镇纪委、监察室严肃查处；对情节特别严重的，涉嫌违法犯罪的，移交市纪委、监察委立案查处。

九、本细则从2020年9月1日起试行。原有的村（居）级财务管理制度与本细则不一致的，一律以本细则为准。

范例 14

安全管理考核实施细则

（20××年××月××日××××发布）

第一章　总则

第一条　为贯彻"安全第一、预防为主、综合治理"的方针，落实安全生产责任制，充分调动全体参建单位干部职工的积极性，依据《中华人民共和国安全生产法》《中国××集团公司工程安全、健康与环境管理规定》《中国××集团公司工程建设安

全检查与评价管理规定》,结合本工程实际,制定本实施细则。

第二条 本细则坚持"奖惩分明、以责论处"及"重奖重罚"的原则,坚持精神鼓励与物质鼓励相结合、思想教育与行政惩戒相结合的原则。对安全施工成绩优异的单位和有突出贡献的个人,给予表扬和奖励;对事故单位、各级有关事故责任者,根据事故的划分,分别建议该单位领导给予行政处分,给予事故单位经济处分;对工程施工中的"违章"行为,按规定给予经济处分。

第三条 本办法依据国家安全生产相关法律法规、中国××集团公司及×××××发电有限公司相关管理制度制定,适用于××××水电开发有限公司工程建设各参建单位及其员工。

第二章 安全奖励

第四条 (略)

第五条 (略)

第六条 (略)

第七条 (略)

第八条 (略)

第九条 (略)

第十条 (略)

第十一条 (略)

第十二条 (略)

第十三条 (略)

第三章 安全处罚

第十四条 (略)

第十五条 (略)

第四章 附则

第十六条 本细则对事故的定义和事故责任的划分依据国家有关法律、法规规定及××集团公司的事故调查规程执行,并依据事故调查组的调查结论进行处分。

第十七条 随着工程建设项目的深入和转序,××××公司将根据情况另行制定其他处罚规定。

第十八条 本细则自下发之日起执行,原《×××××××开发有限公司安全管理考核实施细则(试行)》(××××制〔20××〕××号)同时废止。

第十九条 本细则处罚标准与《××××××开发有限公司施工现场习惯性违章处罚规定》(××××制〔20××〕××号)不一致的,按本细则执行。

第二十条 本细则由××××公司安全监察部负责解释。

3.8 调查报告

3.8.1 调查报告的认知

3.8.1.1 调查报告的定义

调查报告是针对现实中出现的重大问题、热点问题、焦点问题、典型情况等进行深入细致的调查,对获得的材料进行认真分析研究,在发现本质特征和基本规律之后,再根据实际需要分析、归纳、综合而写成的书面报告。

3.8.1.2 调查报告的特点

调查报告具有表 3-28 所示的特点。

表 3-28 调查报告的特点

序号	特点	具体说明
1	内容真实	真实性是调查报告的生命所在。必须以充分、确凿的事实为依据,通过具体情况、数字、做法、经验、不足等说明问题,揭示规律,从实际出发,用事实说话,这样才能对制定政策与方针具有指导意义
2	针对性强	调查报告一般有比较明确的指向,调查取证都针对和围绕某一问题展开。针对性越强,作用越大
3	材料典型	为使调查报告更具说服力,应选取典型的、有代表性的材料,从中探索事物的发展规律,寻求解决矛盾的办法,以点带面,给全局工作提供借鉴
4	揭示规律	调查报告离不开确凿的事实,但又不是材料的机械堆砌,应对事实材料进行分析、研究,揭示事物的本质,阐明规律,指导实践。能否揭示事物发展规律,是衡量调查报告好坏的基本标准

3.8.1.3 调查报告的分类

调查报告按其内容的不同,可分为表 3-29 所示的几类。

表 3-29 调查报告的分类

序号	类型	具体说明
1	情况调查报告	是比较系统地反映本地区、本单位基本情况的一种调查报告。这种调查报告是为了弄清情况，供决策者使用
2	典型经验调查报告	是通过分析典型事例、总结工作中出现的新经验，指导和推动某方面工作的一种调查报告
3	问题调查报告	是针对某一方面问题，进行专项调查，澄清事实真相，判明问题的原因和性质，确定造成的危害，并提出解决问题的途径和建议，为问题的最后处理提供依据，也为其他有关方面提供参考和借鉴的一种调查报告

3.8.1.4 调查报告的结构

调查报告一般由标题、正文和落款组成，如表 3-30 所示。

表 3-30 调查报告的结构

序号	组成	具体说明
1	标题	标题可以有以下两种写法： （1）规范化的标题格式，即"发文主题+文种"，如"××关于××××的调查报告""关于××××的调查报告""××××调查"等 （2）自由式标题，包括陈述式、提问式和正副标题结合式三种。陈述式，如"××师范大学硕士毕业生就业情况调查"；提问式，如"为什么大学毕业生择业倾向沿海和京津地区"；正副标题结合式，正题陈述调查报告的主要结论或提出中心问题，副题标明调查的对象、范围、问题，这实际上类似于"发文主题+文种"的规范格式，如"高校发展重在学科建设——××××大学学科建设实践思考"等。作为公文，最好用规范化格式或自由式中正副标题结合式的标题
2	正文	正文一般分前言、主体、结尾三部分： （1）前言。起到画龙点睛的作用，要精练概括，直切主题。前言有以下几种写法： ①写明调查的起因或目的、时间和地点、对象或范围、经过与方法，以及人员组成等情况，从中引出中心问题或基本结论 ②写明调查对象的历史背景、大致发展经过、现实状况、主要成绩、突出问题等基本情况，进而提出中心问题或主要观点 ③开门见山，直接概括出调查的结果，如肯定做法、指出问题、提示影响、说明中心内容等 （2）主体。这是调查报告最主要的部分，这部分详述调查研究的基本情况、做法、经验，以及分析调查研究材料中得出的各种具体认识、观点和基本结论 （3）结尾。结尾的写法也比较多，可以提出解决问题的方法、对策或下一步改进工作的建议；或总结全文的主要观点，进一步深化主题；或提出问题，引发人们的进一步思考；或展望前景，发出鼓舞和号召
3	落款	调查报告的落款一般要写明负责调查的单位名称或个人姓名，以及完稿时间。如果在标题下面注明作者，那么落款时可以省略

3.8.2 调查报告的写作

3.8.2.1 调查报告的写作要求

调查报告的写作要求如表 3-31 所示。

表 3-31 调查报告的写作要求

序号	写作要求	具体说明
1	掌握充分的材料	调查之前要做好充分准备,有针对性地制订计划、确定调查步骤、选好题目、明确目的、确定对象、拟制提纲等,并运用各种调查方法,尽可能客观、深入、全面地掌握第一手材料,包括直接的、间接的、正面的、反面的
2	认真分析材料	写调查报告,获得材料不是最终目的,而是要透过材料,找出具有规律性、具有最普遍指导意义的东西,并概括提炼成观点,从感性认识升华到理性认识,并最终指导实践
3	观点与材料一致	调查报告用事实说话,以叙述为主,但事实需要用正确的观点来统率,即用观点统率材料,材料说明观点,使叙述的事实和议论的观点有机地结合起来。叙议结合的办法,可以先叙后议,也可先论后叙,还可夹叙夹议
4	合理安排结构	调查报告既要提出问题,又要解决问题;既要摆事实,又要讲道理;既要以材料说明观点,又要用观点统率材料。为此,在撰写时,必须精心设计框架结构
5	用语生动活泼	调查报告要用事实说话,要反映事物发生、发展和变化的过程,并对其进行分析,找出规律性的东西,用以指导工作。这样,在语言运用上,要善用比喻、排比、引用等修辞手法,力求生动活泼,富有表现力

调查报告与工作总结的异同

调查报告与工作总结的共同点是,都反映事物的基本面貌和发展过程,概括出规律性的东西,指导今后的实践;都运用典型材料说明观点,具有较强的客观性、针对性和指导性;都使用叙议结合的表达方式,叙述的要求和方法也相同。主要区别在于:

1. 内容不同

调查报告往往专题性较强,强调突出重点,回答并解决一两个实际问题;而工作总结要求从全局出发，回顾过去，总结经验教训，找出差距，分析原因，提出改进措施，内容比较全面、系统。

2. 范围不同

调查报告应用范围广，可以涉及现状、历史，反映社会现实，主要侧重于摸清情况、介绍经验、披露问题；总结只限于反映本单位、本部门已完成的工作、任务及其经验教训，侧重于指导自身今后的实践活动。

3. 写作时限不同

调查报告不受具体工作进程和时间的限制，可根据需要进行调查写作；总结则受工作进程和时间的限制，一般都是在工作、任务告一段落或全部完成之后写作。

4. 使用人称不同

调查报告往往是上级机关或有关方面在进行调查研究的基础上写成的，一般用第三人称；总结大都是本单位、本部门人员编写的，一般用第一人称。

3.8.2.2　调查报告的写作模板

_____调查报告

_____

_____

_____（前言，概述调查对象的基本情况，或者提示全文的基本内容，或直接提出调查的问题和结论）。

_____

_____（主体，具体报告调查中发现的有关实施情况，指出问题，并对存在的问题提出解决办法）。

_____

_____（结尾，提出解决问题的办法，或展望前景、发出号召等）。

_____（署名）

_____（日期）

3.8.2.3 调查报告的写作范例

范例 15

××建设集团有限公司"×·×"一般生产安全事故调查报告

20××年××月××日×时××分左右,在××物流××库房项目(××机场航空货运基地二期项目)施工工地,××××有限公司的工人×××(×,×岁,××省××市人)在吊装钢结构外墙檩条施工过程中,发生高处坠落事故,造成死亡。

接到事故报告,区公安分局、区住建委、区应急管理局、××××综保区等相关部门的有关领导立即赶赴现场应急处置,开展事故调查和协调善后处理工作。

依据《生产安全事故报告和调查处理条例》《××市生产安全事故报告和调查处理办法》的规定,区政府成立了由区应急管理局、区公安分局、区住建委、区人力社保局、区总工会组成的事故调查组。调查组按照"四不放过"的原则,对事故原因展开调查工作,并邀请区监察委参与事故调查。

一、基本情况

(一)总承包单位:××建设集团有限公司。公司注册地址为××省××市××路××号,法定代表人××,注册资本×××××万元人民币,成立日期××××年××月×日,建筑资质等级为建筑工程施工总承包特级、钢结构工程专业承包二级。

(二)钢结构专业分包单位:××××钢结构有限公司。公司注册地址为××市××村,法定代表人×××,注册资本×××万元,成立日期××××年××月××日,建筑资质等级为钢结构工程专业承包一级。

(三)监理单位:××××工程咨询有限公司。公司注册地址为××市××区×××街×号院×号楼一层××室,法定代表人×××,注册资本××××万元人民币,成立日期××××年××月××日,建筑资质为市政公用工程监理乙级、房屋建筑工程监理甲级。

二、事故经过及现场勘验情况

(一)事故经过(略)

(二)现场勘验情况(略)

(三)人员伤亡情况(略)

（四）事故直接经济损失（略）

三、事故的原因和性质

调查人员依法对事故现场进行了认真勘查，并查阅了有关资料，对事故的目击者和涉及的相关人员进行了询问。经调查分析，查明了事故的原因。

（一）事故的直接原因（略）

（二）事故的间接原因（略）

（三）事故的性质

鉴于上述原因分析，根据安全生产有关法律、法规的规定，事故调查组认定，该起事故是一起一般的生产安全责任事故，事故类型为高处坠落。

四、事故的责任分析和处理建议

根据《中华人民共和国安全生产法》《中华人民共和国建筑法》《生产安全事故报告和调查处理条例》等有关法律、法规规定，调查组依据调查核实的情况和事故原因分析，认定下列单位和人员应承担相应的责任，并提出如下处理建议：

（一）建议对专业分包单位和个人的处理（略）

（二）建议对监理单位的处理（略）

（三）建议对总包单位和个人的处理（略）

五、建议和措施

（一）××建设集团有限公司要对全体员工开展安全生产教育和培训，提高员工的安全生产意识，完善从业人员的安全防患措施，加强重点部位、危险作业岗位的安全监管，加强安全生产监督检查，发现问题，立即处理，落实好各项防范措施。

（二）××××钢结构有限公司要配备与从事的建筑活动相适应的具有法定执业资格的专业技术人员，完善重点工程施工组织方案，加强重点部位、危险作业岗位的安全监管，强化从业人员安全生产教育和培训，提高从业人员的安全防患意识。

（三）××××工程咨询有限公司，要加强对施工单位备案审查，完善各种专业规划、方案，严格按《建设工程监理规程》落实工程监理工作，强化安全生产监督检查，发现问题，立即处理，落实好各项防范措施。

"×·×"事故调查组

20××年××月××日

范例 16

××市××区城市生活垃圾分类状况调查报告

(×××)

生活垃圾是指在日常生活中或者为日常生活提供服务的活动中产生的固体废物，以及法律、行政法规规定视为生活垃圾的固体废物，一般分为四大类：可回收垃圾、厨房垃圾、有害垃圾和其他垃圾。我国一度采用混合收集方式，即城市生活垃圾不需要任何处理，混杂收集后集中处理的方式，基本采用填埋法处理，也就是不进行垃圾分类。这种方法不受时间限制，随时可以处理，不需要全民参与分类，处理垃圾时也简单粗暴，但是其后果显而易见：其中的可回收资源无法再利用，有毒有害垃圾也会污染环境。

一、××区小区垃圾分类状况

1. 小区垃圾分类状况。根据小区的社区公共环境建设、物业建设、住宅的户型及面积、大致的居民月平均收入等因素，可将小区划分为高、中高、中、低四档。

(1) 高档小区。每栋楼都有垃圾分类指导员，设有厨余垃圾、可回收垃圾、不可回收垃圾三种垃圾桶，也设有回收点。但是垃圾分类指导员并没有发挥其应有的作用，居民反映没有见到垃圾分类指导员工作。三种分类垃圾也没有真正做到分类，居民没有按照垃圾桶上的标识将垃圾分类处理。而回收点的作用也不大，只有距离回收点较近的居民才会使用其安放自家杂物。小区也没有过期药品、电池、水银等危险垃圾特殊回收的方案。物业按照上级要求进行垃圾分类的宣传，在宣传栏张贴海报，但很少进行深入的宣传。

(2) 中高档小区。居民丢弃垃圾时并没有核对垃圾桶上的标识，而是选择离自己较近的垃圾桶，而且其中的废电池也没有特殊处理。居民普遍存在着垃圾分类的意识，也会对废纸、塑料瓶进行废品回收处理，但是对于其他的生活垃圾并没有分类处理。特殊垃圾处理箱位置设置不合理，很少有居民使用。回收点被居委会用来放置闲置物品。对垃圾分类有过一至两次深入的宣传。

(3) 中档小区。某小区毗邻××区两个偏向理科类的重点高校，进行垃圾分类宣传的大学生志愿者非常多，几乎定期举行垃圾分类宣传，宣传效果非常好，宣传橱窗中贴着非常详细的资料。居委会有过期药品、水银温度计、废电池、灯管的分类处理箱，其中确实有居民丢弃的垃圾。居民没有利用回收点，而是自己处理废品。居委会在小区的所有出口都安放了特殊垃圾回收桶，使用效率较高。但是对于普通生活垃圾只设有可回收垃圾桶和不可回收垃圾桶两种,在执行过程中,很少有居民进行分类处理,执行状况较差。

(4) 低档小区。某小区居民以某厂老职工和外来务工人员租住为主,居住面积普遍较小,住房类似于保障性住房。居民收入普遍较低,知识水平较低,垃圾分类意识较低。物业建设缺乏,居委会的大门紧锁。回收点没有使用痕迹,也没有分类垃圾桶,普通垃圾桶较少,平均每3栋楼有一个垃圾桶,整体建设较差。居民反映,整个小区对垃圾分类的建设较差,几乎没有垃圾分类宣传,没有分类垃圾桶,也没有对特殊垃圾分类处理。但是居民有一定的垃圾分类意识,因分类麻烦,且认为政府不会进行后续处理,而没有进行垃圾分类。

(5) 实际调查结论。××区的小区都设有××区再生资源回收网点,但是可利用率低,基本是放置闲置物品。不同档次小区的垃圾分类状况不同:高档小区的垃圾分类状况相对较好,设有三种分类垃圾桶,即回收、不可回收和厨余垃圾。中高档小区一般设有回收和不可回收两种分类垃圾桶。低档小区的垃圾分类状况较差,没有分类垃圾桶。高档和中档小区的垃圾分类宣传较好,低档小区的宣传状况较差。但是,最终垃圾都是集中统一运走,并不进行分类处理。

2. 问卷调查中的垃圾分类状况。日常生活垃圾处理上,11%的被调查者对日常的生活垃圾不出售也不分类;60%的被调查者将废品出售,将其余垃圾投放进垃圾桶,只有29%的居民将废品出售后,分类投放其余垃圾。22%的小区没有分类垃圾桶;58%的小区虽然有分类垃圾桶,但是没起到效果或者效果不大;仅有3%的小区有分类垃圾桶,且执行得很好。只有4%的小区对药品、电池、化妆品瓶、水银温度计等有毒垃圾进行特殊回收,绝大部分小区对此都没有回收点或者弃之不用。所有小区都设有统一的回收点,但是99%的居民认为该回收点没有被合理利用。50%的居民表示自己居住的小区没有举行过垃圾分类的相关宣传,41%的居民表示虽然进行过垃圾分类宣传,可是并没有起什么作用。居民普遍认为垃圾分类状况较差。

二、××城区垃圾分类现状和存在问题

1. 垃圾分类中存在的问题。近年来,××市××城区生活垃圾的生产量以3%左右的速度逐年增加,生活垃圾的分类处理和消纳已经成为困扰城区可持续发展的突出问题。中共××市政府在生活垃圾管理方面做了大量的工作,也取得了较好的成就,但是从长远发展角度看,垃圾回收处理工作中还存在一些问题:第一,垃圾分类的必要性和迫切性还没有深入人心,在实际行动上有很大欠缺。调查研究显示,虽然大部分居民了解垃圾分类,仍旧有超过半数的人不能严格按照垃圾类别来丢垃圾。一是家庭生活中,不能做到垃圾分类保存。二是很多家庭在将垃圾扔进小区的分类垃圾桶时不能按标识投入。第二,居民垃圾分类知识匮乏。对于垃圾分类的知识,大部分居民只有粗浅的认知。我国对于垃圾分类的前期宣传力度较大,但是深度不够。居民能够简单区分可回收垃圾、不可回收垃圾和有害垃圾,中青年人对垃圾分类知识的了解要高于老年人,但是对于一些垃圾无法进行细致的区分。这种问题的出现不仅反映了我国垃圾分类知识宣传不够普及、深入,也侧面反映了我国垃圾分类标准不够明确、细致。第三,垃圾分类设施不完善。从家庭方面来看,居民家里不设分类垃圾桶,这就意味着垃圾分类前端失败。但这并不能完全归咎于居民无意识,垃圾分类本身需要增加总投入,居民的生活水平也影响实际执行。小区居民楼内没有配备完整的垃圾分类措施。垃圾处理的受益人为××区乃至××市全体居民,那么垃圾处理的费用应该由××市××区政府承担,以财政支出的方式下拨,实际上,不少西方国家正是以这种方式付费。我国垃圾分类责任主体不明确,垃圾分类责任体系不明确,并且也没有落实,财政上也没有具体的政策,这就导致了××市垃圾分类"雷声大雨点小"。

2.居民垃圾分类的意识和对垃圾分类知识的了解存在的问题。调查问卷的分析结果显示,××区居民垃圾分类的意识和对垃圾分类知识的了解存在着一些问题。关于人们不分类扔垃圾的主要原因,35%的居民认为麻烦;21%的居民对垃圾分类回收的益处不了解;20%的居民认为设施不全,无法分类;14%的居民不知道如何分类;10%的居民对职能部门不信任,认为他们还会将垃圾混在一起,分类是无用功。64%的居民表示应该积极配合垃圾分类,21%的居民认为需要政策的鞭策,15%的居民认为条件不成熟,难以分类,这说明,居民在一定程度上是了解垃圾分类的益处的,也赞成垃圾分类,但是由于现实原因(例如执行困难、认为麻烦)而放弃垃圾分类。如果政府有政策鞭策,有严格的规章制度,有成熟的条件,居民还是乐于进行垃圾分类的。在日常垃圾的处理中,居民的垃圾分类意识并不强,并且小区的设施也不够全面,影响垃圾分类的贯彻和实施。而且调查显示,大部分居民对垃圾分类有一定的了解,但并不能十分准确地分清生活垃圾中哪些属于可回收垃圾哪些属于不可回收垃圾。居民的经济水平和学历在一定程度上影响其对垃圾分类知识的了解。在调查中我们发现,对垃圾全部分类正确的人学历较高(博士),且收入较高(月收入超过6000元);而厨余垃圾19%的错误率中,有10%的人月收入低于1500元或者学历为高中及以下。学历高或者经济水平高的人对于垃圾分类知识的了解,在某些程度上,高于学历低或者经济水平较低的人。

三、解决建议

1. 进一步加大社区宣传，由社区物业部门发挥监管、指导作用。从之前的调查可以了解到，目前居民尚未养成良好的垃圾分类习惯，因而一定程度上的指导和监督是必要的。一方面，物业部门可以定期在社区进行垃圾分类宣讲活动，指导居民将不同的垃圾放到对应的垃圾收容器中；另一方面，社区可以进一步改善垃圾收容器上的标签设置，在标签上注明更为详尽的内容，帮助居民养成良好的垃圾分类习惯。

2. 从厨余垃圾和其他生活垃圾入手，推动垃圾分类工作。餐厨类有机垃圾是填埋场污染空气和地下水的主要来源，也是目前居民垃圾分类的薄弱环节。对于厨余垃圾，可以参考垃圾分类比较完善的国家，在现有的垃圾分类工作基础上进一步细化垃圾分类标准。

3. 进一步完善垃圾的集中、运输，特别是垃圾处理时的分类。应对垃圾运输全程进行监督和管理，尤其要对垃圾处理终端进行监管。在居民垃圾分类后，垃圾清运车并没有真正做到分类清运，而是将垃圾混合后统一运走，这就造成了前期垃圾分类的浪费。如果不改善垃圾分类的终端处理，那么前期的宣传、居民分类工作就失去了意义。应该加强垃圾分类的终端管理，如不同垃圾不同时段回收，或者将一个垃圾车划分为不同的部分，分装不同类别的垃圾。

4. 完善政策法规，用行政、经济和科技手段促进垃圾分类的实施。在现行法规的基础上，结合××市垃圾排放、组分的特点，政府可以实行更为具体全面的垃圾分类办法。同时，加大科技投入，提高城区在垃圾堆肥、垃圾焚烧发电、热能利用和污染控制、电子垃圾拆分等处理技术的科技含量，并鼓励社会力量积极参与垃圾分类和资源综合利用活动。

5. 贯彻落实现有的政策，加强监督，加强问责机制，建立完善的垃圾分类责任体系。垃圾分类的管理主体应该明确，各个部门有明确的责任及义务，并且认真落实。不应该出现互相推诿或者无人落实的状况。政府相关部门应该进行公示，不仅做到内部监督，内部问责，还应加强人民群众对相关责任部门的监督，建立健全垃圾分类的问责体系和监督体系。同时，我们建议相关部门强化内部绩效考核机制，量化标准，真正发挥垃圾分类应有的效果，做到"从群众中来，到群众中去"，真正做到造福百姓、资源利用最大化。

20××年××月××日

3.9 大事记

3.9.1 大事记的认知

3.9.1.1 大事记的定义

大事记是各级党政机关、人民团体、企事业单位用来记载一定历史时期内发生的重大活动或重大事件的历史资料性特殊文体。

大事记一般主要记载本机关的组织变动情况、重要会议、上级机关的领导活动、本机关组织的主要活动等，要求提纲挈领、文字简洁、真实准确。

3.9.1.2 大事记的特点

大事记具有表 3-32 所示的特点。

表 3-32 大事记的特点

序号	特点	具体说明
1	只记大事	大事记，顾名思义，就是对重大事件、重要活动的记载。大事是一个相对的概念。就一个具体单位来说，所谓大事，是指在一定时间、一定范围内有着重要意义和重大影响的事件。当然，一个基层单位的大事，也可能同时是本系统、本地区，甚至是国家的大事。重大的社会活动包括政治活动、社会变革对本单位的影响，本单位参与的重大社会活动，本地区的社会动态等
2	客观纪实	大事记是一种特殊的记事性文体，具有纪实性特点。撰写大事记必须尊重事实，要反映事物的本来面目，既不可夸大与缩小，更不能杜撰。大事记是用简述的方法来记录的，不求细致，只要求将主要事实、时间、地点、人物、事件写清楚。对所记的事，不作出任何评价，不褒不贬，不爱不憎，力求客观自然
3	以时系事	大事记具有明显的时序性。不管哪一类大事记，都必须按事件出现的先后依次记录，不得随意改动事件发生的时间顺序。一系列的事件都是以发生时间的先后梳理排列的，时序在记载事件过程中始终处于显要地位
4	内部编用	机关单位大事记，大多用来记录本单位的大事，一般不公开发表，也不用公文的形式传送。它自编自用，作为本单位的历史资料保存下来

3.9.1.3 大事记的分类

大事记按不同的标准，可有不同的分类，如表 3-33 所示。

表 3-33 大事记的分类

序号	分类标准	具体说明
1	按内容划分	可分为以下两种： （1）综合性大事记，即将本机关单位各方面的大事、要事，按时间顺序进行记录 （2）专题性大事记，即将本机关单位不同内容的大事、要事，按时间顺序分类进行记录
2	按制文机构职权范围划分	可分为世界大事记、全国大事记、地区大事记、部门大事记、单位大事记等
3	按制文机构性质划分	可以分为党政组织大事记、国家行政机关大事记、社会团体大事记、企业或事业单位大事记等
4	按时间跨度划分	可分为贯通古今大事记、断代大事记、年度大事记、季度大事记以及每月、每旬、每周、每日大事记等

3.9.1.4 大事记的结构

大事记的格式单一、固定，由标题和主体组成，如表 3-34 所示。

表 3-34 大事记的组成

序号	组成	具体说明
1	标题	标题主要有以下几种形式： （1）由"制文单位 + 事由 + 文种"构成，如"中国新文学大事记" （2）由"制文单位 + 文种"构成，如"×× 人民政府大事记" （3）由"事由 + 文种"构成，如"企业改革大事记" （4）由"制文单位 + 时间 + 文种"构成，如"×× 公司三月份大事记"
2	主体	内容一般由时间和事件两部分组成。其中时间按年、月、日的顺序依次排列；事件是指重要工作活动和重大事件。具体内容大致包括以下几个方面： （1）贯彻执行党和国家方针政策所产生的重大反响和出现的重大问题 （2）机构设置、体制变动、重要人事调动，如任免、离退休等 （3）重要会议和重大活动，其中包括内务和外事活动 （4）上级到本地区、本部门参加重大活动、检查、指导工作，并作出重大决策或重要部署、指示等 （5）本地区、本部门的重要工作或重大事件，如取得的重大成绩，获取的重要数据，发生的重大事件、事故、案件、灾情等，群众反映的重大问题、提出的重要建议和意见，以及其他重要动态和需要记载的大事

3.9.2 大事记的写作

3.9.2.1 大事记的写作要求

大事记的写作要求如表 3-35 所示。

表 3-35 大事记的写作要求

序号	写作要求	具体说明
1	专人负责，熟悉情况	大事记的编写，应由专门的部门和人员负责。编写人员要了解党的方针政策，具备专业知识，这是编写大事记必不可少的条件。只有熟悉情况，随时了解掌握动态，才能知道哪些该记，哪些不该记
2	突出重点	大事记并不是事事都记，它所记载的应该是大事。编写大事记必须突出重点，防止凡事皆记，以免使大事记变成"流水账"
3	实事求是	编写大事记必须以客观事实为依据，反映事情的本来面目。既不能渲染夸大，又不能以大化小，必须实事求是。对于时间、地点、人物、数字等，要准确核对，不能有误。对所记事实，一般不加评论

3.9.2.2 大事记的写作模板

_____大事记

_____

_____（前言，时限较长的大事记，要有前言，用来说明编写的目的和意义，编写的体例、时限等问题）。

_____

_____（具体内容，按时间顺序依次排列）。

_____

_____（后记，时限较长的大事记，要有后记，用来说明材料的真实性和使用、处理等有关情况）。

_____（署名）

_____（日期）

3.9.2.3　大事记的写作范例

××区2023年1月大事记

1月，××省教育厅发文《关于公布2022年度××省网络学习空间应用普及活动遴选结果》，确定××区和××高级中学分别为××省网络学习空间应用普及活动"优秀区域"和"优秀学校"。××区是全省两个获奖区域之一，××高级中学是全市唯一获此荣誉的中学。

1月，××顾问对全国×××个市辖区开展幸福城区评价工作，通过构建幸福城区评价指标体系，研究形成"××幸福百强区（2022）"，××区位列全国幸福百强区第×。

1月，市卫生健康委通报2022年度××市老年人心理关爱项目优秀区，××区以×××的总分排名全市第一，获评"2022年度××市老年人心理关爱项目优秀区"。

1月3日，中国经济体制改革杂志社发布"中国改革2022年度地方全面深化改革典型案例"名单，其中，"××省××市××区：××××推动××综合改革试点落地落实"案例成功入选。

1月5日，××区与××××集团有限公司举行战略合作协议签约仪式，双方将充分发挥各自的资源优势，开展多层次、多渠道、多模式合作，开创互利共赢局面。

1月6日，××区2023年春节军政座谈会暨双拥工作领导小组会议召开，听取2022年经济社会发展和双拥工作情况，促进军地各项事业共同发展。区委副书记、区长×××出席会议并讲话。

1月6日，××区×届×次党代会召开，区委副书记、区长×××做"×××××××"工作报告。

1月6日，××区融媒体中心"扫黄打非"工作站揭牌仪式举行，充分发挥融媒体中心宣传引导优势和信息辐射能力，将"扫黄打非"宣传触角延伸至基层"最后一公里"。

1月8日，以"××××·××××"为主题的"××2023新春时尚消费节"开幕，此次消费节聚焦××、×××、××、××、×××五大核心商业街区，活动配套发放5000万元消费券。

1月9日，政协第×届××市××区委员会第×次会议开幕，区政协主席

×××向大会报告工作，回顾2022年工作，部署2023年工作安排，为奋力打造社会主义现代化可持续发展先锋城区贡献政协智慧和力量。

1月9日，××区与××××举行股权投资基金签约仪式，辖区××家股份合作公司盘活集体资金超×亿元，××投资控股公司出资2000万元，与××××合作设立全市首支"市区国企+股份合作公司"股权投资基金，总规模达××亿元。

1月10日，××区第×届人民代表大会第×次会议开幕，区委副书记、区长×××做政府工作报告，晒出2022年"成绩单"和2023年"作战图"，部署今年十个方面重点工作。

1月11日，区委常委、常务副区长×××率队赴××开展招商，推介考察黄金珠宝优势产业。期间，招商团一行详细了解××珠宝产业发展情况及管理机制，学习××珠宝行业人才培育、检验检测、设计研发、品牌运营等经验，并签署合作协议。

1月12日，2022年度××区委区政府党员领导干部述责述廉会议召开。区委副书记、区长×××主持会议并讲话，××市纪委监委第七监督检查室副主任×××列席会议，区委区政府党员领导干部先后述责述廉。

1月13日，××区召开区委常委会（扩大）会议，深入学习×××关于党的建设和组织工作的重要思想，传达学习市委常委会（扩大）会议精神，听取各基层党（工）委书记抓基层党建工作述职并进行评议。区委副书记、区长×××主持会议并讲话。

1月13日，"同心协力兴××·建言资政会"举行，区各民主党派、工商联和无党派人士共聚一堂，围绕深入学习贯彻党的××大精神，奋力谱写社会主义现代化可持续发展先锋城区新篇章建言献策。区委副书记、区长×××出席活动。

1月15日，2023××迎春花市××分会场××路花市重磅启幕，成为央视新闻四大迎春贺年直播选址之一，直播长达40分钟，展示浓郁年味里的××。花市共设5大展区、345个铺位，现场还派发千余份礼品以及百万数字人民币红包。

1月15～18日，××区招商团在×××举办多场招商投资交流会，走访××科技城、××银行、××集团、××银行、××××等企业，会见×××××、××××协会、×××办公室以及×××分行等中央驻新金融机构，诚邀企业到××投资兴业。

1月16日，××区2023年招商引资动员大会召开，会议为10支街道招商先锋队、5支青年干部招商先锋队授牌，并解读新出台的"××区全力招商机制优化系列措施"，进一步统一思想、再鼓干劲，开创2023年××招商引资新局面。

1月19日，××区召开2023年全区宣传思想工作会议，传达全国、全省、全市宣传部长会议精神，认真落实区×届×次党代会有关部署，总结2022年工作，部署2023年重点任务，发布××宣传思想战线年度"十件大事"。

1月20日，在新春佳节来临之际，市委书记×××到××区开展基层慰问活动并检查安全生产、市场供应保障等工作，在××路迎春花市看望慰问环卫工人、公安干警等一线工作人员，并通过他们向全市人民致以节日问候和新春祝福。

1月20日，××区发布2023年新春贺信，区委副书记、区长×××代表区委、区政府向广大网民朋友、向全区人民和所有关心支持××经济社会发展的各界朋友，致以最诚挚的祝福。

1月29日，××市高质量发展大会暨2023年首批重大项目开工仪式举行，××区纳入首批重大项目开工仪式的项目共××个，总投资约×××亿元，2023年计划完成投资约××亿元。

1月30日，为迅速学习贯彻省、市高质量发展大会精神，××区高质量发展大会暨2023年"开局起跑·攻坚克难"干部大会召开，部署2023年××区攻坚克难任务，高质量打造"三力三区"。

1月30日，全国首家数字象棋馆——×××××象棋馆在×××××正式落地。当日，2023年××"××杯"象棋特级大师快棋邀请赛同步举行。

范例18

20××年××市作家协会大事记

1月：××省作家协会正式公布20××年度新会员名单，我市20位作者榜上有名。

2～4月：市作家协会发出"抗击疫情，××作家不缺位"的倡议，各级作协会员、文学爱好者积极响应，共创作抗疫诗歌1800余首，报告文学、散文、小说200余篇，有多位作家获各级抗疫先进表彰，多篇作品获各级抗疫优秀作品奖励。

5月："××"杯全国微型小说征文评奖揭晓，共有19篇作品分获一、二、三等奖及优秀奖，其中我市3位作家获奖。

5月：××国家矿山公园爱漫文旅小镇获批为××省作家协会、××市作家协会创作基地。

5月：市作协与××晚报联办"××××"栏目，旨在推荐文学佳作，打造文学品牌。

7月：由市文联主编、市作协组织作家参加撰写的《××××》一书结集发行。

8月：××市作协副主席×××，被聘为××省作家协会首届签约专业作家。

8月："20××作家进校园暨《××××》××赠书会"在××校区举行。

9月：市作家协会和××文化工作室联合打造的"××作家书屋"正式开门迎接读者。

9月：由市工商联、市作家协会联合开展的《××××传》（第二卷）采写工作正式启动。

10月：我市两位××籍作家×××、×××加入中国作家协会。

10月：××市作家协会第×届×次会员代表大会召开，会议选举产生了××市作协新一届主席团和理事会，×××当选为主席。

11月："××"杯全国微型小说征文大赛颁奖暨优秀作品集首发式在××市举行，相关领导、嘉宾及获奖作者近200人出席。

11月：××小说集《××××》研讨会在市作协会议室举行，市文联领导、省内外部分作家、评论家代表30余人出席研讨会。

12月："××作家进校园文学讲座"在××市××中学举行，市作家协会主席×××应邀做了"××××"的专题讲座。

12月：由××市作协和××市作协联合主办的"×××作品集《××××》研讨会"在××市××学校举行，近30名作家、评论家出席。

12月：市作家协会组织部分作家参加《××抗疫故事》一书的相关编写工作。

12月：市文联开展"××××"系列讲座活动，市作家协会主席×××应邀在××学院做了"××××"专题讲座。

12月：市作协部分作家应邀出席××市举办的"××××文学采风"活动。

12月：市作协主席×××、副主席兼秘书长×××应邀出席××区作家协会20××年工作年会。

12月：市作协20××年度发展新会员44名。

12月：本年度，我市出版了个人文学作品专著10余部，包括小说集、散文集、诗歌集、故事集、评论集等，成果显著。

12月：全年编发"××文学"公众号140余期，推荐文学佳作，传递文学信息，营造文学氛围。

3.10 简报

3.10.1 简报的认知

3.10.1.1 简报的定义

简报是党政机关、人民团体和企事业单位为汇报工作、反映情况、交流经验、沟通信息而编发的一种简短灵活的内部常用事务文书。

简报既可以用于向上级报告工作和业务情况，便于上级了解下情，及时作出指示、指导工作；也可以用于平级与下级之间沟通情况、交流经验，便于开展与推动工作。

简报是一种具有汇报性、交流性和指导性的简短灵活的内部刊物。

3.10.1.2 简报的特点

简报具有表 3-36 所示的特点。

表 3-36 简报的特点

序号	特点	具体说明
1	简明性	除综合性简报外，均为一事一报，字数以千字左右为宜。如内容很多，可分几期编发。行文平实，文字精练，将"什么情况""怎么回事"写明即可
2	及时性	报道迅速，讲究时效性，要写得快，编得快，印得快，发得快
3	新鲜性	内容新鲜，要反映新情况、新经验、新问题、新动向
4	真实性	真实准确，不能凭空想象和虚构

3.10.1.3 简报的分类

简报按不同的标准，可分为不同的类型。比如，按时间，可分为定期简报与不定期简报；按性质，可分为综合简报与专题简报；按容量，可分为一期一文简报与一期数文简报。在此，我们按内容和写法的不同，将简报分为表 3-37 所示的几类。

表 3-37　简报的分类

序号	类型	具体说明
1	工作简报	这类简报主要是用于反映本系统、本部门日常工作或问题的经常性简报。它包含的内容较广，是一种长期编发的定期或不定期简报
2	动态简报	用于反映单位动态，一般是为决策提供依据，特点是迅速及时、简明扼要地反映新近发生的事情、情况。这类简报反应快，动态性、时效性强
3	会议简报	这是在某一会议召开期间，为反映会议动态而专门编发的简报。会议简报多是一个会议发一期，也有一个会议发多期的。后一种情况，主要用来反映会议进展情况，与会人员讨论提出的重要问题、建议和批评意见，大会决议事项，会议上的重要报告和领导同志讲话的摘要等，往往具有连续性，即通过一期期的简报，将会议进程中的情况接连不断地反映出来

3.10.1.4　简报的结构

简报一般由报头、标题、正文和报尾四部分组成，如表 3-38 所示。

表 3-38　简报的组成

序号	组成	具体说明
1	报头	（1）简报一般都有固定的报头，包括简报的名称、期号、编发单位和发行日期 （2）报头在第一页上方，占全页 1/3 左右 （3）中间是醒目的简报名称，名称下面是简报期号，可以按年度编号，也可以统一编号；可以用"第十八期"的形式，也可以用"（18）"的形式 （4）期号下面左侧是主编单位的全称，如"××办公室""××会议秘书处"等，右侧是印发日期 （5）有些简报根据需要，还应标明密级，如"内部参阅""秘密""机密""绝密"等，位置在简报名称的左上方
2	标题	（1）报头部分与标题和正文之间，一般都用一条粗线隔开 （2）简报的标题类似新闻的标题，要揭示主题，简短醒目
3	正文	（1）正文写作要抓准问题、有的放矢，材料准确、内容真实，简明扼要、一目了然，内容实在，切忌空洞 （2）不说套话、空话，尽量不用修饰语和修辞手法，以免出现歧义，语言要求简洁易懂，力求以最少的文字表达最大的信息量 （3）主体部分可以相对固定的形式展开，比如"一是、二是、三是……"等格式，让人一目了然
4	报尾	（1）报尾在末页的最下方，沉底排两条平行的横线，中间空出，注明本期发放范围——报、送、发或加发的单位名称和个人职务姓名 （2）报尾部分应包括简报的报、送、发单位。报指简报呈报的上级单位；送指简报送往的同级单位或不相隶属的单位；发指简报发放的下级单位 （3）报尾还应包括本期简报的印刷份数，以便于管理、查对 （4）报尾部分印在简报末页的下端

3.10.2 简报的写作

3.10.2.1 简报的写作要求

简报的写作要求如表 3-39 所示。

表 3-39 简报的写作要求

序号	写作要求	具体说明
1	真实可靠	材料必须真实可靠，这是简报的"生命"。真实可靠是指每一个情节乃至每一个细节（时间、地点、人物、数字等）都要准确无误。不能任意夸大、缩写和虚构，不能凭主观愿望而进行加工、粉饰，不能把事后所想写在事前或事中。而且对事物的分析解释，也应当是科学的、符合实际的。总之，材料真实可靠是简报撰写必须遵守的一个原则
2	简明扼要	简报要简明扼要，绝不能很长，否则就成了"通报"或"报告"了。一般来说，一份简报以千字为宜，最多不要超过两千字。这样，就要求选材要典型，内容要集中，一份简报一个主题。要想选取典型材料，内容集中，就必须把事情摸透，揭示事物本质，抓住关键，否则便会隔靴搔痒，冗长臃肿，拖泥带水，使人厌倦。行文时要开门见山，直截了当，不说空话，不说套话
3	快写快发	简报具有新闻特点，有点像新闻中的"消息"，因此简报不求全，不求广，而求快。只有快，才能真正发挥简报对工作的指导作用，才能及时汇报工作、交流信息，为上级制定政策、决定问题提供依据。否则，内容再好，也会失去简报所应起的作用和本身的价值
4	生动活泼	编写简报不是板着脸说话，而是应该尽可能地生动活泼一些，使读者爱看，留下深刻的印象。要做到生动活泼，可以适当吸收一些群众中的精练、富有概括性、深刻、形象的语言
5	注意保密	简报是内部刊物，用于在行政机关内部交流和反映情况。一定内容的简报，应规定一定的阅读范围。即使是一些经验总结、表扬批评以及贯彻党的方针政策的简报，也要在规定范围内传阅。尤其是一些向领导反映情况，便于领导了解下情、研究工作的简报，一定要按规定送达有关部门及负责人，不可超出规定范围发放、传递

3.10.2.2 简报的写作模板

简报

_____（称谓）：

_____

_____（写明原因）。

_____
_____(简要评价)。
_____(表达谢意)。

_____(署名)
_____(日期)

3.10.2.3 简报的写作范例

范例 19

××市水务局党史学习教育简报

（第×期）

局党史学习教育领导小组办公室　　　　　　　　20××年×月×日

牢记回信嘱托守护无价之宝

20××年××月××日，在××水库建成××周年之际，×××给建设和守护××水库的乡亲们回信，提出"××水库作为××重要的地表饮用水源地、水资源战略储备基地，已成为无价之宝"的新定位，要求我们再接再厉、善作善成，继续守护好××水库，为建设美丽××作出新的贡献。

一年来，××水库蓄水量稳步攀升，水质水生态持续改善。特别是今年入汛以来，××水务部门本着"保安全、多蓄水"的原则，坚持蓄滞结合，实施精准调度，推动××水库蓄水量安全稳定增长。截至××月××日××时，××水库蓄水量已达××亿立方米，突破历史最高纪录（19××年××月××日历史蓄水量××亿立方米）。××日早×点，××水库蓄水量达到××亿立方米。

一年来，全市水务系统、相关各区各部门牢记×××回信嘱托，以党史学习教育为重要契机，深入贯彻×××生态文明思想和×××对××重要讲话精神，发挥××水库资源库、战略库、宝库的重大作用，坚持部门联动、市区协同、××携手，注重综合施策，系统统筹推进××水资源保护与管理、水环境治理、水生态修复和防洪排涝等各项工作，不断发挥××水库在××水安全保障中的核心作用，扎实推进××生态文明建设。

一是坚决守护好××水库，持续深入加强水源保护和水生态修复。

（略）

二是着力发挥××水库综合效益，不断提升××水安全保障能力和水平。

（略）

三是深入践行"两山"理念，不断探索推进保水富民的新路径新实践。

（略）

主送：局领导，驻局纪检监察组。

抄送：局总规划师、督察专员，局机关各处室，局属各单位。

××市水务局党史学习教育领导小组办公室20××年×月×日印发

范例20

××市"万人助万企"活动简报

（第×期）

××市"万人助万企"活动领导小组办公室　　　　　　　　20××年×月×日

省"万人助万企"活动第四服务工作组
组织召开××市重点服务企业座谈会

×月×日下午，省"万人助万企"活动第四服务工作组在××酒店三楼会议室召开××市重点服务企业座谈会。省工作组副组长、省公安厅二级警务专员×××出席会议，省工作组其他成员、市工信局相关同志、市"万人助万企"服务工作组重点包联30多家企业负责人等参加会议。会议由市政府副秘书长×××主持。

座谈会上，×××首先介绍了开展"万人助万企"活动的主要背景……

听取企业发言后，×××指出……

最后,×××表示,座谈会会经常召开,服务企业的范围也会进一步扩大,请企业家们畅所欲言,真正把制约发展的问题及时反映上来。×××市将积极配合省工作组开展的走访调查、问题收集等工作,希望工作组多给×××指导工作,多提宝贵意见,帮助解决企业面临的突出问题和瓶颈制约,助力×××晋位次争上游走前列,为全省经济高质量发展作出积极贡献。

报:××省"万人助万企"活动领导小组办公室,市委、市人大、市政府、
　　市政协领导
发:各县(市、区)、市直有关单位,市"万人助万企"活动各服务工作组

第4篇 计划类文书写作

将未来一定时期的生产、经营、工作、学习等作为预定目标的书面安排,是为完成一定时期任务而事前对目标、措施和步骤作出简要部署的事务文书,主要包括规划、计划、安排、方案、预案、工作要点等。

4.1 规划

4.1.1 规划的认知

4.1.1.1 规划的定义

规划就是个人或组织制订的比较全面、长远的发展计划,是对未来整体性、长期性、基本性问题进行思考和考量后设计的整套行动方案。

规划是计划中最宏大的一种,从时间上说,一般都要在三五年以上;从范围上说,大都是全局性工作或涉及面较广的重要工作项目;从内容和写法上说,往往是粗线条的,比较概括。规划是对全局或长远工作作出统筹部署,以便明确方向,激发干劲,鼓舞斗志;相对其他计划类公文而言,规划带有方向性、战略性、指导性,因而其内容往往更具有严肃性、科学性和可行性。

4.1.1.2 规划的特点

规划具有表 4-1 所示的特点。

表 4-1 规划的特点

序号	特点	具体说明
1	时间跨度大	一般的工作计划基本以年为计,而规划的时间界限则更长,一般为 5~10 年,中期规划至少也有 3 年的时间跨度
2	内容概括性强	规划的目标任务、措施要求等要比一般计划概括性强,不像计划那样具体,更不可能落实到基层。规划提出的措施也更具有原则性
3	有前瞻性和预见性	规划安排的任务和措施都在若干年以上,因此必须提高调查研究、科学预测和决策的质量。没有高瞻远瞩的目光,没有深谋远虑、洞察未来的能力,规划的内容就会脱离实际,失去指导工作的价值
4	可以配合使用	规划是一种纲领性文件,提出的目标时间长,而且包含的范围广。有与之配套的年度计划和专项规划来实现综合管理,才能充分发挥作用

4.1.1.3 规划的分类

根据对象的不同,规划可以分为多种类型,如城市规划、职业规划、企业规划、部门规划等。这里我们按照时间长短的不同,将规划简单地分为长期规划和短期规划,如表 4-2 所示。

表 4-2 规划的分类

序号	类型	具体说明
1	长期规划	能完整地体现规划的结构和内容,常见的如三年规划、五年规划等,其结构较为复杂,涉及封面、目录、前言、正文等许多内容,篇幅一般较长,内容详细具体
2	短期规划	一些规模较小的单位、部门或个人有时不需要制订长期规划,只制作一年甚至半年的短期规划。这类规划内容简洁,写法灵活,结构也很简单,不像长期规划那样专业,但可以最大限度地满足小规模单位或个人对未来的设计

4.1.1.4 规划的结构

规划一般由标题和正文组成,如表 4-3 所示。

表 4-3 规划的结构

序号	组成	具体说明
1	标题	规划的标题由规划制作单位、规划内容、规划时限和文种组成,如"××市国土空间总体规划(2021~2035 年)"
2	正文	规划的正文一般比较长,因此目录、大标题、小标题必须突出、鲜明。正文中应当写明以下内容: (1)前言,主要说明和交代制订规划的依据及基础,即社会条件、自然资源、经济基础和工作情况等背景材料。如无必要,可以省略 (2)指导思想,在前言的基础上,简要阐述今后工作应该遵循的总纲和原则。文字表述上既要简短、概括、明确,又要显得坚定有力,起到鼓舞人心的作用 (3)奋斗目标,这是规划的主体和核心。首先需要确定总体战略目标,然后将实现总体战略目标的过程分解为几个小的阶段,对每个小阶段分别作出相应的、较小的战略规定,由近而远、循序渐进地推进,即提出每项工作的具体指标、时限和要求。叙述时应全面展开,力求明确具体、条理清晰 (4)主要措施,紧紧围绕规划目标,有的放矢地提出实施的具体步骤和方法,尤其要落实分工责任制。另外,落实规划必须任务明确、责任明晰、奖惩分明 (5)结尾,可以用展望美景、发出号召来收尾,也可以自然结束,无须专门结尾

4.1.2 规划的写作

4.1.2.1 规划的写作要求

规划的写作要求如表 4-4 所示。

表 4-4 规划的写作要求

序号	写作要求	具体说明
1	尊重科学，实事求是	制订规划，要以大量的、宏观的、综合的和预测的信息为依据，严格按照自然和经济规律办事。既要有大胆开拓、勇于进取的革命精神，又要有实事求是、量力而行的科学态度
2	着眼全局，趋利避害	当今社会，科学技术和生产力的飞跃发展，要求规划的编制者熟练掌握科学理论和预测方法。在论证长远目标的可行性时，要面向未来，既能全面把握大局，又能兼顾各个部分；既要扬长避短，又要趋利避害，充分发挥整体的优势
3	集思广益，力求最佳	要不断地提高分析、提炼材料的能力，善于从纷繁复杂的事物中发现规律、总结规律，不断提高归纳概括的能力，并善于运用图表说明问题。对于拟制的规划草稿，要集思广益、群策群力，广泛地邀请专家、学者进行比较鉴别、反复论证，力求使规划的内容最大限度地满足广大群众的根本利益。只有这样的规划才是最佳规划

4.1.2.2 规划的写作模板

_____规划

_____
_____（引言——背景分析和指导思想）。
_____
_____（主体——目标要求和努力方向）。
_____（结尾——远景展望）。

4.1.2.3 规划的写作范例

范例 1

××新区"×××"科技创新发展规划

目录（略）

前言

"×××"时期是××新区追赶超越发展的关键时期。为贯彻落实党的×××

和××届历次全会精神，认真贯彻落实×××来×考察重要讲话的指示精神，全面落实省委××届×次全会和市委部署，全面落实建设×××创新驱动平台重大决策，特编制《××新区"×××"科技创新发展规划（20××～20××年）》。

第一章　发展基础与形势
第一节　发展基础

"×××"时期，××新区以建设现代化大××新中心为目标，围绕创新城市发展方式，加快聚集创新资源、着力发展高端产业、加快引培科技型企业、优化创新创业生态、强化科技政策落实，科技创新引领全区高质量发展的作用日益凸显。

科技创新主体加速聚集。20××年，新区规模以上工业企业达到×××家，总产值×××亿元，规模以上制造业总产值×××亿元，先进制造业总产值×××亿元。引进培育高新技术企业×××家，科技型中小企业×××家，世界500强企业××家，中国500强企业××家。聚集了××××、××××、××××、××××中心、××科技等一批龙头领军企业。20××年共有××家科技企业获得省市科技项目资金支持×××万元，认定成功×家市级工程技术研究中心、×家××市国际合作基地、×家市级重点实验室、×名省青年科技新星，×家企业登上第三届"创世技"颠覆性创新榜。引入新三板挂牌企业×家，新增上市挂牌企业××家，申报注册省级上市后备企业××家。

科技创新载体不断强化。××新区把各类创新资源平台建设作为实施创新驱动发展战略、促进科技与经济深度融合的重要载体，投入运行××××、××××等一批重大创新载体。引进了××××未来创新研究院、××××科技中心等一批研发创新平台，建成××××大学国家技术转移中心××新城中心、××科技大市场××分中心等创新平台，构建了全省检验检测技术创新、创新驱动共同体等一批创新联盟。20××年，××新区开展××场"产学研金"协同创新活动，帮助××家企业与××家高校达成××个合作项目，各双创载体、平台和孵化器等共与高校建立实训基地约××家，加速产学研融合发展。

科技支撑产业发展作用更加突出。××新区坚持以"6+1"现代产业体系为牢固支点，撬动全区高质量发展的蓬勃动能。制订了大数据、信息产业、先进制造、人工智能等产业发展规划，聚焦强招商、抓项目、兴产业，推动产业集群规模不断壮大。先进制造业集群引入××××、××××等项目×××个；电子信息产业集群引入××××、××××等项目××个；临空经济产业集群引入××××、××××等项目××个；科技研发产业集群引入××××、××××等项目××个；文化旅游产业集群引入××××、××××等项目××个；总部经济产业集群引入××××总部、××××总部等项目××个。先后获得首批国家大众创业万众创新示范基地、国家新型工业化产业示范基地等××个"国字号"试点（试验区、示范基地）称号。20××年，规模以上工业增加值、服务业增加值分别达到××亿元、×××亿元，先后关停×家高污染、高耗能企业，总产值×××亿元。

科技创新生态持续优化。20××~20××年，新区累计实施重点项目××××个、完成投资××××亿元，引进×××亿元以上项目×个、××亿元以上项目××个，包括××××、××××、××××、××××、××××等在内的×××个重点项目落地新区。协同××××、××××、××××等××个众创载体获中、省、市备案认定，累计建成众创载体××个，引进各类研发转化平台××家，高质量创新创业团队或项目×××个，创新创业团队×××余个。在中国科协发布的"双创示范基地建设评估报告"中，××新区以打造"硬科技"为特色的科技成果产业化平台列入全国新区类第×名。

科技创新政策加速落实。编制出台了《××新区产业发展规划（20××~20××）》，推动"××"主导产业跨越发展；出台了《××新区"××行动"计划暨推动企业上市挂牌实施方案》《××新区推进企业上市挂牌若干措施》等政策措施，推动辖区企业扩大融资渠道；出台了《××新区扶持民营经济加快发展的政策意见》《××新区关于加快工业发展的奖补政策》等政策，推进科技服务体制机制进一步完善；出台了《××新区关于进一步加快创新引领高质量发展的若干措施》，推动深入实施创新驱动发展战略。同时推行"揭榜挂帅"制度，建立"新区—新城—企业"联动体制和科技创新考核指标体系，推进生产力要素平台建设，助力科技成果转化落地。

第二节　发展形势

当前，世界百年未有之大变局加速演进，国内外环境正在发生深刻复杂变化，新一轮科技革命和产业变革演进迭代的速度前所未有，国际科技竞争的挑战前所未有，科技创新的重要地位前所未有，科技创新发展面临新机遇新挑战。面对错综复杂的国际国内环境，以×××为核心的党中央高瞻远瞩、审时度势，把科技创新摆到了前所未有的战略高度。

×××来×考察重要讲话的指示精神为新区科技创新发展指明了前进方向和发展路径，国家实施共建"一带一路"、推进××大开发形成新格局、建设××——××国家区域科创中心、建设××国家中心城市等国家重大政策机遇叠加，为××新区高质量发展提供了难得的发展机遇。

××深入贯彻×××来×考察重要讲话的指示精神，认真贯彻落实党中央、国务院重大决策部署，深入实施创新驱动发展战略，坚持"四个面向"，深化"两链"融合发展，启动建设×××创新驱动平台，力求把×××打造成全省创新驱动发展的总源头和总平台。××新区是×××创新驱动平台的总窗口，具有促进×××城市新中心快速发展，引领全省科技创新和"两链"融合，成为全省创新驱动示范窗口的显著优势。

站在新的历史起点，××新区必须坚持创新第一动力，落实省委省政府建设×××创新驱动平台重大部署，着力推动创新链产业链深度融合、强化企业技术创新主体地位、提高创新创业生态体系整体效能，将×××总窗口的新机遇新优势内化为支撑新区更好发挥创新城市发展方式试验区综合功能的核心驱动力，推动××新区成为全省高质量发展的重大引擎，奋力谱写追赶超越发展新篇章。

第二章 指导思想和发展目标

第一节 指导思想（略）

第二节 基本原则（略）

第三节 发展目标（略）

第三章 建设×××创新驱动平台总窗口

第一节 打造以×××"三器"为主的产业引领格局（略）

第二节 建设以"三支队伍"为主的科技人才队伍（略）

第三节 增强以协同创新为主的总窗口示范效应（略）

第四节 支持××科技创新港建设（略）

第四章 建设"点—线—面"科创载体体系

第一节 打造国内一流的"双创"载体（略）

第二节 打造高品质科技产业园区（略）

第三节 融入"一总两带"×××建设总格局（略）

第四节 增强科创载体运作能力（略）

第五章 建设企业技术创新主体

第一节 打造国企创新中心2.0版（略）

第二节 实施科技型企业"××"工程（略）

第三节 实施科技型企业"××"工程（略）

第四节 实施科技型企业"××"工程（略）

第五节 培育壮大科技服务企业群体（略）

第六章 建设科技创新服务体系

第一节 提高科技金融量能（略）

第二节　搭建科技成果转化平台（略）

第三节　搭建创新创业平台（略）

第四节　发展技术交易市场服务（略）

第七章　优化政府科技管理职能

第一节　构建新区科技计划体系（略）

第二节　完善科技政策体系（略）

第三节　强化创新开放合作职能（略）

第四节　提高科技管理干部队伍素质（略）

第八章　保障措施

第一节　加强党对科技创新的全面领导（略）

第二节　强化科技规划协同（略）

第三节　落实要素保障（略）

第四节　提升全民科学素质（略）

第五节　加强监测与评价（略）

范例2

××省制造业高质量发展"×××"规划

前言

×××指出，制造业是国家经济命脉所系，是立国之本、强国之基，要加快建设制造强国，把制造业高质量发展作为主攻方向，促进我国产业迈向全球价值链中高端。××是我国制造业发展的排头兵，中国制造要实现高质量发展，××责任重大。推动××制造业高质量发展，对提升制造业核心竞争力、占领产业发展制高点、保持经济持续健康发展、满足人民美好生活需要具有重要意义。

省委、省政府高度重视制造业高质量发展，坚持制造业立省不动摇，加快建设制造强省。"×××"时期，是推动制造业高质量发展的关键期，也是产业进入全面工业化、深度工业化的攻关期。为适应新时期迈向更高质量发展阶段、发展更高层次开放型经济的要求，迫切需要巩固提升制造业在全省经济中的支柱地位和辐射带动作用，顺应高端化、智能化、绿色化发展趋势，加快全省制造业从数量追赶转向质量追赶、从要素驱动转向创新驱动、从集聚化发展转向集群化发展，积极参与构建以国内大循环为主体、国内国际双循环相互促进的新发展格局，全面提升产业基础高级化和产业链现代化水平，加快建设现代产业体系。

根据省"×××"规划编制工作部署，《××省制造业高质量发展"×××"规划》（以下简称《规划》）纳入省"×××"重点专项规划，作为"×××"时期推动全省制造业高质量发展的重要指引性文件。本《规划》的编制，主要依据《中共中央关于制定国民经济和社会发展第××个五年规划和20××年远景目标的建议》《中华人民共和国国民经济和社会发展第××个五年规划和20××年远景目标纲要》《×××区发展规划纲要》《中共××省委关于制定××省国民经济和社会发展第××个五年规划和20××年远景目标的建议》《××省国民经济和社会发展第××个五年规划和20××年远景目标纲要》《关于推动制造业高质量发展的意见》《关于培育发展战略性支柱产业集群和战略性新兴产业集群的意见》，以及国家发展改革、科技、工业和信息化等部门有关制造业发展及要素配置等政策文件。

《规划》提出高起点谋划发展战略性支柱产业、战略性新兴产业以及未来产业，战略性支柱产业是××制造稳定器，包括新一代电子信息、绿色石化、智能家电、汽车、先进材料、现代轻工纺织、软件与信息服务、超高清视频显示、生物医药与健康、现代农业与食品；战略性新兴产业是××制造推进器，包括半导体及集成电路、高端装备制造、智能机器人、区块链与量子信息、前沿新材料、新能源、激光与增材制造、数字创意、安全应急与环保、精密仪器设备；未来产业包括卫星互联网、光通信与太赫兹、干细胞等。《规划》着力推动产业由集聚化发展向集群化发展转变，深入实施制造业高质量发展"六大工程"，打造先进制造业基地、制造业创新集聚地、开放合作先行地、发展环境高地，加快实现从制造大省到制造强省的历史性转变，推动××打造新发展格局的战略支点，努力在全面建设社会主义现代化国家新征程中走在全国前列、创造新的辉煌。

第一章　发展现状和发展趋势

第一节　发展现状（略）

第二节　发展趋势（略）

第二章　总体要求

第一节　指导思想（略）

第二节　基本原则（略）

第三节　发展定位（略）

第四节　主要发展目标（略）

> **第三章　发展重点方向**
> 　　第一节　巩固提升战略性支柱产业（略）
> 　　第二节　前瞻布局战略性新兴产业（略）
> 　　　第三节　谋划发展未来产业（略）
> 　　　　**第四章　重大工程**
> 　　第一节　实施强核工程，完善制造业协同创新体系（略）
> 第二节　实施立柱工程，打造具有国际竞争力的产业集群和企业群（略）
> 　第三节　实施强链工程，推动制造业迈向全球价值链中高端（略）
> 　　第四节　实施优化布局工程，完善制造业高质量发展区域布局（略）
> 　　　第五节　实施品质工程，提升××制造竞争力和影响力（略）
> 　　　第六节　实施培土工程，塑造制造业发展环境新优势（略）
> 　　　　　**第五章　保障措施**
> 　　　　　第一节　强化组织领导（略）
> 　　　　第二节　加强跨地区跨部门支持协作（略）
> 　　　　　第三节　创新产业集群治理机制（略）
> 　　　　　第四节　加强规划落实和宣贯引导（略）
> 附件1　"×××"时期全省制造业总体空间布局图（略）
> 　　　"十大"战略性支柱产业布局（略）
> 　　　"十大"战略性新兴产业布局（略）
> 附件2　规划环境影响说明（略）

4.2　计划

4.2.1　计划的认知

4.2.1.1　计划的定义

计划是机关、团体、企事业单位对一定时期的工作预先作出安排时使用的一种文体。简而言之，计划是行动的先导，是工作之前用文字形式拟制的工作内容和步骤。其目的是做到事先心中有数，减少盲目性。

4.2.1.2 计划的特点

计划具有表 4-5 所示的特点。

表 4-5　计划的特点

序号	特点	具体说明
1	预见性	不是对已经形成的事实和状况的描述,而是在行动之前对行动的任务、目标、方法、措施所作出的预见性确认,以上级指示为指导,以本单位实际条件为基础、以过去的成绩和问题为依据
2	可行性	在客观把握实际情况的基础上,目标要有实现的可能性,不可过高或过低,防止挫伤积极性或过于保守
3	针对性	计划是根据单位的实际情况和要求制订出来的,并在实施过程中有可能根据情况变化对计划进行局部修改
4	约束性	计划、方案虽不是法规,但一旦通过了,各方都要照着去做

4.2.1.3 计划的分类

计划的种类有很多,我们可以按计划的重要性、时间界限、内容的明确性等标准对计划进行划分,所得到的计划类型并不是相互独立的,而是密切联系的。

（1）按计划的重要性划分

根据重要程度,可将计划分为表 4-6 所示的两种。

表 4-6　计划按重要性分类

序号	类型	具体说明
1	战略计划	应用于整体组织、为组织设立总体目标和寻求组织在环境中的地位而制订的计划称为战略计划。战略计划通常包含长久的时间间隔,通常为五年甚至更长,它覆盖较宽的领域或不规定具体的细节。战略计划的一个重要任务是设立目标
2	作业计划	规定总体目标如何实现的细节计划称为作业计划。作业计划假定目标已经存在,只是提供实现目标的方法

（2）按计划的时间界限划分

按时间界限的不同,可将计划分为表 4-7 所示的两种。

表 4-7　计划按时间界限分类

序号	类型	具体说明
1	长期计划	描述了组织在较长时期(通常五年以上)的发展方向和方针,规定了组织的各个部门在较长时期内从事某种活动应达到的目标和要求,绘制了组织长期发展的蓝图

续表

序号	类型	具体说明
2	短期计划	具体规定了组织的各个部门在目前到未来的各个较短的时期阶段，特别是最近的时段中，应该从事何种活动，以及从事该活动应达到何种效果，为各组织成员的行动提供了依据

（3）按计划内容的明确性划分

根据计划内容的明确性指标，可将计划分为表4-8所示的两种。

表4-8　计划按内容的明确性分类

序号	类型	具体说明
1	具体性计划	具有明确的目标。例如，企业销售部经理为了使销售额在未来6个月内增长15%，会制定明确的程序、预算方案以及日程进度表，这便是具体性计划
2	指导性计划	只规定某些一般的方针和行动原则，给予行动者较大的自由处置权。该类计划仅指出重点，但不会把行动者限定在具体的目标上或特定的行动方案上。例如，一个增加销售额的具体计划可能规定未来6个月内销售额要增加15%，而指导性计划则可能只规定未来6个月内销售额要增加12%~16%。相对于指导性计划而言，具体性计划虽然更易于执行、考核及控制，但缺乏灵活性，它要求的明确性和可预见性往往很难满足

4.2.1.4　计划的结构

计划主要由标题、正文、落款组成，如表4-9所示。

表4-9　计划的组成

序号	组成	具体说明
1	标题	标题主要由以下几种形式： （1）由"单位名称+时间期限+内容范围+文种"组成，如"××大学20××年度教学改革计划" （2）由"时间期限+内容范围+文种"组成，如"20××年度教学改革计划" （3）由"单位名称+内容范围+文种"组成，如"××大学教学改革计划" （4）由"单位名称+时间期限+文种"组成，如"××大学20××年度计划" （5）由"内容范围+文种"组成，如"业务考核计划" 如果计划尚未定稿，应在标题之后加括号写上"草稿""征求意见稿""草案""初稿"或"讨论稿"等
2	正文	计划的正文通常由前言和主体组成： （1）前言。前言是正文的第一段，通常会用简明扼要的文字阐明制订计划的指导思想、依据和缘由。在制订计划的时候，其依据主要是上级文件或指示精神，以及本单位的实际情况和工作需要。此外，前言还包括计划的总任务、情况分析等。简言之，前言就是计划的纲要，切忌冗长，言简意赅、点到为止即可

续表

序号	组成	具体说明
2	正文	（2）主体。主体就是计划的主干部分，主要用来表述计划的具体内容，是计划写作的核心。这部分要求写得周密清楚、简洁而有条理。计划的主体又分为三个部分，即目标与任务、措施与步骤、结语 第一，目标与任务。提出工作事项及要达到的数量、质量要求，先写总目标、总任务以及完成时限，然后再分别写各项的具体任务。目标的制定要切合实际，必须是在科学地分析之后，在自己的能力范围内制定出来的，而不是主观臆造出来的 第二，措施与步骤。措施是实施计划的具体做法，这部分主要是为了保证目标以及任务的落实。如果没有具体的措施来保障计划的顺利实施，那么任何计划都会落空。措施包括采取什么样的工作方法，安排多少人力、物力，预估实施过程中遇到的困难，以及相应的解决措施等。这些措施和办法并不是凭空想象出来的，而是基于现状的分析，对可行性的切实估计。制定的措施要具体，分工要明确，步骤要井然有序，条理要清楚，这些都是写作的关键所在 第三，结语。计划的结尾并没有固定的格式，它可以提出检查办法、执行希望或者补充说明等。有些计划也可以不写结尾
3	落款	通常会在正文的右下方标注制发计划单位的名称，然后在单位名称的下方标明制订日期。如果是当作文件外发的话，还要加盖公章。如果单位名称已经在标题中出现过，那么在落款时可以省略

4.2.2 计划的写作

4.2.2.1 计划的写作要求

计划的写作要求如表 4-10 所示。

表 4-10 计划的写作要求

序号	写作要求	具体说明
1	要从实际出发，量力而行	制订计划要有实事求是的精神和科学的态度，要正确处理可行性与科学性的关系。所确定的目标任务、措施办法应合乎本单位、本部门的实际，提出的指标是经过努力可以实现的，措施办法是切实可行的。要做到这些，制订计划前一定要做好充分的调查研究，多方面了解情况；坚持走群众路线，广泛征求基层和群众意见，发扬团队精神，集思广益，增强计划的可行性；坚持自下而上、自上而下相结合的工作方法，增强计划的科学性
2	要突出重点，主次分明	一段时间或一个时期要做的事情、要完成的任务、要实现的目标很多，对于中心工作是什么，重点任务是什么，先做什么，后做什么，必须有一个全面清醒的认识和周密的考虑。在制订计划时，要做到主次分明，有先有后，有条不紊，否则，主次不分，轻重倒置，会影响计划的顺利执行、目标的最终实现
3	表达要力求具体、明确	计划的目标要明确，措施要具体，步骤要清楚，这样才有利于计划执行者明确工作的方向，也有利于计划的实施。计划在写作时，一般不过多议论，不叙述过程，多用概述、说明等表达方式

4.2.2.2　计划的写作模板

_____计划

_____
_____
_____（指导思想和基本情况）。
_____
_____（任务、目标、措施、步骤）。

_____（署名）
_____（日期）

4.2.2.3　计划的写作范例

范例3

××街道20××年下半年工作计划

20××年以来，××街道党工委、办事处坚持以××××思想为指导，认真贯彻党的××大精神和省委、省政府推进高质量发展实现赶超及市委、市政府、区委、区政府各项决策部署，加强领导，强化责任，勇于担当，狠抓落实，确保经济社会各项事业持续健康发展。下一步，街道将进一步强化担当，全力做好以下几项工作。

（一）确保实现经济指标任务。积极走访服务辖区重点企业和院校建设项目，加强指标协调调度，加大协税护税，确保完成全年目标。拓宽招商引资渠道，加密跟踪现有招商线索，努力引进优质企业，主动谋划对接生成新项目。做好存量企业服务，促进企业做大做强，力争新增和提升一批限额以上商贸企业和规模以上服务业企业，增强发展后劲。

（二）加快实施重大民生工程。积极配合××指挥部，加快推进危旧房零星旧改，力争年底前完成征迁。按照区政府统一安排，开展旧住宅小区综合整治和提升工作。继续配合推进×××路面硬化和绿化提升，加强黑臭水体综合整治。对接保洁服务公司，探索垃圾分类工作机制，提升工作实效。持续推进××街综治整治提升，加强两违巡查整治，实现城市精细化管理，打造宜居环境。

（三）全面发展社会事业。完成街道迷你博物馆的建设装修并向居民开放。整合辖区高校资源，创新街道社区学院办学模式，打造居民终身教育平台。扎实推进城乡社区治理标杆社区和达标社区创建工作。积极推进科普益民社区计划，继续办好××社区和××社区"四点钟学校"。扎实推进全民参保扩面工作，认真做好下岗失业人员就业服务，加强失独家庭、困难家庭、残疾人、高龄老人等特殊群体关爱帮扶，增强群众获得感。

（四）切实维护社会稳定。完善"五微"社会治安防控体系，健全群防群治机制，继续抓好扫黑除恶专项斗争行动。持续推进信访积案化解，加强矛盾纠纷排查化解，有效防范突发事件，做好重要时期安保维稳工作，确保社会稳定。持续开展安全生产、消防安全和道路安全隐患专项整治行动，加快推进自建房安全隐患整治，逐步推进消防设施建设，保障群众生命财产安全。

（五）扎实推进作风建设。强化政治建设，加强思想政治学习，引导干部增强"四个意识"、坚定"四个自信"、做到"两个维护"。认真履行全面从严治党主体责任，持续开展党员干部党风廉政教育，强化干部监督管理，规范干部履职行为，打造忠诚干净担当的干部队伍。加强机关效能建设，进一步提振干部干事创业精气神。

××区人民政府××街道办事处
20××年××月××日

范例 4

2023年××有限责任公司年度工作计划

一、2022年度工作回顾与分析

（一）人事部工作业绩与失误（略）

（二）财务部工作回顾（略）

（三）采购配送部工作分析（略）

（四）生产部工作得失分析（略）

（五）技术工程部工作分析（略）

（六）销售部工作分析（略）

（七）售后服务部工作分析（略）

二、2023年公司总体工作计划

经过×年的发展壮大，公司已经遇到了瓶颈，公司业务不断扩大，但是本地区市场基本饱和，公司的业务已经处于临界点，2023年需要广大员工和各部门领导共同为公司的发展做进一步努力。通过回顾2022年公司各部门的工作情况，分析公司发展中目前存在的制约因素，制订了2023年工作计划，望各部门予以认真学习、贯彻和落实。

（一）进一步完善公司管理组织框架

1. 拆分人事部为后勤部和人力资源部，细化部门分工。（略）

2. 建立公司内部纵横沟通机制，融洽公司内部各部门关系。（略）

3. 拆分采购配送部为采购部和物流配送部。（略）

4. 细化技术工程部内部部门设置。（略）

项目负责人：

第一负责人，现任人事部经理×××；协同负责人，现任人事部经理助理×××。

（二）实施人才储备计划

1. 根据2022年人才缺口，做好人才招聘计划。（略）

2. 在各部门内部选调员工参加提高培训活动。（略）

3. 建立部门与本科、专科院校的对口就业计划。（略）

项目负责人：

第一负责人，人力资源部未来部门负责人；协同负责人，人力资源部未来部门负责人助理。

（三）进一步改善薪酬管理、福利激励制度

1. 结合公司组织框架及各岗位工作，分析设置员工薪资等级计划。（略）

2. 员工薪资等级计划在2023年4月底前报总经理、财务部审核。（略）

（四）完善并运行公司效绩评价体系

1. 根据2022年绩效考核优缺点完善公司绩效考核制度。（略）

2. 完善员工福利制度。（略）

3. 制定并试行激励政策。（略）

项目负责人：

第一负责人，人力资源部未来部门负责人，财务部经理×××；协同负责人，财务部经理助理×××。

（五）整顿采购、物流部门人员配置制度（略）

项目负责人：

第一负责人，人力资源部未来部门负责人，物流配送部未来部门负责人，采购部未来部门负责人；协同负责人，人力资源部未来部门负责人助理。

（六）各岗位员工培训计划

1. 邀请高校知名教授演讲。（略）
2. 组织在职员工参加岗位技能提高训练活动。（略）
3. 开展技能竞赛奖励活动。（略）
4. 加强新人实习培训。（略）
5. 组织员工参加素质提高会议。（略）
6. 组织员工赴其他公司访问、参观。（略）

项目负责人：

第一负责人，人力资源部未来部门负责人，生产部负责人；协同负责人，人力资源部未来部门负责人助理。

（七）销售部开拓全国市场计划

1. 采集全国各地市场需求信息。（略）
2. 制作产品价格调整计划。（略）
3. 制作竞争形势分析表。（略）
4. 制作市场进入渠道开发计划。（略）

项目负责人：

第一负责人，销售部经理；协同负责人，销售部经理助理。

（八）加强售后服务人员素质提高培训力度

1. 制订售后人员礼仪培训计划。（略）
2. 对售后服务人员分批进行礼仪培训。（略）
3. 考核售后服务人员技能，实行优胜劣汰竞岗制。（略）

项目负责人：

第一负责人，人力资源部未来部门负责人，售后服务部经理×××；协同负责人，人力资源部未来部门负责人助理。

（九）加强企业文化建设与宣传

1. 员工行为文化建设。

（1）举办企业文化培训班。（略）

(2）举办各种文体活动。（略）

(3）奖励优秀员工，树立典型。（略）

2. 理念文化建设。

(1）塑造员工价值观，培养员工民主意识。（略）

(2）提炼公司企业文化核心内涵。（略）

(3）建立企业文化考评制度。（略）

××有限责任公司
20××年××月××日

4.3 安排

4.3.1 安排的认知

4.3.1.1 安排的定义

安排是短期内作出的范围不大、内容单一且布置具体的一类计划。换句话说，对某一时期的工作或活动有条理地作出规划、布置，或就其主要内容和形式、方法等提出切实可行的方案时，往往用"安排"这一文种。

4.3.1.2 安排的特点

安排具有表 4-11 所示的特点。

表 4-11 安排的特点

序号	特点	具体说明
1	内容单一	安排中的事项一般比较单一，往往局限于某一项活动、工作内容。有的安排虽然同时针对几项不同的事情，但基本是围绕同一中心工作进行的，而且所安排事项的内容表达，大多数是单一的
2	措施具体	安排的措施比较具体，更加切合实际，实施过程中一般变动较小
3	时间较短	安排的时间要求比较短，有的为"日"安排，有的为"周"安排，有的为"月"安排

续表

序号	特点	具体说明
4	简明扼要	安排的内容应当简明扼要，把所要安排的工作列清，把要求、措施讲明

4.3.1.3 安排的分类

安排的类型有很多，如学习安排、生产活动安排、会议日程安排等不同内容的安排；也有部门制定的安排、单位制定的安排、班组制定的安排等在不同范围使用的安排；还有日安排、周安排、月安排等不同时期的安排。但就其表现形式而言，安排只有两种常见的类型，即条款式安排和表格式安排，如表 4-12 所示。

表 4-12 安排的分类

序号	类型	具体说明
1	条款式安排	这类安排的篇幅相对较长，需要逐条逐款地交代清楚具体的措施和要求，以便于受文对象了解和执行
2	表格式安排	这类安排的内容较少，通过表格编排的方式，不仅可以使内容清晰、简单明了，也便于对比查看

4.3.1.4 安排的结构

安排一般由标题、正文和落款三部分组成，如表 4-13 所示。

表 4-13 安排的结构

序号	组成	具体说明
1	标题	安排的标题一般有以下两种形式： （1）由"发文单位＋事由＋文种"组成，如"××企业岗位培训安排" （2）由"事由＋文种"构成，如"放假安排"
2	正文	安排的正文内容简洁明了，首先说明为什么制定此安排，常使用"为了（或根据）……做以下安排（特安排如下）"的句式；然后直接说明安排的内容
3	落款	在安排正文的右下方写明制定安排的单位或个人名称，然后换行写上成文日期。若单位名称已在标题里出现，此处则可省略

4.3.2 安排的写作

4.3.2.1 安排的写作要求

安排的写作要求如表 4-14 所示。

表 4-14　安排的写作要求

序号	写作要求	具体说明
1	与"计划"文种区分开	要和"计划"这类文种区分开，不能混用。可以从适用时限长短、程序详细周密程度、事项内容繁简程度来考虑，以免错用文种
2	开宗明义，简明扼要	安排的写作要开宗明义，不要大谈意义，应直截了当地进入正文，交代措施和要求
3	事项明了，条理清楚	安排事项要突出重点，文字要简练，条理要清楚，语气要肯定
4	措施具体，符合实际	安排措施要具体、切合实际，切忌泛泛而谈

4.3.2.2　安排的写作模板

```
            _____安排

    _____
    _____（目的、依据）。
    _____
    _____（安排事项）。
    _____
    _____（要求、措施）。

                        _____（署名）
                        _____（日期）
```

4.3.2.3　安排的写作范例

范例 5

××有限公司月度盘点工作安排

经公司总经理同意，于××月××～××日对公司所有的成品、半成品、库存材料、零部件及低值易耗品等物品进行全面澄清摸底。为了保证清库工作的及时性、准确性和真实性,特对清点工作安排如下。

一、盘点人员一定要遵守清库工作安排,逐物逐件如实盘点、记录,不得遗漏。

二、盘点人员要发扬吃苦耐劳的精神,不怕脏,不怕累。

三、盘点人员要作风正派,一身正气,一定要对自己负责,对公司负责。

四、监督指导人员要不定时对清库工作进行监督抽查,严格按清库工作安排办事,做到有布置、有检查、有落实,善始善终。

五、盘点人员一定要将报废或可利用的成品、半成品、库存材料、零部件等物品,另行单列盘点。

六、对清库工作中出现弄虚作假或不服从工作安排的清库人员,严格按照相关制度予以处理;对清库中不负责任和不认真工作的清库人员,年底考核应扣除涉及月度全部奖金。

七、盘点时间、人员统一调度安排,盘点完毕汇总后将盘点记录交到清库领导小组签字核实。

八、盘点期间,各部门积极配合,以做到及时、准确、无误。

参加盘点的人员一律照章执行,各司其职,各负其责,努力做好这次盘点工作,为下半年工作打好坚实基础(提出要求)。

20××年××月××日

范例6

2022～2023学年第一学期寒假、第二学期开学初高中部重点工作安排

周次	时间	工作项目	处室	负责人	备注	
					地点	参加人
寒假	1月11日(周三) 15:50～16:30	散学典礼	高中学生处	王××	线上	高一、高二年级教师、学生
	1月15日(周日)	寒假开始放假				

续表

周次	时间		工作项目	处室	负责人	备注	
						地点	参加人
开学初	2月4日（周六）	8:00	行政教辅开始上班				
		上午	新学期课表查询	高中教学处	郭××	高一、高二教学系统	高一、高二年级全体师生
		9:00～17:30	新学期行政干部会议	校办	姜××	C628会议室	初、高中两部行政干部
	2月5日（周日）	8:00开始	住宿生开始办理住宿	高中学生处	林××	住宿办公室	生活老师和住宿生
		8:30～12:00	全校教职员工大会	校办	秦××	新校区体育馆	初、高中两部教职员工
		8:00～17:00	新学期教师教材领取	信息技术部	张××	图书馆教材室	相关人员
		14:00～15:00	班主任会议	高中学生处	王××	B203学术报告厅	新校区班主任
			教室卫生清洁	高中学生处	各班主任	各班教室	学生
		15:00～15:45	学生报到、班组集会	高中学生处	各班主任	各班教室	班主任和学生
第一周	2月6日（周一）	7:35～8:20	开学典礼	高中学生处	王××	新校区运动场	新校区全体师生
		10:30～12:00	科组长会议	高中教学处	郭××	C628会议室	相关人员
	2月7日、9日（周二、周四）		2022～2023学年第一季期末考试	高中教学处	郭××	各班教室	高考方向高一、高二学生，国际部高一学生
	2月8日（周三）	9:00～11:30	校长办公室	校长室	朱××	C602会议室	全体校级领导
	2月10日（周五）	9:00～11:00	教育教学联席会	校办	宋××王××	C602会议室	校领导、教学处正副主任、学生处正副主任、各年级主任

××中学
20××年××月××日

4.4 方案

4.4.1 方案的认知

4.4.1.1 方案的定义

方案是专业性较强的专项工作的比较全面、周密、具体的计划。方案是计划性公文的一种,主要适用于对比较复杂的工作作出全面详细的部署。

4.4.1.2 方案的特点

方案具有表 4-15 所示的特点。

表 4-15 方案的特点

序号	特点	具体说明
1	指导性	虽然方案是对某一事项具体的、细致的计划,但仍然是计划,是对未发生事情的预测性规划。所以在工作中具有指导性,行文对象要根据方案内容来具体安排工作活动
2	繁复性	方案是计划性公文中最繁复的一种,要对工作中的细枝末节和工作过程中可能出现的具体情况作出预测和制定措施,比其他的计划性公文复杂、细致得多
3	单一性	方案最大的特色就是单一性,它是针对具体的某一项工作或活动作出的,只适用于完成这项工作或活动,对其他的工作或活动没有任何作用

4.4.1.3 方案的分类

按照使用范围不同,方案可分为表 4-16 所示的几类。

表 4-16 方案的分类

序号	类型	具体说明
1	工作部署方案	即工作方案,这是领导机关用于部署某项工作而发布的周到周密的指令性计划和要求,也是当前党政机关使用较多的文种,如"进一步深化中国(天津)自由贸易试验区改革开放方案""××省推进电子商务与快递物流协同发展实施方案"等
2	活动策划方案	即活动方案,这是开展某项重大社会活动(如文化、体育、旅游、经贸、企业开业等活动)之前,为保证活动圆满举行,由主办方或者委托的有关方拟订的策划方案,适用于所有机关单位团体,如"××集团成立庆典方案""××市广场舞大赛活动方案"等

续表

序号	类型	具体说明
3	会议组织方案	即会议方案，这是召开大中型会议前，为保证会议的顺利举行，由会议承办单位（部门）拟订的会务工作方案，适用于所有机关单位团体，如"××五方信息工作会方案""全国秘书工作论坛会务工作方案"等

4.4.1.4 方案的结构

方案一般由标题、正文和落款三部分组成，如表4-17所示。

表 4-17　方案的结构

序号	组成	具体说明
1	标题	方案的标题一般由"发文机关＋事由（会议名称）＋文种"构成，有些情况下也可省略发文机关
2	正文	方案的正文包括开头、主体和结尾三部分。在正文开始写作之前，可以写明方案的送达机关，顶格书写在标题左下方。如果需要送上级机关批示，就写该上级机关的名称；如果需要下级机关知晓或发给与会机关，则要写明下级机关或与会机关的名称 （1）开头说明方案的"指导方针""总体设想" （2）主体的内容包括"主要目标""实施步骤"和"政策措施"三项 （3）要根据方案的性质确定具体的结尾写作方法。当下级机关请示上级机关时，其结尾语类似于请示报告，如"以上方案，当否，请批示"
3	落款	落款处签署发文机关、日期，一般签署在正文右下方。但是有些方案会用括号将日期标注在标题下方。发文机关在标题中标明的，不在结尾处落款

4.4.2 方案的写作

4.4.2.1 方案的写作要求

方案的写作要求如表4-18所示。

表 4-18　方案的写作要求

序号	写作要求	具体说明
1	内容细致，要求明确	方案的行文对象非常具有针对性，就是具体实施方案的人员，所以方案的内容必须细致、具体，要求明确，措施详细，重点突出。这样才能使行文对象明白接下来的工作中应该重点做什么，应该注意避免出现什么情况

续表

序号	写作要求	具体说明
2	语体要明确、得体、平实、严密	（1）明确是指方案中的语言要清楚明白、准确无误 （2）得体是指语气运用要得体。方案中多使用陈述性语气，提醒行文对象郑重严肃地对待方案 （3）平实是指语言要平直、朴素。方案写作中，多用叙事和说明，不能出现议论和渲染 （4）严密是指方案上下文表意要周密，过渡要合理，结构要完整，前后内容要相照应

4.4.2.2 方案的写作模板

```
_____方案

_____
_____（制定方案的依据、目的，或者制定方案的背景）。
_____
_____（目标和任务、措施和办法、步骤和时间、检查和督促等要素）。
_____（提出要求）。

                                    _____（署名）
                                    _____（日期）
```

4.4.2.3 方案的写作范例

范例7

××区土地环境预评估工作实施方案

为有效控制政府土地出让纠纷与环境风险，提前发现环境问题，及时做好源头防控，特制定土地环境预评估工作实施方案如下。

一、实施范围

（一）拟公开出让、划拨地块。

（二）拟收储地块。

二、预评估内容

（一）拟公开出让、划拨地块环境预评估内容。

拟公开出让、划拨地块环境预评估报告（以下简称报告）根据开发方向对地块进行环境调查分析，评价环境可行性。报告编写可参照《土地出让前环境预评估报告编制大纲》（附件1）。

1. 原地块土壤污染问题。重点行业和其他需要开展场地土壤污染状况调查评估的用地应按照《××市环境保护委员会办公室关于印发〈××市污染地块环境监管试点工作方案〉的通知》（×环委办〔20××〕××号，附件2）、《××市××区人民政府关于印发××区土壤污染防治行动计划实施方案的通知》（××府函〔20××〕××号，附件3）和《土壤环境状况调查评估指引》（附件4）等要求开展场地土壤污染状况调查评估。

2. 开发地块的外环境噪声（包括交通噪声、工业噪声等）、废气污染问题。

3. 开发地块的外环境风险隐患问题。

4. 饮用水源保护区制约问题。

5. 其他环境问题。

（二）拟收储地块环境预评估内容。

拟收储地块环境预评估报告根据开发方向对地块进行环境分析评价，评价环境可行性。报告编写可参照《土地出让前环境预评估报告编制大纲》。拟建内容未确定的，可简化内部影响分析。

土地收储前，土地不动产权利人（土地使用权人）应结合原土地使用状况，按照×环委办〔20××〕××号、××府函〔20××〕××号和《土壤环境状况调查评估指引》等要求开展场地土壤污染状况调查评估。该部分资料及分析结论可引用于拟收储地块环境预评估的土壤污染状况分析。

三、实施程序

（一）土地出让前环境预评估。（略）

（二）土地收储前环境预评估。（略）

四、部门分工

（一）市自然资源局××分局负责牵头开展全区拟出让土地环境预评估及拟收储土地环境预评估工作；负责出具区域控制性详细规划和地块初步规划设计条件。

对于已纳入政府储备的建设用地，市自然资源局××分局作为主体负责实施；对于未纳入储备的地块，由原土地不动产权利人（土地使用权人）负责实施；地块所属镇（街道）及相关部门给予全力配合和支持。

（二）市生态环境局××分局负责牵头组织区土地招标拍卖挂牌联席会议相关成员单位开展报告联合审查工作。监督指导本行政区域疑似污染地块和污染地块的调查评估、治理修复和效果评估工作，按照环评审批权限落实污染地块的环境准入管理。

附件：1.土地出让前环境预评估报告编制大纲

2.××市环境保护委员会办公室关于印发《××市污染地块环境监管试点工作方案》的通知（×环委办〔20××〕××号）

3.××市××区人民政府关于印发××区土壤污染防治行动计划实施方案的通知（××府函〔20××〕××号）

4.土壤环境状况调查评估指引

××市××区人民政府办公室
20××年××月××日

范例 8

××股份有限公司首届职工运动会总体方案

（20××年××月××日）

一、运动会目的

进一步活跃公司员工的文化生活，加强公司精神文明建设和文化建设，激发公司全体干部职工发展创业的激情。

二、运动会主题

积极进取、勇创一流。

三、大会组织机构及职责

（一）大会组织××会名单

主任：×××；副主任：×××、×××；总裁判：×××；裁判：×××、×××、×××。

（二）大会仲裁××会

1. 人员名单

主任：×××；成员：×××、×××。

2. 职责

处理各种书面抗议及申诉，终审裁决竞赛纠纷；对规则和规程未曾涉及的问题作出裁决；对比赛中遇到的突发问题，在保证比赛顺利进行的情况下，向主裁判提出改进意见。

（三）大会资格审查组

1. 人员名单

主任：×××；成员：×××、×××、×××。

2. 职责

负责运动员参赛资格审查工作。

（四）组委会办事机构及成员名单、成员职责

1. 活动组

组长：×××；成员：×××、×××、×××、×××。

职责：负责大会开闭幕式策划、筹备、组织、彩排活动；负责运动会经费预算，印制奖状，购置奖品。

2. 竞赛组

组长：×××；成员：×××、×××、×××、×××、×××、×××。

职责：负责运动员报名事宜，编制运动会秩序册；准备比赛使用的各类表格，收集、统计各部（组）的记录，安排比赛器材；培训运动会各项目裁判员；处理竞赛过程中有关技术性突发事件。

3. 宣传组

组长：×××；成员：×××、×××、×××。

职责：负责运动会标、横幅及运动环境布置；审核开闭幕式演出节目；负责运动会摄影、摄像工作；负责运动会宣传报道工作。

4. 裁判组

组长：×××；成员：×××、×××、×××。

职责：维护赛场上的公正公平，保证各竞赛项目按规程顺利完成。

5. 后勤组

组长：×××；成员：×××、×××、×××。

职责：负责运动会所需物资的采购、供应；准备参赛人员及出席运动会领导伙

食和现场饮品；负责运动会进行中伤病员的急救、护理等医务工作；负责运动会期间安全保卫工作及竞赛过程中秩序的维护。

四、运动会时间、地点

拟定于××月××日至××日在××体育场举行。

五、比赛项目（略）

六、比赛方法

见附件（略）

七、参赛单位

各办公室成立独立××××队。

八、运动会程序

1. 开幕式（略）

2. 各项目按照流程表比赛（略）

3. 闭幕式（略）

九、奖励方法（略）

附件：1. ××股份有限公司首届职工运动会总章程（略）

2. ××股份有限公司首届职工运动会单项规程（略）

4.5　工作要点

4.5.1　工作要点的认知

4.5.1.1　工作要点的定义

工作要点是针对未来一个时期工作的简明扼要安排，多用于领导机关对下属单位布置工作和交代任务。从性质上说，属于事务公文中计划的一类，是应用写作中的一种文种。

4.5.1.2　工作要点的特点

工作要点属于粗线条计划，除了具有计划的某些特点外，还有表4-19所示的几个方面特点。

表 4-19　工作要点的特点

序号	特点	具体说明
1	内容集中，具有针对性	工作要点要集中反映工作计划中最重要的部分，精练、概括、简明扼要，针对性强
2	行文灵活，约束性不强	工作要点可根据实际需要增删取舍，灵活变换。层次之间可以跳跃，思路允许有跨度，格式不求十分完备
3	时间上有模糊性	工作要点的时限要求不十分具体，因此显得模糊、抽象，多为罗列工作的内容要点，而不详细讲明什么时间、各个阶段干什么

4.5.1.3　工作要点的分类

工作要点按不同的标准可分为不同的类型，如表 4-20 所示。

表 4-20　工作要点的分类

序号	划分标准	具体说明
1	按性质划分	有学习活动安排要点、工作活动安排要点等
2	按范围划分	有部门制定的工作要点，有单位制定的工作要点，有车间班组制定的工作要点等
3	按时期划分	有周工作要点、季工作要点等

4.5.1.4　工作要点的结构

工作要点一般由标题、正文和落款三部分组成，如表 4-21 所示。

表 4-21　工作要点的结构

序号	组成	具体说明
1	标题	由"发文单位＋适用时限＋文种"构成
2	正文	正文分为前言、主体两部分： （1）前言，主要是交代制定工作要点的依据、目的和本单位的基本情况 （2）正文的主体，分条列项，写明工作要点的内容。这部分要根据有关精神和本地、本部门、本系统的工作特点，把能够预见到的主要工作任务以及完成这些任务的标准、方法逐一概要地列出来
3	落款	在正文右下方，写清楚制定工作要点的单位和日期

4.5.2 工作要点的写作

4.5.2.1 工作要点的写作要求

工作要点的写作要求如表 4-22 所示。

表 4-22 工作要点的写作要求

序号	写作要求	具体说明
1	紧扣特征	行文一定要扣紧工作要点的特征,并注意计划和工作要点之间的区别,不要把要点写成计划,也不能把计划写成要点
2	文字要求简洁	工作要点内容要集中,有针对性;文字也要简洁,无须修饰,也不要展开,以求内容和形式的一致

工作要点与工作规划、工作计划的区别

从时间跨度看,工作规划、工作要点、工作计划之间是依次缩小的关系。工作规划一般为三年以上,工作要点一般为一年,工作计划多则一年少则一月一周一事。

从详略程度看,工作规划、工作要点、工作计划之间是依次细化的关系。工作规划的内容最为概括。工作要点则主要就干什么事情、达到什么目标、作出怎样的时间安排加以部署,相对规划要具体一些。工作计划则十分具体细致。比如,同样是对会议的安排,在工作要点中只要说明什么时候召开什么会议、达到什么目的即可,会议计划则要拟制会议的名称、内容、地点、日程、议程、人员、住宿、交通、座次、材料准备和经费开支等许多具体内容与细节。

从衔接关系看,工作规划、工作要点、工作计划之间是依次承接的关系。工作规划的层次最高,涉及的多是战略方针、战略任务、战略布局、战略措施和重大政策等宏观问题。工作要点的层次次之,涉及的多是工作的总体思路与各项主要工作、重要活动的大致安排等中观问题。工作计划的层次最低,涉及的多是具体工作的内容、步骤、程序、要求等微观问题。工作规划依赖工作要点去部署,工作要点依赖工作计划去细化并落实。比如,一个单位的五年规划,就应该是该单位制定的五年内各个年度工作的部署与安排,即工作要点的指南。工作要点制定之后还要制订许许多多的具体工作计划。

> 从可操作性看，工作规划、工作要点、工作计划之间是依次增强的关系。工作规划是对未来工作的目标性安排，是将来要实现的蓝图，缺乏可操作性。工作要点是对年度主要工作的安排，即对将要进行的工作的安排，略具可操作性。工作计划是对当前工作与活动的安排，是要立即付诸行动的，最具可操作性。

4.5.2.2　工作要点的写作模板

```
_____工作要点

_____
_____( 总的目标或要求 )。
_____
_____
_____( 分条列出主要的任务措施和办法等 )。

                              _____( 署名 )
                              _____( 日期 )
```

4.5.2.3　工作要点的写作范例

范例 9

××省深化"放管服"改革优化营商环境20××年工作要点

20××年，全省深化"放管服"改革优化营商环境工作要坚持以××××××思想为指导，全面贯彻落实党的××大和××届历次全会精神，聚焦方便企业群众创业办事，以"一网通办"前提下的"最多跑一次"改革为突破口，深入开展政务服务标准化规范化便利化、持续优化营商环境、××地区双城经济圈"放管服"改革等重点工作，着力培育和激发市场主体活力，打造市场化、法治化、国际化营商环境，不断提升企业群众满意度、获得感，以优异成绩迎接党的××大和省第××次党代会胜利召开。

一、深化"一网通办"前提下的"最多跑一次"改革

（一）持续提升"一网通办"能力。（略）

（二）大力推进"网上办""掌上办"。（略）

（三）深化"一件事一次办"改革。（略）

（四）推进数据按需共享和电子证照应用。（略）

二、推进政务服务标准化规范化便利化

（一）推进服务事项标准化。（略）

（二）推进办事服务规范化。（略）

（三）推进服务方式便利化。（略）

三、持续优化营商环境

（一）开展营商环境对标创新。（略）

（二）推进创新创业。（略）

（三）激发民间投资活力。（略）

（四）提升对外服务水平。（略）

（五）深化公共资源交易平台整合共享。（略）

（六）加强法治化保障。（略）

四、深化××地区双城经济圈"放管服"改革

（一）协同推进一体化政务服务。（略）

（二）协同打造一流市场环境。（略）

（三）建立健全跨区域协同监管机制。（略）

五、不断强化监管效能

（一）健全新型监管机制。（略）

（二）维护市场公平竞争。（略）

（三）规范监管执法行为。（略）

（四）完善社会监督机制。（略）

六、保障措施

（一）强化组织领导。（略）

（二）强化督促问效。（略）

（三）强化宣传引导。（略）

××省人民政府

20××年××月××日

范例 10

××有限公司20××年党建工作要点

20××年是中华人民共和国成立的××周年,也是决胜高水平全面建成小康社会、实现第一个百年奋斗目标的关键之年。公司党建工作的总体思路是:高举××××思想伟大旗帜,深入贯彻党的××大精神,落实新时代党的建设总要求,坚持和加强党的全面领导,增强"四个意识"、坚定"四个自信"、做到"两个维护",坚定不移推进全面从严治党。紧跟中央、省委、集团党委和市委部署,开展"不忘初心、牢记使命"主题教育,推进"两学一做"学习教育常态化制度化,着力实施党建"强基提质"工程,落实"两个责任"。以党的政治建设为统领,努力培育高素质专业化干部人才队伍,大力加强企业文化建设,持之以恒加强作风建设和党风廉政建设,增强党支部组织力、凝聚力、战斗力,为公司持续健康发展提供坚强的政治、思想和组织保证。

一、强化政治建设,着力提升党建理论水平

1. 旗帜鲜明讲政治。(略)

二、强化党建引领,贯彻和落实党的组织路线

2. 抓实建强支部组织力。(略)

3. 强化党员教育管理。(略)

4. 树立和培育党建品牌意识。(略)

三、强化队伍建设,坚持党管干部原则不动摇

5. 打造一支敢于担当的干部队伍。(略)

6. 进一步提升人才队伍质量。(略)

7. 提高教育培训工作实效性。(略)

四、持之以恒正风肃纪,加强作风建设和纪律建设

8. 严明党的纪律。(略)

××有限公司
20××年××月××日

第5篇 讲话类文书写作

讲话类文书是指人们在各种特定的场合发言时所依据的各类文稿的总称，主要包括开幕词、闭幕词、欢迎词、欢送词、答谢词、祝酒词等，种类繁多，极具社交性和礼仪性。

5.1 开幕词

5.1.1 开幕词的认知

5.1.1.1 开幕词的定义

开幕词是会议讲话的一种，是党政机关、社会团体、企事业单位的领导人在会议开幕时所做的讲话，旨在阐明会议的指导思想、宗旨、重要意义，以及向与会者提出会议的中心任务和要求。

开幕词以简洁、明快、热情的语言阐明大会宗旨、性质、目的、任务、议程、要求等，对会议起着重要的指导作用。

5.1.1.2 开幕词的特点

开幕词具有表 5-1 所示的特点。

表 5-1 开幕词的特点

序号	特点	具体说明
1	简明性	开幕词要简洁明了、短小精悍，最忌长篇累牍、言不及义，多使用祈使句，表示祝贺和希望
2	口语化	它的语言应该通俗、明快、上口
3	宣告性	开幕词是会议或者活动的序曲，具有宣告会议或活动正式开始的特性
4	引导性	开幕词一般要阐述会议或活动的宗旨、目的、意义、任务等，对整个会议或活动的成功举行起着引导作用
5	鼓动性	开幕词带有对会议或者活动的良好祝愿，通过介绍会议或活动，激励参与者的参与意识，并调动其积极性

5.1.1.3 开幕词的分类

开幕词按内容可以分为侧重性开幕词和一般性开幕词两种，如表 5-2 所示。

表 5-2 开幕词的分类

序号	类型	具体说明
1	侧重性开幕词	往往对会议召开的历史背景、重大意义或会议的中心议题等作出重点阐述,而对其他问题一带而过
2	一般性开幕词	只对会议的目的、议程、基本精神、来宾等做简要概述

5.1.1.4 开幕词的结构

开幕词一般由标题、称谓、正文三部分组成,如表 5-3 所示。

表 5-3 开幕词的结构

序号	组成	具体说明
1	标题	开幕词的标题形式比较多样,常见的有以下四种: (1)直接由"文种"构成,如"开幕词" (2)由"事项+文种"构成,这是最常见的一种形式,如"××大会开幕词" (3)由"致辞人+事项+文种"构成,如"××在××大会上的开幕词" (4)由双标题即主标题和副标题构成,主标题揭示活动或会议的宗旨、中心内容,副标题与前几种标题的构成形式相同,如"合作发展 共创辉煌——××在××峰会上的开幕词" 可以在开幕词的标题下方居中位置用括号注明活动或会议召开的日期,有时还可在日期下写明致辞人姓名
2	称谓	开幕词的称谓应视活动或会议的性质和与会人员的身份选用泛称或类称,如"同志们""各位来宾""女士们、先生们、朋友们"等
3	正文	开幕词的正文通常由开头、主体、结尾三部分构成: (1)开头,开头应简洁、鲜明、热情,营造出热烈的气氛。可以表示对大会开幕的祝贺,对与会代表和来宾的欢迎;也可以简述活动或会议的有关情况,如筹备情况、与会人员的构成、出席会议的领导和来宾等;还可以简述活动或会议的重大意义、会议议题等 (2)主体,主体部分的写作要紧扣议题,态度鲜明,层次清晰,语言凝练,语气热烈。首先可以说明活动或会议召开的背景,回顾历史或概括形势,指明会议召开的意义;也可以直接提出活动或会议的指导思想或宗旨。然后交代议题议程或者对活动或会议提出某些看法等。最后提出对活动或会议的预期,或者提出要求和希望 (3)结尾,结尾的写作应简洁有力,具有号召性和鼓励性。可以呼应开头,概述对活动或会议成功的期盼;也可以做预示性评价,如"这将是一次具有深远意义的大会""这次活动将成为××的里程碑"等,或直接用"预祝大会圆满成功"作为结语

5.1.2 开幕词的写作

5.1.2.1 开幕词的写作要求

开幕词的写作要求如表 5-4 所示。

表 5-4 开幕词的写作要求

序号	写作要求	具体说明
1	注意适用范围	开幕词多用于大型会议或者重要活动，例如各级人民代表大会、重要的商务活动等。这些会议对国家的经济发展以及各领域工作的深入开展有着巨大的意义。通常而言，小型会议是不需要开幕词的
2	详略得当	在撰写开幕词的时候，要注意内容详略的安排，要把握会议的性质，重点阐述会议的特点、意义以及对会议的要求与希望
3	注意行文	开幕词的行文要明快、流畅，关于评议方面的表述应当坚定、有力，用语要充满热情，富有鼓舞的力量
4	语言要通俗易懂	开幕词的语言力求做到通俗易懂，否则，就会失去听众，从而也就失去了讲话的作用和意义
5	要控制篇幅	开幕词不宜写得过长，要适当控制讲话的时间。要知道，讲话稿不在乎长，而在乎精

5.1.2.2 开幕词的写作模板

开幕词

_____（称谓）：

_____
_____（概述召开会议的背景或当前形势）。

_____
_____（交代会议的中心议题，宣布大会的议程）。

_____
_____（阐明会议的指导思想，提出奋斗目标）。
_____（对大会提出要求和希望）。
_____（结尾）。

5.1.2.3 开幕词的写作范例

范例 1

开幕词

尊敬的各位来宾、各位朋友,女士们、先生们:

大家上午好!

今天,我们欢聚在此,共同鉴赏中国××书画协会副理事长×××的××书画作品展。首先,我谨代表中国××院向×××先生表示衷心的祝贺!向各位嘉宾表示热烈的欢迎!向一直关心支持我院创新文化建设的各单位、部门和朋友们表示衷心的感谢!

×××先生是当代中国书画界知名艺术家,是文化战线上的常青树。在长期的艺术创作实践中,他历尽艰辛、笔耕不辍,在与病魔斗争的同时,以顽强的毅力从事文艺、书画和科普创作,先后在全国各地报刊发表文学、新闻与科普作品××余篇,出版文学、理论等各类著作××余部。同时,他挥毫泼墨,将满腔热情凝聚于笔端,创作出一大批雅俗共赏、丰富多彩的书画作品,他的精神和事迹感动着广大××人和文艺工作者。

我国书画艺术历史悠久,源远流长,书画作品可以陶冶情操,感动人心,提高人们艺术鉴赏水平。×××先生一生致力于促进科学与艺术的融合,他的作品充分展现了独特的科学视角和深厚的艺术功底。他的诗歌聚焦科技、讴歌科学,将科学与艺术完美结合,独树一帜。艺术是相通的,×××先生的书画也融进他作为诗人独有的严谨气质和浪漫情怀。他的作品为我院乃至全国科技界,都注入了一股清新的创新文化气息。21世纪的人才应当成为复合型人才,不仅要具备科学技术知识,还要具备一定的文学艺术素养。近年来,我院高度重视创新文化建设工作,通过举办、支持各种文化活动,大力提升职工文艺素养和丰富职工文化生活,为我院的科研创新工作营造了良好的文化氛围。今后,我们要探索更广泛的文化艺术活动,为我院的职工文艺创作提供更广阔的舞台,搭建更多的平台,让科技工作者真正了解艺术,让艺术更好地走进科技,以此推进我院创新文化的大发展、大繁荣。

最后,预祝×××先生个人书画展取得圆满成功!

祝在场的各位朋友健康快乐!

范例2

××××大学第××届大学生田径运动会开幕词

全体教练员、裁判员、运动员、老师们、同学们、同志们：

在这阳光明媚的秋季，在这充满团结、奋进、友谊氛围的美好时刻，经过多方筹备和认真组织，我校第××届大学生田径运动会今天隆重开幕了。值此，我代表学校向几年来，十几年来，几十年来关心、支持我校体育工作的各级同事和同学致以深深的谢意！

今年，我校明确树立了"创建具有鲜明热带农业特色的高水平、多科性教学研究型大学，建设国家热带农业人才培养基地"的发展战略。当前，学校正全面推进大规模的教育教学改革工作，并积极部署了大学迎接20××年教育部本科教学工作水平评估的有关工作；科学院科研体制改革也取得了良好的进展。新的形势催人奋进，新的事业任重道远，新的使命光荣神圣，这一系列工作标志着我院校在新起点上稳步、持续的发展，成为鼓舞我们举办好本届校运会的巨大精神动力，激励我校全体运动员勇攀高峰，勇创佳绩，使本届校运会办出水平、赛出风格。

校运会是我校"校园文化建设工程"的重要组成部分，是落实科学发展观、推进素质教育、提升学校文化内涵和提高育人水平的需要，是对我校大学生体育运动水平和精神文明建设的一次大检阅。办好本届运动会，将进一步提高我校大学生的体育运动竞技水平和健康水平，也将更好地培养同学们的集体主义精神和勇于参与、敢于竞争、顽强拼搏的开拓进取精神，进一步增进师生之间、同学之间、各学院之间的了解，加深友谊，增强团结。我们相信，这次运动会对推动我校群众性的体育运动，丰富校园文化生活，提高大学生的整体素质，促进我校精神文明建设，都将产生积极影响。

本次运动会共有男女代表队76支、1178名运动员参加31项竞技项目比赛，这是一次群众性的体育盛会。我们相信，在短短的三天时间里，全体教练员、裁判员、运动员在全校师生的共同支持、帮助下，能够全力以赴；在严格遵守大会纪律和比赛规则的基础上，能够发扬不怕苦、不怕累的大无畏精神和更高、更快、更强的奥林匹克精神，公平竞赛，赛出水平，赛出风格，把我校的大学生体育运动水平推上一个新的台阶，把本届运动会开成一个团结、向上、成功的体育盛会。

最后，预祝运动会取得圆满成功，祝愿全体运动员们取得优异的成绩，祝愿全体与会人员身体健康，心情愉快！

5.2 闭幕词

5.2.1 闭幕词的认知

5.2.1.1 闭幕词的定义

闭幕词是与开幕词相呼应的文种，是主持人或领导人在活动或会议结束前致辞时使用的文稿。闭幕词除了可以宣布活动或会议闭幕外，还能评价和总结活动或会议，肯定活动或会议的成果，激励与会者认真贯彻执行活动或会议精神。

5.2.1.2 闭幕词的特点

闭幕词具有表 5-5 所示的特点。

表 5-5 闭幕词的特点

序号	特点	具体说明
1	评估性	评估性就是在闭幕词中对整个会议作出评价，要恰当地肯定会议的成果，正确评价会议的影响，增强与会人员贯彻会议精神的信心和决心
2	号召性	闭幕词要提出贯彻会议精神、努力完成会议工作任务的原则要求，要鼓舞士气，增强信心。因此，闭幕词要有一定的鼓舞性和号召性
3	总结性	总结性就是指闭幕词要对会议的主要内容和基本精神进行简要总结。其总结的主要内容包括会议的进程、完成的议题、今后的任务以及怎样贯彻会议精神等。这样的总结和概括会使与会人员对会议有更加深刻和全面的了解，以便在会后能够正确、全面地贯彻会议的主要内容和基本精神

5.2.1.3 闭幕词的结构

闭幕词与开幕词的写法基本相同，也由标题、称谓和正文构成，如表 5-6 所示。

表 5-6 闭幕词的结构

序号	组成	具体说明
1	标题	闭幕词的标题与开幕词一样，有多种形式，写作时只需将文中"开幕词"换为"闭幕词"即可，如"××在××大会上的闭幕词"等

续表

序号	组成	具体说明
2	称谓	闭幕词的称谓即对参与者的称谓,也应当视活动或会议的性质和与会人员的身份而定
3	正文	闭幕词的正文由开头、主体和结尾三部分构成: (1)开头,闭幕词的开头可以对活动或会议的圆满成功表示祝贺;也可以概述活动或会议的意义、作用;还可以概括总结活动或会议的情况,并做简要的评价。总体而言,闭幕词的开头应以简练的语言概括性地总结情况,有的闭幕词开头还要对活动、会议作出基本评价,以进一步加深与会者的印象 (2)主体,主体是闭幕词的重点部分,着重总结和评价活动或会议所取得的成就,如获得的成绩、通过的决议、获得的经验等,并应当论述活动或会议成功的原因、意义及其作用,提出贯彻活动或会议精神的意见,指出今后工作的重点和方向等 (3)结尾,结尾应当使用简明、富有号召力的语言,希望与会者贯彻执行活动或会议精神,同时向活动或会议承办的单位和人员以及各方面人士致谢,对与会来宾表示良好的祝愿,最后宣布活动或会议闭幕

5.2.2 闭幕词的写作

5.2.2.1 闭幕词的写作要求

闭幕词的写作要求如表 5-7 所示。

表 5-7 闭幕词的写作要求

序号	写作要求	具体说明
1	内容概括,与开幕词相照应	闭幕词在会议的结尾处使用,是对会议的总结,因此其内容要概括准确,并与开幕词相照应,与会议的主题相呼应,与会议研究、解决的主要矛盾也要照应
2	实事求是	在对会议进行总结和评价的时候,要做到恰如其分,不夸大也不缩小。在撰写闭幕词时,要掌握会议的详细情况,有针对性地对会议的内容进行阐述,结论力求做到准确,实事求是
3	条理清晰,有号召力	撰写闭幕词时,要突出主题,节奏紧凑且富有逻辑性。在表达方面,语言要热烈,充分体现对会议成果的肯定。在遣词造句方面,要表现得体,同时也要富有激情,使讲话富有号召力
4	言简意赅,表达清楚	闭幕的语言要精练,表达言简意赅,篇幅精要,而且有思想,实现形式与内容的完美统一

5.2.2.2 闭幕词的写作模板

闭幕词

_____（称谓）：

_____

_____（简要说明大会是在什么情况下圆满结束、胜利闭幕的）。

_____（概括总结大会）。

_____（提出贯彻大会精神的要求和希望）。

_____（结尾）。

5.2.2.3 闭幕词的写作范例

范例 3

闭幕词

各位代表：

中午好！大家辛苦了！

在刚刚过去的三天里，我们在古都××欢庆××周年华诞，进行热烈、活跃的学术交流，会见来自五大洲的朋友。此刻，全部日程已经顺利结束，第××届全国××外科学术会议暨×××成立××周年庆典取得了圆满的成功！

本次大会收到稿件××××篇，其中，中文稿件××××篇，英文稿件×××篇，比去年投稿数增加×%。今年投稿××篇以上的单位有××个，第一作者单位有×××余个。排名前列的地区和单位投稿数量较去年均有大幅度增长。此外，××、××、××、××、××、××、××投稿增幅都在一倍以上。特别值得祝贺的是，去年成立的××大学×××××外科医学中心投稿数位列第×名。本次大会特邀学术报道××个，会上交流论文×××篇，选出大会优秀论文×篇。

×××名来自全国××个省、自治区、直辖市及我国港澳台地区的代表注册参会，较去年增长××%。参展机构××家，设立展位×××个。本次大会学术水平进一步提高，与国际先进水平保持同步的新技术、新观念得到了充分的展示和讨论。会议的学术气氛空前浓厚，代表的参会热情空前高涨。这说明×××是一个充满活力和号召力的学术组织。

在大会期间，我们隆重庆祝×××成立××周年。我们重温历史，怀着感恩的心，感怀以×××院士为代表的老一辈艰苦奋斗的创业精神。向×××院士、×××教授、××教授、×××教授等为学会建设作出杰出贡献的专家授予各种学会奖。

本次大会进一步凸显了×××年会的国际化。注册外宾×××人。来自××、××、××、××、××××等国的嘉宾带来了精彩的特邀学术报告，并参加了国际、中韩、中日会场的交流。×××与×××合作举办了第五届中国××外科医师教育课程（cuep）、第一届××系结石大师班；与×××合作举办了联合培训课程，在年会前成功举办了第一期×××专科医师培训；与××皇家××外科学会合作举办了缝合技术培训班。中欧、中美、中日、中韩、中英举行了××外科学会间的高峰会议，就继续深入合作取得了丰富的成果。7名国际××外科学术组织的领导人获得第四批荣誉会员称号。以上充分说明，×××年会的影响越来越大，我国××外科事业的发展越来越得到国际同行的重视和认可，我们的朋友遍天下。

各位代表，近年来，×××在第×、第×届主任委员×××教授领导下，在发展中前进，在前进中发展，已经成为学科现代化、管理科学化、发展国际化的专业学术团体，已经成为推进我国××外科事业发展的核心力量。

第×届委员会在×××主任委员领导下任重道远，让我们紧密团结在领导周围，积极奋斗、锐意进取、再接再厉，探索专科医师培养制度，打造若干个专科医师培训基地，大力开展多中心临床研究，在国际上发出中国的强音，发展、壮大我国的××外科事业，再创辉煌！

最后，我代表××××，代表×××前任主任委员、×××主任委员、×××主任委员，向为本次大会成功举办作出杰出贡献的××省医学会领导和以×××教授、×××授为首的××省××外科同仁表示衷心的感谢！对参加本届×××年会的所有海内外××外科同道、对积极组织稿件的各省市分会和单位表示衷心的感谢！对支持本次大会的公司、厂商、会场工作人员及各界人士表示衷心的感谢！

再次感谢各位的光临！祝大家返程顺利，身体健康，工作愉快！

我宣布，第××届全国××外科学术会议闭幕！

谢谢大家！

 范例 4

××职工羽毛球比赛闭幕词

各位领导、同志们：

××职工羽毛球比赛在局领导的亲切关怀下，在组委会的精心组织下，在各单位的大力支持下，在全体裁判员、运动员的共同努力下，圆满完成了全部赛程，即将闭幕。

在此，我代表活动组委会向为本次活动付出辛勤努力、作出重要贡献的裁判员、运动员、工作人员表示衷心的感谢！向顽强拼搏、取得优异成绩的代表队和运动员表示热烈的祝贺！

这次职工羽毛球比赛是××今年举办的第一次大型群众性文体活动，也是××弘扬企业文化、凝聚力量、鼓舞士气、振奋精神的一次体育盛会。

×月×日上午，我们在这里举行了××羽毛球比赛的开幕式，来自各单位的××支参赛队伍、××名职工参加，开幕式隆重、热烈，受到了大家的欢迎。

本次职工羽毛球比赛，由××承办，他们为各代表队、全体参赛人员提供了安全舒适的比赛场地和细致周到的服务。让我们用掌声对××的辛勤工作表示感谢！比赛期间共进行了××场羽毛球团体比赛、××场羽毛球单打比赛。各单位之间、运动员之间通过赛场上的快乐比拼，挑战自己，挑战对手，展示了××人朝气蓬勃、昂扬向上的精神风貌；体现了勇争第一、勇于进取的不懈追求；取得了比赛成绩和精神文明双丰收。本次羽毛球比赛文明、热烈、精彩、圆满（对比赛进行简单回顾）。

同志们，本届羽毛球比赛是一次团结奋进的盛会、鼓舞人心的盛会。我相信，只要我们每位干部职工都能充分发扬运动会中所体现出来的那股拼劲、那种热情、那种精神，就一定能够推动××各项事业的大发展、大繁荣。因此，我希望全体干部职工继续保持和发扬在这届比赛上所体现出来的团队精神、拼搏精神、敬业精神和进取精神，为××而努力奋斗！

现在，我宣布，××职工羽毛球比赛胜利闭幕！

5.3 欢迎词

5.3.1 欢迎词的认知

5.3.1.1 欢迎词的定义

欢迎词是指主人为表示对客人热烈的欢迎,在座谈会、宴会、酒会等场合发表的热情友好的讲话。

5.3.1.2 欢迎词的特点

欢迎词具有表 5-8 所示的特点。

表 5-8 欢迎词的特点

序号	特点	具体说明
1	欢愉性	中国有句古话"有朋自远方来,不亦乐乎",欢迎词应该富有激情,并表现出致辞人的真诚。这样才能给客人一种"宾至如归"的感觉,为活动的圆满举行奠定良好的基础
2	口语性	口语化是欢迎词的必然要求,欢迎词应运用生活化的语言,既简洁又富有生活情趣。口语化会拉近主人同来宾的关系

5.3.1.3 欢迎词的分类

欢迎词从社交的公关性质上可分为表 5-9 所示的两类。

表 5-9 欢迎词的分类

序号	类型	具体说明
1	私人交往欢迎词	一般是在个人举行的较大型宴会、聚会、茶会、舞会、讨论会等非官方场合下使用的欢迎稿。私人交往欢迎词往往具有很强的即时性、现场性
2	公事往来欢迎词	这样的欢迎词一般在较庄重的公共事务中使用。要有事先准备好的得体的书面稿,文字措辞上要比私人交往欢迎词更正式和严格

5.3.1.4 欢迎词的结构

欢迎词一般由标题、称谓、正文和落款组成，如表 5-10 所示。

表 5-10 欢迎词的结构

序号	组成	具体说明
1	标题	欢迎词标题的写法一般有两种： （1）单独以文种命名，如"欢迎词" （2）由"活动内容 + 文种"构成，如"在××学术讨论会上的欢迎词"
2	称谓	欢迎词的称谓要写在开头顶格处，表明来宾的姓名称呼，如"尊敬的女士们、先生们""亲爱的××大学的各位同仁"
3	正文	欢迎词的正文一般包括开头、中段和结尾三部分： （1）开头，通常说明现场举行的是何种仪式，发言者代表谁向哪些来宾表示欢迎 （2）中段，这一部分一般要阐述和回顾宾主双方在共同领域所持的共同立场、观点、目标、原则等内容，较具体地介绍来宾在各方面的成就及在某些方面作出的突出贡献，同时要指出来宾本次到访或光临对加强宾主友谊及合作交流所具有的现实意义和历史意义 （3）结尾，通常在结尾处再次向来宾表示欢迎，并表达自己对今后合作的良好祝愿
4	落款	欢迎词的落款要署上致辞单位名称或致辞者的身份和姓名，并署上成文日期

5.3.2 欢迎词的写作

5.3.2.1 欢迎词的写作要求

欢迎词的写作要求如表 5-11 所示。

表 5-11 欢迎词的写作要求

序号	写作要求	具体说明
1	针对性强	首先要看对象，宾客不同，来访目的不同，欢迎的缘由、使用的语言、表达的情谊也应不同。其次要看场合，有隆重的欢迎大会、酒会、记者招待会，也有一般的座谈会、聚会等。欢迎场合的多样性决定了欢迎词风格的多样性，或庄重、或活泼、或诙谐、或亲切
2	感情真挚	欢迎词应出于真心实意，热情、友好、温和、礼貌，同时要注意分寸，要以不卑不亢为原则，既不趾高气扬，又不卑微低下
3	篇幅简短	作为一种礼节性的外交或公关辞令，欢迎词宜短小精悍，不必长篇大论

5.3.2.2 欢迎词的写作模板

欢迎词

_____（称谓）：

_____

_____

_____（用一句话表示欢迎的意思）。

_____

_____

_____（说明欢迎的事由）。

_____（用敬语表示祝愿）。

_____（署名）

_____（日期）

5.3.2.3 欢迎词的写作范例

欢迎词

尊敬的各位领导、同志们：

上午好！

5月，是一个充满关爱与温暖的季节；刚刚过去的5月12日，是我国首个"防灾减灾日"。今天，我市救灾救济工作会议隆重召开。我谨代表××市委、市政府和××市民政局，对与会的各位领导、同志表示最热烈的欢迎！

××，位于××发展战略重点"一点一线"中心地带，开百粤门户，扼三楚咽喉。全市现辖××个乡（镇）、街道办事处，土地面积××××平方公里，总人口××万。××素有"世界××""八宝之地，××之都"的美称，被誉为"中国×都""××××之乡"。我市还有"××天堂""××王国""魅力××"等特色旅游景区，令人神往。××是××的一颗明珠，是改革潮涌的一方热土。我市经济基础良好,政策优惠,有××家国外和中国港澳台地区的企业在××扎根,×××家国内企业在××大展宏图。××坚持"围绕民生抓财政,围绕财政抓项目,围绕项目抓招商,围绕招商抓服务"的战略目标。近三年来,财政收入每年递增一个亿,经济总量排全省××名。××市委、市政府特别重视民生,人民享受到了公共财政的普惠,享有免费公交、免交农村合作医疗、免交农田水费等政策。城市建设正在扩城提质增速发展,以昂首阔步的姿态迈向美好的未来。

但是,我市也是一个自然灾害频发、经济欠发达的地区,灾害种类多,分布地区灾害发生频率高、造成的损失重。我市的防灾减灾与抗灾救灾任务十分繁重。

近年来,我市民政工作在上级民政部门的关心指导下,始终坚持"以民为本,为民解困"的宗旨,关注民生,落实民权,维护民利,紧紧围绕构建和谐社会、推动富民强市的工作大局,扎实开展各项民政工作,民政事业得到了长足发展。尤其是我市的防灾减灾救灾工作,取得了可喜的成绩,特别是去年,我市战胜百年不遇的低温雨雪冰冻灾害,出色完成了××地震抗震救灾支援任务,为灾区社会稳定和经济发展作出了应有的贡献。

这次会议在我市召开,是对我们今后工作的鞭策和鼓舞。我们将以这次会议为契机,在今后的工作中进一步加强"防灾减灾"宣传教育和防灾减灾体系建设,提高灾害应急管理能力与紧急救助能力,为我市的民政工作再创新的辉煌。

我再次感谢各位领导和同志来××指导工作,祝××市救灾救济工作会议取得圆满成功!

祝大家身体健康,工作顺利,万事如意!

××市民政局
20××年××月××日

范例 6

在××酒店开业典礼上的欢迎词

尊敬的领导、来宾朋友,女士们、先生们:

大家好!

值此××大酒店隆重开业之际,我谨代表××集团,向今天到场的领导、来宾和所有朋友们表示衷心的感谢和热烈的欢迎！

××集团自成立以来，一直受到××各界朋友的关爱和支持，在这里，我们特别要感谢新区管委会领导的悉心指导和政策扶持。正是有了社会各界的鼎力相助和全心扶持，××才从无到有，不断发展壮大，并取得了不错的业绩。在这里，我先代表集团全体同仁向所有关心和支持我们的朋友表示最诚挚的谢意！

我们××集团，是蓬勃发展的集团，是富有生命力的集团。一直以来，我们以"自我积累、自我发展、开拓进取"为集团发展的主要模式，以房地产经营项目的集团化发展为目标，孜孜不倦，奋力拼搏。××大酒店，是我们××集团投资兴建的又一大项目，也是我们××人智慧和汗水的结晶。它是按照四星级旅游涉外饭店标准建设，集商铺、办公、酒店、餐饮、休闲、娱乐于一体的综合性商务酒店。它的落成和开业，是我们××集团发展壮大的一大里程碑，也是我们为答谢××人民而献上的一份珍贵的礼物。我们力图将其建设成××区的地标性建筑和对外的窗口，实现酒店的顺利经营和兴旺发展，为××区的繁荣昌盛而全力以赴，竭尽所能地贡献出自己的力量！

作为××集团的董事长，我很高兴地看到××大酒店能够顺利落成并且隆重开业！在此，我特别要感谢××的全体员工，是你们的坚定信念和艰辛努力才有了××大酒店。谢谢你们！

我真诚地希望，在新的纪元里，社会各界的朋友们，特别是××区的各位领导，能一如既往地关心和支持××，扶持和帮助××大酒店不断发展和成长。同时，也诚挚地渴望，各位业界同仁能够和××互相交流、提携发展，联手共创××新区辉煌的未来！

最后，我预祝××大酒店开业庆典圆满成功，也衷心祝愿××大酒店能够拥有一个灿烂的明天！

谢谢大家！

××集团

20××年××月××日

5.4 欢送词

5.4.1 欢送词的认知

5.4.1.1 欢送词的定义

欢送词是在送往仪式上或会议结束时，对宾客的离去表示热情欢送所使用的讲话稿。

欢送词主要用于组织与组织之间的公共关系活动，多由国家、组织或单位的领导人代表国家、组织或单位致辞，感谢宾客的光临，祝他们归途平安；或预祝单位成员出行顺利、成功。

5.4.1.2 欢送词的特点

欢送词具有表 5-12 所示的特点。

表 5-12 欢送词的特点

序号	特点	具体说明
1	欢送色彩强烈	欢送词是用来欢送宾客回归的，既有礼节形式，又有事务内容；既要祝宾客归途顺利平安，又要表达惜别之情，这样的欢送气氛才热烈饱满
2	感情真挚自然	欢送宾客，要吐露真情，推心置腹，感情真挚，发自内心，使主宾双方都能感到友谊的珍贵
3	直接宣读	欢送词由欢送人在欢送仪式上直接宣读，才符合礼仪要求

5.4.1.3 欢送词的结构

欢送词一般由标题、称谓和正文三部分组成，如表 5-13 所示。

表 5-13 欢送词的结构

序号	组成	具体说明
1	标题	有两种写法，一种是只写"欢送词"，另一种是在"欢送词"前边加修饰限定词语。这种修饰限定词语，往往由致辞人姓名、职务和欢送会名称组成，如"××在欢送××大会上的讲话"。不过在致辞时，致辞人不念标题

续表

序号	组成	具体说明
2	称谓	称谓可以是具体姓名,也可以用泛称。人名要用全名,不可省略,必要时在姓名前冠以"尊敬的""亲爱的"词语,在后边加上头衔、称呼。对外国元首应以"阁下""陛下"相称
3	正文	正文包括以下三个部分: (1)开头,交代致辞人以什么身份、代表谁向来宾表示欢送,同时表达依依惜别之情 (2)主体,叙述来宾访问或召开会议期间双方友好关系的新进展,并且满怀信心地预期今后的发展,同时表示真诚合作的态度等 (3)结尾,对来宾表示惜别之情,发出再次来访的邀请,并祝愿来宾一路平安

5.4.2 欢送词的写作

5.4.2.1 欢送词的写作要求

欢送词的写作要求如表 5-14 所示。

表 5-14 欢送词的写作要求

序号	写作要求	具体说明
1	要有实质内容	欢送词切忌客套太多内容空泛,这样的稿子很难收到理想的效果
2	篇幅不宜太长	欢送词是一种礼节性文稿,写得过长,会引起公众的反感

5.4.2.2 欢送词的写作模板

欢送词

_____(称谓):

_____

_____(写明欢送的背景及宾客离别的时间)。

_____

_____(简要介绍宾客来访期间的行程、活动内容和取得的成果)。

　　　　_____（表达继续合作的意愿）。
　　　　_____（表示惜别之情）。

5.4.2.3　欢送词的写作范例

范例7

欢送词

尊敬的××先生：

　　再过半小时，您就要启程回国了。我代表××集团公司，并受副部长之托，向您及您率领的代表团全体成员表示最热烈的欢送！

　　我十分高兴地看到，近一个星期以来，我们双方本着互惠互让的原则，经过多次会谈，达成了四个实质性协议，取得了令人满意的成果。在此，我们对您在洽谈中表现出的诚意和合作态度，深表感谢！我衷心希望您和您的同事今后一如既往地为进一步发展我们双方的经济贸易往来而不懈努力！

　　我们期待着您和您的同事明年再来这里访问！

　　谨致最良好的祝愿！

范例8

在×××老师退休大会上的欢送词

尊敬的×××老师，尊敬的各位领导、各位同仁：

　　今天是一个特别的日子，征战杏坛、挥汗讲台36载的老教师，我校的老领导×××老师就要告别他为之付出青春和心血的校园，光荣退休了。此时此刻，我的心情微妙而又复杂，既有对您荣退的祝贺，又有对您就要离开校园的恋恋不舍。昨天，学校领导安排我在这个活动中代表工会致欢送词，我本认为自己长于辞令，可是搜肠刮肚,却寻找不出合适的语言来表达我对您的感激、敬重和爱戴之情;表达不出我心中的那份留恋与不舍。×年前,您在××高等师范学校毕业后,从教的第一所学校便在我的家乡——××村;您教的第一班学生中便有我。作为您的开山弟子,我真是无法用语言来表达我心中的那份情感。我只能向您深深地鞠上一躬,表示心中深深的谢意!

×老师,36年来,您用知识的甘霖滋润着学生的心田;您用满腔的热血承传着人类的文明;您用无悔的青春演绎着诗意的人生。您用××多年的执着选择了淡泊;您用××多年的平凡造就了伟大;您用××多年的高尚摒弃了功利;您用××多年的微笑勾画着岁月的年轮。

×老师,您是一位出色的教师,您是一位模范的班主任,您是一位勤奋的学校管理者。您就要离开三尺讲台了,聚也依依,散也依依。千言万语,说不完我们对您的爱戴之意;万语千言,道不尽我们对您的眷恋之情。

古枫吐艳,秋色正浓;夕阳照雪,风光无限。

我们相信,您即使离开了讲台,仍然会心系校园,关注教育。我们真诚邀请您退休后经常光临学校,经常提出您的合理化建议,经常献出您的锦囊妙计。让我们同心聚道,共同描绘××教育的壮丽画卷。

同时让我们真诚祝愿:祝愿您这棵杏坛常青树,成为生命不老松!祝愿您在今后每一个红红火火的日子里,天天都有一份好心情!祝愿您快乐幸福,安康永远!

5.5 答谢词

5.5.1 答谢词的认知

5.5.1.1 答谢词的定义

答谢词是指在特定的公共场合,主人致欢迎词或欢送词后,客人对主人的热情接待和多方关照表示谢意所发表的讲话。有时也指客人在举行必要的答谢活动中所发表的感谢主人盛情款待的讲话。

5.5.1.2 答谢词的特点

答谢词具有表 5-15 所示的特点。

表 5-15　答谢词的特点

序号	特点	具体说明
1	口语性	由于答谢词是宾客或其代表在会议上对主人热情的欢迎、款待或帮助表示感谢所发表的讲话，所以具有礼貌、尊敬、口语化等特点
2	真诚性	答谢词是感谢对方热情欢迎、周到服务、礼貌待客的致辞，情感应当真诚，语言应热情洋溢

5.5.1.3　答谢词的分类

依据不同的缘由和内容，答谢词可分为表 5-16 所示的两类。

表 5-16　答谢词的分类

序号	类型	具体说明
1	"谢遇型"答谢词	"遇"即招待、款待。"谢遇型"答谢词，即用来答谢别人招待的致辞。它既可用在欢迎仪式、会见仪式上（与"欢迎词"相应），也可用在欢送仪式、告别仪式上（与"欢送词"相应）
2	"谢恩型"答谢词	"恩"即别人的帮助。"谢恩型"答谢词即用来答谢别人帮助的致辞。它常用在捐赠仪式或某种送别仪式上

5.5.1.4　答谢词的结构

答谢词一般由标题、称谓、正文和落款组成，如表 5-17 所示。

表 5-17　答谢词的结构

序号	组成	具体说明
1	标题	答谢词的标题通常有以下几种形式： （1）直接由"文种"构成，如"答谢词" （2）由"致辞场合 + 文种"构成，如"××会答谢词" （3）由"致辞人 + 致辞场合 + 文种"构成，如"××在××会议上的答谢词"
2	称谓	答谢词通常写上出席答谢会的团体和个人称呼，后加冒号。称呼一般用泛称，根据到会者的身份来定，既可以是广泛对象，也可以是具体对象，如尊敬的×××主席、尊敬的×××朋友们等
3	正文	答谢词正文的侧重点应放在"谢"字上。一般由开头、主体和结尾三部分组成： （1）开头，对主人的盛情款待或帮助表示感谢，对主人的行为成就给予肯定，并表达有机会出席这一盛会的荣幸与激动，这是答谢词的写作重点 （2）主体，对对方的周到服务做较详细的介绍，以示尊重。强调双方共同取得的成果离不开对方的努力。提出与对方进一步合作的强烈愿望。展望未来，表达进一步发展关系、扩大合作的意义 （3）结尾，再次用简短的语言强调对主人盛情接待、多方关照的感谢
4	落款	在正文右下方署上致辞单位名称，致辞者的身份、姓名，并署上成文日期

5.5.2 答谢词的写作

5.5.2.1 答谢词的写作要求

答谢词的写作要求如表 5-18 所示。

表 5-18 答谢词的写作要求

序号	写作要求	具体说明
1	客套话与真情	在礼仪场合，必要的客套话是不能省略的，比如"感谢""致敬"等热情洋溢、充满真情的词语
2	尊重对方习惯	在异地作客，要了解当地的民情风俗，尊重对方习惯
3	注意照应欢迎词	主人已经致辞在前，作为客人不能充耳不闻。答谢词要注意与欢迎词的某些内容照应，这是对主人的尊重。即使预先准备了答谢词，也应紧急修改补充，或临场应变发挥
4	篇幅力求简短	答谢词是应酬性讲话，而且往往是在公关礼仪活动刚开始时发表，下面还有一系列的活动要进行。因此篇幅要力求简短，不宜冗长拖沓，以免令人生烦

5.5.2.2 答谢词的写作模板

答谢词

_____（称谓）：

_____（表示感谢）。

_____（强调对方所给予的支持和帮助，并表明愿望和打算）。

_____（再次表示感谢，表达良好的祝愿）。

_____（署名）

_____（日期）

5.5.2.3　答谢词的写作范例

范例9

答谢词

各位嘉宾：

　　大家好！

　　非常感谢大家今天来参加××××股份有限公司的年终客户答谢会。我谨代表我们公司，并以我个人的名义向出席今天活动的领导、嘉宾、新老客户朋友们表示热烈的欢迎和衷心的感谢！

　　××××股份有限公司在各级领导和广大用户的关怀下，已经走过了××年的风雨历程，不断发展壮大，现在，总资产已经突破×万亿元，到今年为止，年销售额已经达到×千万元，取得了令世人瞩目的成绩。尤其是20××年，我们公司取得了辉煌的业绩。

　　为了答谢一直以来关注和支持××××股份有限公司发展的广大客户，我们公司今天特在此举办客户答谢会，向给予我们长期支持和信赖的嘉宾们表达一份真诚的感恩之情，希望通过今天的答谢会，能够让今天到场的每位朋友都有所收获。借此机会，我也代表公司的全体员工郑重承诺，我们将会提供更好的产品，选派最专业人员为大家服务！在未来的日子里，我们将一如既往提供最优质的服务，以拳拳之心回报所有的客户长期以来的支持和帮助。

　　各位嘉宾朋友，感谢您多年来对我们的支持与信任。同时也感谢各位事业同仁，几年如一日的辛勤付出。今天我们举办这样一个活动，目的是增进了解、加深友谊、更好地服务客户，创造双赢。我们坚信，有各位嘉宾一如既往的支持，有全体同仁的不懈努力和广大用户的支持，我们的事业一定会更加美好，我们的前景也一定会更加广阔。

　　最后，恭祝大家身体健康，工作顺利，家庭幸福，万事如意！

×××股份有限公司
20××年××月××日

范例 10

在××酒会上的答谢词

尊敬的×××先生,尊敬的×××集团公司的朋友们:

首先,请允许我代表团队全体成员对×××先生及×××集团公司对我们的盛情接待表示衷心的感谢。

我们一行五人代表××公司首次来贵地访问,此次来访时间虽短,但收获颇多。仅三天时间,我们对贵地的电子业有了比较全面的了解,与贵公司建立了友好的技术合作关系,并成功地洽谈了×××电子技术合作事宜。这一切,都得益于主人的真诚合作和大力支持。对此,我们表示衷心的感谢。

电子业是新兴的产业,蒸蒸日上,有着广阔的发展前景。贵公司拥有一支由网络专家组成的庞大队伍,技术力量相当雄厚,在网络工作站市场中一枝独秀。我们有幸与贵公司建立友好的技术合作关系,为我地电子业的发展提供了新的契机,必将推动我地的电子业迈上一个新台阶。

其次,我代表××公司再次向×××集团公司表示感谢,并祝贵公司迅猛发展,再创奇迹。更希望彼此继续加强合作,共创明天!

最后,我提议:为我们之间正式建立友好合作关系,为今后我们之间的密切合作,干杯!

×××

20××年××月××日

第6篇
公关礼仪类文书写作

公关礼仪文书是指国家机关、企事业单位、社会团体或个人在社会交往、礼仪活动和商务活动中常用的各类文书；是在各种不同场合，根据不同情况，遵循相应的习俗和人情所撰写的礼仪文字材料。

6.1 贺信

6.1.1 贺信的认知

6.1.1.1 贺信的定义

贺信是指党政机关、企事业单位、社会团体或个人向取得重大成绩、作出卓越贡献的有关单位或人员表示祝贺或庆贺的礼仪书信。

6.1.1.2 贺信的特点

贺信具有表 6-1 所示的特点。

表 6-1　贺信的特点

序号	特点	具体说明
1	简明性	简明性是贺信的最大特点。寥寥数语，便将祝贺的情感传递给对方
2	祝贺性	制发贺信的目的就是祝贺对方取得了突出成绩或作出了杰出贡献
3	信电性	通过人工投递或电子邮件，送抵受贺者

6.1.1.3 贺信的分类

按作者的不同，贺信有单位发出和个人发出之分。而根据行文方向，则可将贺信分为上级给下级的贺信、下级给上级的贺信、平级单位之间的贺信，如表 6-2 所示。

表 6-2　贺信的分类

序号	类型	具体说明
1	上级给下级的贺信	这类贺信的内容可以是节日祝贺，也可以是对工作成绩表示祝贺等，一般在贺信的最后要提出希望和要求
2	下级给上级的贺信	这类贺信一般是对全局性的工作成绩表示祝贺，此外还要表明下级对完成有关任务的信心和决心
3	平级单位之间的贺信	这类贺信一般是对对方单位所取得的工作成就表示祝贺，同时还可以表明向对方学习的谦虚态度，以及保持和发展双方关系的良好愿望

6.1.1.4 贺信的结构

贺信一般由标题、称谓、正文、落款四部分构成,如表 6-3 所示。

表 6-3 贺信的结构

序号	组成	具体说明
1	标题	贺信的标题主要有两种形式: (1)直接由"文种"构成,居中排列 (2)由"发文机关+事由(或祝贺对象)+文种"组成
2	称谓	顶格写收受贺信的机关、团体或个人名称
3	正文	正文要另起一行,空两格写。主要应写明以下三层意思: (1)表明祝贺之意。要以极其简明的语言叙述当前形势,说明对方取得成绩的社会背景,或重要会议召开的历史条件,并由此引出祝贺的原因,热烈地表示祝贺之情 (2)肯定对方成绩。在充分肯定对方成绩的同时,有分寸地分析其取得成绩的主客观原因。如果是祝贺重要会议召开,应说明召开该会议的重要意义,表明对会议的期望;若是对下级机关(单位)取得的某项成绩表示祝贺,应提出希望和鼓励;如果是祝贺某人寿辰,应当颂扬对方取得的成绩、作出的贡献和拥有的高尚品德,表明对他的崇敬与尊重 (3)表达祝愿鼓励。要写表明祝愿和鼓励的话语,并提出殷切的希望和共同的理想,如"祝大会圆满成功""祝您健康长寿"
4	落款	写明发贺信的机关、团体名称或个人姓名,以及时间年、月、日

6.1.2 贺信的写作

6.1.2.1 贺信的写作要求

贺信的写作要求如表 6-4 所示。

表 6-4 贺信的写作要求

序号	写作要求	具体说明
1	明确主题	要紧紧抓住祝贺的事件,通过优美的文辞引出中心内容,以此表达热烈祝贺的心情,让人感受到鼓舞和力量
2	内容切实	内容要真实、切合实际,要对对方的行为或者事件进行恰当的评价,切忌言过其实
3	行文规范	要注意行文的规范性,称谓要恰当得体,语言要精练,篇幅以短小精悍为宜
4	情感真挚	要体现出自己最真诚的祝福,要写得感情饱满、充沛、真挚

6.1.2.2 贺信的写作模板

贺信

_____（称谓）：

_____

_____（表明祝贺之意）。

_____

_____

_____（肯定对方成绩）。

_____（表达祝愿、鼓励）。

_____（署名）
_____（日期）

6.1.2.3 贺信的写作范例

范例1

致××大学建校70周年的贺信

××大学：

露蝉声渐咽，秋日景初微。值此辛丑兰秋，欣闻××大学喜迎70周年校庆，××××有限公司谨向××大学全体师生员工，以及各界校友致以热烈的祝贺和诚挚的问候！

激荡七十年，峥嵘七十年；七十年风雨沧桑、源远流长；七十年教书育人、桃李芬芳。七十春秋的风雨历程，××大学充分发挥优良传统，开拓进取，自强不息，走上了以××特色专业发展为主的建设道路，为中国××领域培养了大量技术专业人才和管理人才，为中国××事业的发展作出了卓越贡献。对此，××××有限公司向××大学致以崇高的敬意。

××有限公司作为××大学科技园孵化产业成员企业中的一员，将严格落实××大学科技成果转化的相关政策，并依托于××大学××特色的"产、学、研一体化"结构，坚持产品自主可控，大力发展国产化，摆脱国外垄断。××××自成立以来，长期聚焦于×××××、×××××、×××××等方面的发展。尤其是，××相关产品的国产化，已与国内××、××院校和相关××科研机构达成重要合作。××××有限公司的发展壮大，离不开××大学领导的亲切关怀，离不开××大学的政策支持。

　　从心而上，璀璨××。愿××大学早日建设成为具有中国特色的世界一流××大学。

　　预祝××大学70周年校庆典礼活动取得圆满成功！

××××有限公司
20××年×月

范例 2

贺信

××××有限公司：

　　值此××网开通十周年之际，谨向你们表示热烈的祝贺！

　　全媒体时代，网络媒体是新闻宣传的主阵地。××网是集合文字、视频、网络、客户端于一体的全媒体平台，立足×××地区，服务××大众，是×××地区具有显著影响力的综合性网站。近几年，××网与我公司持续加强合作，为提升××××公司外宣工作、展示企业品牌形象提供了大力支持和帮助，取得了很好的成效。我们坚信，双方合作将取得更好的成果。

　　我们相信，在全媒体时代，××网将进一步发挥自身优势，持续发挥党的宣传阵地的作用，为××人民带来更多喜闻乐见的新闻作品和资讯信息。

　　祝××网越办越好！

××××有限公司
20××年×月

6.2 感谢信

6.2.1 感谢信的认知

6.2.1.1 感谢信的定义

感谢信是向帮助、关心和支持过自己的集体（党政机关、企事业单位、社会团体等）或个人表示感谢的专业书信，有感谢和表扬双重意思。

感谢信广泛应用于个人与个人之间、个人与组织之间、组织与组织之间，用来向给予自己帮助、关心和支持的对方表示感谢。

6.2.1.2 感谢信的特点

感谢信有感谢和表扬的双重意思，具有表 6-5 所示的特点。

表 6-5 感谢信的特点

序号	特点	具体说明
1	真实性	主要体现在两方面，一是感谢的对象要真实；二是叙述的事情要真实，事情发生的时间、地点、经过和结果及影响等，要如实叙述清楚
2	感召性	感谢信中充满了热情洋溢的感激之情，并适当地加以议论和评价，可使被感谢的一方受到鼓舞和鞭策，感谢一方从中也可受到教育和激励，对其他人也有一定的感染力和号召力
3	恰当性	表示感谢要符合双方的身份，如年龄、性别、境遇等。特别是要根据对方的具体情况表达谢意，感情要真挚、朴素，表达谢意的行动要符合实际，切实可行

6.2.1.3 感谢信的分类

按照不同的标准，感谢信可以有不同的分类。

（1）按照感谢对象的不同，感谢信可以分为表 6-6 所示的两类。

表 6-6 按感谢对象分类

序号	类型	具体说明
1	给集体的感谢信	这类感谢信的感谢对象是集体或单位，一般是个人或单位在困境中得到了某一集体的帮助，所以用感谢信的方式表达自己的谢意

续表

序号	类型	具体说明
2	给个人的感谢信	这类感谢信的感谢对象主要是某些个人，一般是针对其提供的帮助和便利表示感谢

（2）按照传送形式的不同，感谢信可以分为表 6-7 所示的两类。

表 6-7　按传送形式分类

序号	类型	具体说明
1	公开发布的感谢信	这种感谢信公开发布，可以在报刊刊登、电台广播或电视台播放，有助于帮助被感谢方树立社会正面形象
2	直接寄送的感谢信	将感谢信直接寄给被感谢的单位或个人

6.2.1.4　感谢信的结构

感谢信主要由标题、称谓、正文、结尾、落款五部分组成，如表 6-8 所示。

表 6-8　感谢信的结构

序号	组成	具体说明
1	标题	感谢信的标题可以采用以下三种形式： （1）直接由"文种"构成，居中排列 （2）由"感谢对象 + 文种"组成，如"致 ××× 的感谢信" （3）由"发文者 + 感谢对象 + 文种"组成，如"×× 致 ××× 的感谢信"
2	称谓	称谓是收信方的名称，也就是感谢对象的名称。称谓应左起顶格书写，如果是个人，则应在姓名后加"先生""女士"等尊称；有的还可以加上一定的修饰词，如"尊敬的"等，后加冒号。如果感谢对象比较多，无法在称谓中全部列出，那么可以把感谢对象放在正文中提出
3	正文	正文要另起一行，空两格写。主要应写明以下内容： （1）感谢原因。将对方对自己的帮助经过进行简要叙述，应写清楚人物、事件、时间、地点、原因和结果，尤其要重点叙述对方帮助的重要性 （2）简要评价。在对情况叙述的基础上，简要评价对方行为的意义，或指出其优秀品质，同时说明对自己帮助的重要意义，还可以表达向对方学习的态度 （3）谢意。可在正文开头首先表示感谢，也可在结尾再次重申谢意
4	结尾	感谢信结尾写表示尊敬、祝愿之语，常见的有"此致敬礼""致以诚挚的敬意""祝好人一生平安""祝事业发达"等
5	落款	（1）单位名称或个人姓名一般写在结束语下方空一至两行的右侧，可在写信人姓名之前注明身份，如"乘客 ×××""×× 县患者 ×××"等 （2）日期应写在姓名下方，年、月、日要齐全

6.2.2 感谢信的写作

6.2.2.1 感谢信的写作要求

感谢信的写作要求如表 6-9 所示。

表 6-9 感谢信的写作要求

序号	写作要求	具体说明
1	事实真实	根据已经发生的事实，巧用语言的艺术，全面、准确、客观地叙述事实、表达谢意，不宜过分夸大、铺张渲染
2	感情质朴	采用恰当的表达方式，恰当地表达感情，以记叙、说明为主，抒情、议论不宜过多，表达的感情要真诚、真挚、真切
3	语言得体	表示谢意的话要得体，既要符合被感谢者的身份，也要符合感谢者的身份
4	篇幅简短	篇幅适中，内容简明扼要，不宜长篇大论

6.2.2.2 感谢信的写作模板

感谢信

_____（称谓）：

_____

_____（感谢原因）。

_____

_____

_____

_____

__（简要评价）。

　　　　_____（表达谢意）。

　　　　　　　　　　　　　_____（署名）
　　　　　　　　　　　　　_____（日期）

6.2.2.3 感谢信的写作范例

范例3

感谢信

××××有限公司：

××合作组织成员国元首理事会第××次会议于20××年××月××日至××日在××盛大召开并圆满落幕。为配合我公司做好本次峰会的通信保障工作，贵公司付出了艰辛的努力。

在项目建设期间，贵公司高度重视，面对现场复杂、需求变更、时间紧迫等情况，贵司项目经理亲自带队开发，测试和工程人员进驻××现场，他们主动放弃周末休息时间，加班加点一个多月，最终保质保量完成了项目的开发任务。

在峰会保障期间，贵公司项目人员恪尽职守，定期进行系统巡检，实时监测异常流量攻击行为及场馆5G流量投入情况，及时通报安全预警，严格落实7×24小时值守制度，确保了峰会期间我司网络的安全稳定运行。

在此，特向贵公司致以最诚挚的感谢，并对信息安全事业部及×××团队成员的辛苦付出表示崇高的敬意！希望贵公司继续保持优良的服务，与我司精诚合作，共铸辉煌，并衷心祝愿贵公司的业务蒸蒸日上！

××××有限公司××分公司
20××年××月××日

范例4

致××××公司的感谢信

××××安全护卫服务有限公司：

在抗击"×·××"特大台风"××"中，贵司派驻我司的保安人员发扬一不怕苦二不怕累的连续作战精神，积极主动协助我司抗击特大台风暴雨，及时排除安全隐患,很好地维护了大厦的安全,特别是队长×××同志,以身作则、奋勇争先,得到我司领导以及干部职工的高度认可,对此我们表示衷心的感谢,并建议贵司对此员工给予适当的物质奖励。

此致

敬礼!

×× 市 ×× 物业管理有限公司

20×× 年 ×× 月 ×× 日

6.3 慰问信

6.3.1 慰问信的认知

6.3.1.1 慰问信的定义

慰问信是机关、团体、企事业单位或个人在特定情况下向受信一方表示问候、关怀、鼓励时所使用的专用书信。

6.3.1.2 慰问信的特点

慰问信具有表 6-10 所示的特点。

表 6-10 慰问信的特点

序号	特点	具体说明
1	情真意切	慰问信不是一般的礼仪寒暄,它需要写得真切动人,而这动人的力量主要来自真情境、真事件、真感情,切忌矫情造作
2	精神关怀	人与人之间,最珍贵的就是相互理解、同情和关怀,它可以使人摆脱孤独和无助,获得信心和力量。慰问信就是一种精神关怀的方式
3	希望号召	慰问信不仅表达关切和问候,也常常提出希望,发出号召,激励精神,鼓舞斗志

6.3.1.3 慰问信的分类

慰问信主要分为表 6-11 所示的三类。

表 6-11　慰问信的分类

序号	类型	具体说明
1	表彰性慰问信	这是对在重大斗争中取得胜利、在重要工作中取得成就、在重大活动中获得成果的集体或个人所发的慰问信。信中要对慰问对象取得的胜利、成就、成果和贡献给予充分肯定，要对慰问对象努力工作、英勇奋斗的精神给予表彰
2	安慰性慰问信	这是对遭受灾难袭击和不幸事故的集体或个人发出的慰问信。发生地震、洪灾、旱灾等自然灾害，政府等有关部门就需要向灾区的民众进行慰问；意外事故造成了伤亡，有关单位需要向受伤者及死亡者家属表示慰问；烈士为人民的利益捐躯，政府和人民也都会对他们的亲属表示慰问
3	节日性慰问信	在重要的节日，如元旦、春节、五一、国庆节、教师节等，党政机关、社会团体、企事业单位等，也需要对群众或特定人员进行慰问

6.3.1.4 慰问信的结构

慰问信一般由标题、称谓、正文和署名四部分组成，具体如表 6-12 所示。

表 6-12　慰问信的结构

序号	组成	具体说明
1	标题	慰问信的标题通常由以下三种方式构成： （1）单独由"文种"组成 （2）由"慰问对象＋文种"组成，如"给抗洪部队的慰问信" （3）由"慰问双方＋文种"组成，如"××致×××的慰问信"
2	称谓	慰问信的开头要顶格写上受文者的名称或姓名称呼。如果是写给个人的，应在姓名之后，加上"同志""先生"等字样，后加冒号
3	正文	正文要另起一行，空两格写。主要应写明以下意思： （1）发文目的。该部分要开宗明义，写清楚发此信是代表谁向谁表示慰问 （2）慰问缘由或慰问事项。本部分要概括地叙述对方的先进思想、先进事迹，或战胜困难、舍己为人、不怕牺牲的可贵品德和高尚风格，以示发信方的钦佩；或者简要叙述对方所遭受的困难和损失，以示发信方的关切 （3）结尾。表示共同的愿望和决心，如"让我们携手并进，为早日实现祖国的四个现代化而共同奋斗"；又如"……困难是暂时的，最后的胜利一定属于我们！"等。或表示祝愿，如"祝你们取得更大的成绩""祝节日愉快"等
4	署名	署上发文单位或发文个人的称呼，并在署名右下方署上成文日期

6.3.2 慰问信的写作

6.3.2.1 慰问信的写作要求

慰问信的写作要求如表 6-13 所示。

表 6-13　慰问信的写作要求

序号	写作要求	具体说明
1	有针对性	要有针对性地进行慰问，根据不同的目的和对象来确定语气，如表扬性慰问信就与安慰性慰问信的语气、用词有所不同
2	控制篇幅	篇幅要简短，不宜过长，感情要真挚。节日和表扬类慰问信，要体现出欣慰、褒奖；对遇到困难的群体进行慰问，要表示同情、安慰和鼓励
3	选择方式	根据发慰问信的目的和受众情况，可以选择不同的发布方式，如登报、张贴等

6.3.2.2 慰问信的写作模板

慰问信

_____（称谓）：

_____（发文目的）。

_____（慰问缘由或慰问事项）。

_____（结尾）。

_____（署名）

_____（日期）

6.3.2.3 慰问信的写作范例

范例 5

慰问信

"×·×"×××××全体应急工作人员：

你们辛苦了！

×月×日××江××××险情发生以来，在××的正确领导下，在××党组的统一安排部署下，你们以高度的责任感和强烈的忧患意识，迅速响应，积极主动作为，全力投入各项水文应急工作中。

你们第一时间赶到滑坡现场，抢测水位，迅速恢复××湖上游报汛；你们坚守测报一线，协调生产任务和应急工作，积极服务应急监测需要；你们废寝忘食，加强应急水文预报和水文分析，为××委会商和现场应急处置提供科学依据；你们加班加点，编制技术方案，调试自动测报设备，全力服务一线水文应急监测工作需要；你们连续作战，顶风冒雪，克服高原缺氧、交通不便等困难，昼夜兼程奔赴水文应急监测一线；你们全力做好一线所需物资、设备的运送和后勤服务以及宣传报道，为水文应急工作顺利进行提供有力保障。你们以自己的实际行动，为×××××应急处置作出了贡献，充分展示了××水文人顾全大局、团结奉献、顽强拼搏的精神风貌和过硬的技术能力与水平。在此，水文局党组和全局干部职工向你们表示衷心的感谢，并致以亲切的慰问和崇高的敬意！

当前，×××××应急处置正处于关键时期，水文应急监测、预报和分析等任务十分繁重艰巨。险情就是命令。希望你们牢记以人民为中心的发展思想，不负水利部和××委党组重托，再接再厉，团结协作，顽强拼搏，全力做好水文应急各项工作，为×××××科学稳妥处置和下游安全转移提供及时准确的水文信息，为××大保护再立新功。

同志们，全局干部职工时刻关注×××应急处置的进展情况，也时刻关注水文应急工作情况，特别是一线各站点同志的工作情况。希望大家注意安全，劳逸结合，保重身体，全面完成水文应急监测等工作任务，早日凯旋！

××委水文局党组
××委水文局
20××年××月××日

范例 6

致全体教职工的慰问信

尊敬的全校教职工：

　　秋风送爽，丹桂飘香。在这美好的季节里，我们迎来了第××个教师节。在此，我们代表学校向全体教职员工致以节日的祝贺和真挚的问候！向大家在教学、科研、管理、服务等方面作出的贡献表示衷心感谢和崇高的敬意！

　　年年花似锦，今年花更红。一年来，广大教职工在学校党委的领导下，秉承自强不息、百折不挠、求实创新、不断攀登的××精神，为××的建设发展作出了重要贡献。老师们依依不舍地送走了3463名毕业生，实现了一次性就业率为96.7%、优质就业率为80.98%的新突破，位居全省最前列；又将迎来3700多名来自全国各地的新学生。一年来，老师们荣获国家级教学成果二等奖、省级教育教学成果一等奖，获批教育部卓越幼儿园教师培养计划改革项目，获取国家专利、联合国妇女署和省部级以上各类科研项目；指导学生参加各类学科竞赛和技能竞赛，发表学术论文90余篇，我校学生在全国大学生数学建模大赛、信息技术应用水平大赛、电子商务挑战赛中喜报频传，获得国家级各类大奖60余项。一年来，老师们积极服务社会，用自己的热情和智慧创建妇女终身教育平台，培养培训全省幼儿园骨干教师、园长1000余人，培训妇女干部400余人；老师们到全省各地讲学、做报告，培养培训行业人才和妇女干部，受益人数达万人之多。一年来，老师们指导"三下乡"社会实践活动，关爱农村留守妇女儿童，受到共青团中央的表彰。

　　亲爱的老师们、同志们，你们牢记×××教师节重要讲话精神，坚持立德树人，把培育和践行社会主义核心价值观融入教书育人全过程，以党建和思想政治工作的优势、以"三严三实"专题教育和师德师风建设的卓越成效为青年学生的成长成才保驾护航；你们争做"四有"好老师，教书育人，关爱学生，做知识的引路人，心灵的工程师，赢得了学生的敬爱，赢得了家长和社会的赞誉。教学中，你们严谨治学、从严执教、精益求精、自我超越，以优良教风带动形成优良的学风；科研上，你们孜孜以求、锲而不舍、攻坚克难、不断开拓，才有今天的累累硕果。你们指导学生就业实习，奔波于学校和企业之间，忙碌而不知疲倦；你们指导学生参加各类大赛，满含期待、夙兴夜寐，奉献而没有抱怨；你们和学生一起服务社会，放弃了假日和休息时间，勤苦而不计得失。你们是学校的名片，学生是你们的名片。我们一批又一批的学生受到用人单位和社会的好评，那就是对老师、对学校最好的赞誉！

发展无止境，奋斗正其时。××前景光明而广阔，今后一个时期，我们将以××××精神、×××系列讲话精神特别是关于教育工作重要论述为指引，以学校××发展规划的制订、实施为契机，深化学校综合改革，促进学校内涵建设，更加注重人才培养质量提升，更加注重女性教育与研究特色发展，更加注重改革创新和国际化办学，凝心聚力建设特色××、幸福××，大力提升学校的竞争力和影响力。学校发展离不开广大教职工的智慧和力量，离不开广大教职工的拼搏和奋斗。特别是当前，面对即将到来的教育部本科教学合格评估，需要全体教职工更多的付出，更多的努力。过去，在新校区建设、改制升本、六十周年校庆等关键时刻，广大教职工不畏艰难，拼搏奉献，齐心协力，矢志不渝，创造了今天的××××学院。今天建设××的历史重任落在了我们的肩上，让我们以更加奋发有为的精神状态、更加务实高效的工作作风，抓住机遇，直面挑战，不辱使命，续写辉煌，共同开创××××学院更加灿烂美好的明天！

最后，祝全体教师节日快乐、身体健康、家庭幸福、万事如意！

党委书记：×××
院长：×××
20××年××月××日

6.4 表扬信

6.4.1 表扬信的认知

6.4.1.1 表扬信的定义

表扬信是以集体或个人的名义对某单位、个人的先进思想、模范事迹表示赞扬的一种专用信函。

6.4.1.2 表扬信的特点

表扬信具有表 6-14 所示的特点。

表 6-14　表扬信的特点

序号	特点	具体说明
1	弘扬正气，褒奖善良	表扬信表扬的都是那些为社会作出贡献的单位或个人，通过表扬好人好事来宣扬无私奉献、乐于助人的精神，以期形成良好的社会风气
2	表扬为主，兼顾感谢	表扬信一般均有感谢的成分，尤其当写信人与表扬事迹有关时，更要在表扬信中表达出自己的谢意
3	公开发文	表扬信可以张贴、登报，也可以在电台、电视台播放

6.4.1.3　表扬信的分类

按照不同的标准，表扬信可以有不同的分类。

（1）从表扬双方的关系来看，表扬信可以分为表 6-15 所示的两种。

表 6-15　从表扬双方的关系划分

序号	类型	具体说明
1	上级对下级、团体对个人的表扬	以领导机关或群众团体的名义表扬其所属的单位、集体或个人。这种表扬信可以在授奖大会上由负责人宣读，也可以登报或在电台、电视台播放
2	群众之间的表扬	这种表扬信不仅赞颂对方的好品德、好风格，也有感谢的意思。这种表扬信可直接寄给本人或所属单位，也可寄给报社、电台，请新闻单位帮助宣传

（2）从被表扬者的身份来看，表扬信可以分为表 6-16 所示的两种。

表 6-16　从被表扬者的身份划分

序号	类型	具体说明
1	对集体的表扬	对集体的表扬可以是上级领导、同级单位，也可以是群众团体
2	对个人的表扬	由于个人在工作中取得了优异的成绩，或为单位作出了巨大贡献，或者帮助别人解决了某些困难，因此受到单位或他人的表扬、表彰

6.4.1.4　表扬信的结构

表扬信通常由标题、称谓、正文和落款构成，具体如表 6-17 所示。

表 6-17　表扬信的结构

序号	组成	具体说明
1	标题	表扬信标题一般有三种形式： （1）单独由"文种"组成 （2）由"表扬对象＋文种"组成，如"致××的表扬信" （3）由"表扬者＋表扬对象＋文种"组成，如"××致×××的慰问信"

续表

序号	组成	具体说明
2	称谓	应在开头顶格写上被表扬的机关、团体或个人的名称、姓名。写给个人的表扬信，应在姓名之后加上"同志""先生"等字样，后加冒号。若是直接张贴到某机关的表扬信，开头可不写受文单位
3	正文	正文要另起一行，空两格写。一般包括下列内容： （1）交代表扬的理由。用概括叙述的语言，重点叙述人物的先进事迹，包括事情的发生、发展、结果及其意义。叙述要清楚，要突出事情的意义，用事实说话，少讲空道理 （2）指出被表扬者行为的意义。在叙事的基础上进行评价、议论，赞颂被表扬者的行为。评价应当切合事件，实事求是，不可拔高夸张 （3）表明态度。该部分要提出对被表扬者进行表扬，或者向对方的单位提出建议，希望其对被表扬者给予表扬，如"×××同志的优秀品德值得大家学习，建议予以表扬。"写给本人的表扬信，则应适当使用"深受感动""值得我们学习"等语句
4	落款	落款应写明发文单位名称或个人姓名，并在右下方注明成文日期

6.4.2 表扬信的写作

6.4.2.1 表扬信的写作要求

表扬信的写作要求如表 6-18 所示。

表 6-18 表扬信的写作要求

序号	写作要求	具体说明
1	表扬的事实要具体清楚	时间、地点、人物、事件、经过等要叙述具体，这是表扬的基础
2	评价要恰如其分，要与事迹相称	不空发议论，不以偏概全，不夸张赞美
3	态度要亲切，语言要热情	表扬信的感情色彩要浓，要充满激情，语言要流畅、活泼

> **相关链接**
>
> **表扬信与感谢信的区别**
>
> 1. 表扬信侧重表彰，感谢信侧重感谢。
> 2. 表扬信可以是当事人或相关者所写，也可以是旁观者所写，既可用第一人称，

也可用第三人称；而感谢信一般由当事人或相关者所写，一般用第一人称。

3.表扬信常用于上级对下级，单位、集体对个人或小集体行为的赞扬，一般不直接用于平级之间的表扬；而感谢信一般用于下级对上级，个人对集体、单位的表扬，也可以直接用于平级之间的表扬。

6.4.2.2 表扬信的写作模板

表扬信

_____（称谓）：

_____
_____
_____（表扬理由）。
_____
_____（简要评价）。
_____（表明态度）。

　　　　　　　　　　　　　　　_____（署名）
　　　　　　　　　　　　　　　_____（日期）

6.4.2.3 表扬信的写作范例

范例7

表扬信

××有限公司：

　　××村东、西区旧住宅区改造项目为全市棚改新政实施后首个获批项目，致力于将"棚改第一村"打造成为"××中心未来家园城市新标杆"。项目经理×××

同志带领的管理团队在项目Ⅰ标段工程建设中迎难而上，深入研究分析项目重点难点，精细策划并严格落实安全生产责任，做好现场安全文明施工工作，与××市生态环境局××管理局共同推进"共创生态堡垒，同创绿色工地"，并在第三方安全评估检查中获得了优秀成绩，展现了央企的担当与风采。

鉴于你司对××村项目作出的突出贡献，我司对你司项目管理团队提出表扬，希望你司继续加强专业团队建设，狠抓质量、严控安全，严格按照总控计划落实施工安排，确保项目工程建设稳步推进，为××村项目建设作出更大贡献。

××市××××有限公司
20××年××月××日

范例 8

致××××有限公司的表扬信

××××有限公司：

20××年××月××日，××省住建厅住房公积金综合服务平台验收专家组一行，对我中心综合服务平台渠道建设、功能实现和系统管控情况进行了检查验收，最终我中心以"优秀"等次通过了专家组验收，并获得了专家组的高度评价。该成绩的取得，离不开贵公司领导、技术人员的高度重视和紧密配合，在此我中心表示衷心的感谢！

在这次"综合服务平台验收"工作中，贵公司×××、×××两位驻场工程师用敬业的态度、良好的沟通、专业的技术、优秀的团队精神，保障了平台的平稳运行和项目的顺利验收，为缓解中心业务柜台压力作出了不可替代的贡献。我中心在此对以上驻场工程师提出表扬，同时也希望他们在今后的工作中继续保持这种优良的工作作风，再接再厉，为我中心信息化建设添砖加瓦。

××市住房公积金管理中心
20××年××月××日

6.5 声明

6.5.1 声明的认知

6.5.1.1 声明的定义

声明是就有关事项或问题向公众披露或澄清事实，表明自己立场、态度的一种启事类应用文。

政党和国家的领导机关及其领导人、机关单位、社会团体、企事业单位、其他组织或公民个人均可发表声明。

6.5.1.2 声明的特点

声明具有表6-19所示的特点。

表6-19 声明的特点

序号	特点	具体说明
1	公开性	声明就是要公开宣布，让公众知晓，通常还要在媒体上发布，具有公开性
2	表态性	声明通常对相关事项或问题进行披露或澄清，并表明自己的立场和态度。表态性是声明的本质特征
3	警示性	一些声明具有警告和警示他人、保护自己合法权益的意图和作用

6.5.1.3 声明的分类

声明具有广泛的公开社交性，既可作为政务文书，也可作为日用文书。对此，可将声明分为表6-20所示的几类。

表6-20 声明的分类

序号	类型	具体说明
1	政务类声明	政务类声明包括对外声明、政府声明、联合声明（多用于国与国之间）等，如1984年签署的《中英关于香港问题的联合声明》、2005年签署的《中俄关于21世纪国际秩序的联合声明》

续表

序号	类型	具体说明
2	民事类声明	民事类声明也可以称为警告性声明。主要指当自己的某种合法权益受到侵害时，为维护自己的合法权益，引起公众舆论关注，要求侵权方停止侵害行为而发表的声明，包括维护自身权益（如著作权、专利权、产权等）的声明和挂失、作废之类的说明性声明等。其目的在于表明自己的立场、态度，对侵权者进行警示或警告，防止侵权行为的发生或制止已经发生的侵权行为。可以警告侵权方，如不立即停止侵权行为并消除侵权造成的影响，将依法承担相应的法律责任。单位的名义、注册商标、产品认证标志等被人冒用，即发这类声明
3	告启类声明	告启类声明是在遗失支票、存单、提货单、证件、文件、印章、凭证等重要凭据或证明文件时，为了防止他人和不法分子冒领冒用等行为发生，提醒相关单位和个人注意而发布的声明。这类声明可以预防侵害行为的发生，以避免或减少声明发布者的损失。其目的主要在于提醒公众及有关部门注意，不使公众上当受骗或者自己蒙受损失。由于遗失物件一般是自身的原因所致，并且这种声明所指的对象具有不特定性，因而发表声明只是被动预防性表态，不能像民事类声明那样理直气壮地提出警告性要求

6.5.1.4 声明的结构

声明通常由标题、正文、落款三个部分组成，如表 6-21 所示。

表 6-21　声明的结构

序号	组成	具体说明
1	标题	声明的标题一般有以下几种形式： （1）直接由"文种"组成 （2）由"发文单位+文种"组成，如"商务部商业改革司声明" （3）由"态度+文种"组成，如"郑重声明""严正声明" （4）由"事由+文种"组成，如"知识产权声明""关于有人冒用本公司名义进行商业活动的声明" （5）由"发文单位+事由+文种"组成，如"××集团关于反商业贿赂行为的声明"
2	正文	正文通常分为以下三个层次： （1）写明发表声明的原因，包括作者对基本事实的认定。这是发布者表达自己立场和态度的基础，要写得准确而简洁。如果是授权律师发表声明，开头必须写清受谁的委托 （2）表明发布者的立场和态度，有时直接写明下一步要采取的行动。写作时，要视声明的重点而定。如果重在披露或澄清事实，可以采取概述的方式；如果重在说明问题，可以依照一定的顺序或以条文的方式逐一表达；如果重在主张某项权利，可以将该内容单列一段。声明如果需要公众协助，还应在文中或正文左下方写明联系方式 （3）结束语。有的声明以"特此声明"作为结语，以示再次强调；也可以不写结束语

续表

序号	组成	具体说明
3	落款	（1）署名。正文之后署上发布者名称，可以是单位，也可以是个人，必须是真实的名称。如果有重名的情况，要注意区别 （2）日期。即发布声明的日期，一般情况下，需要精确到日

6.5.2 声明的写作

6.5.2.1 声明的写作要求

声明的写作要求如表 6-22 所示。

表 6-22 声明的写作要求

序号	写作要求	具体说明
1	内容真实，语气严谨	声明的内容要真实，表述要简明扼要，措辞要得体，语气一定要严谨、强硬、严肃、正规
2	声明内容不能侵犯他人权利	有的声明是为了维护自己的合法权益，在表达自己的态度、立场时，要注意不能侵犯他人合法权益
3	遗失声明登报时另有格式	遗失声明在报纸上刊登时，报社通常会从广告处理和版式设计的角度对其格式进行设置

6.5.2.2 声明的写作模板

声明

_____（称谓）：

_____

_____（发表声明的原因）。

_____

_____（表明态度和立场）。

_____（署名）
_____（日期）

6.5.2.3 声明的写作范例

 范例 9

声明

各会员单位：

近期发现由××××管理咨询有限公司等单位主办的"第×届亚太港口科技国际峰会"未经许可将我会列入支持单位，在行业内大范围发送邀请函。

现郑重声明，我会从未同意成为该活动的支持单位，也未参与该项活动。对××××管理咨询有限公司的做法，我会已提出了交涉，并保留进一步追究责任的权利，请各会员单位周知。

××××协会

20××年××月××日

 范例 10

郑重声明

××市××××有限公司（下称本公司）从未加入中国××服务协会，为避免该协会以本公司的名义开展相关的宣传工作或商业活动，本公司特做如下声明：

一、本公司不是中国××服务协会的会员，后续也不会加入中国××服务协会。

二、中国××服务协会所组织的宣传工作以及商业活动，本公司并未参与，其组织的宣传工作以及商业活动所产生的一切商业责任均与本公司无关。

三、如中国××服务协会未经本公司同意以本公司的名义开展相关的宣传工作或商业活动，本公司将追究其法律责任。

特此声明！

××市××××有限公司

20××年××月××日

6.6 讣告

6.6.1 讣告的认知

6.6.1.1 讣告的定义

讣告也叫讣文，又叫"讣闻"，是人死后报丧的凶讯。"讣"原指报丧、告丧，也指死者亲属向亲友及有关方面报告丧事所用的文书；"告"是让人知晓。讣告就是告知某人去世消息的一种丧葬应用文体，用于死者所属单位组织的治丧委员会或者家属向其亲友、同事、社会公众报告某人去世的消息。

讣告要在遗体告别仪式之前发出，以便让死者的亲友及时做好必要的安排和准备，如准备花圈、挽联等。讣告可通过专业的网络媒体发布，还可登报或通过电台向社会发出，以便使讣告的内容迅速而广泛地在社会传播，让公众知晓。

6.6.1.2 讣告的特点

讣告具有表 6-23 所示的特点。

表 6-23 讣告的特点

序号	特点	具体说明
1	公开性	讣告用来宣布死者去世的消息，其内容是公开的
2	知照性	无论是哪类讣告，其目的都是通知社会各界及其亲友
3	时效性	讣告要在遗体告别仪式举行之前发出，以便让逝者的亲友及时做好必要的安排，如准备花圈、挽联等

6.6.1.3 讣告的分类

常用的讣告主要分为一般讣告、新闻式讣告以及公告式讣告，如表 6-24 所示。

表 6-24 讣告的分类

序号	类型	具体说明
1	一般讣告	这种讣告主要用于普通人物的去世，有时也可以用在重要人物去世的场合。此类讣告篇幅短小，内容极为简单，主要目的就是通知死者的亲友及有关单位。讣告的发布形式主要为张贴，有时也可寄送。这种讣告的适用范围极为广泛

续表

序号	类型	具体说明
2	新闻式讣告	这种讣告主要用于有一定声望和影响的知名人士逝世，其主要通过新闻媒体公布，告知社会各界
3	公告式讣告	此种形式的讣告是讣告中最为隆重、庄严的形式，一般用于党和国家主要领导人或者在社会上具有崇高地位或声誉的知名人士

6.6.1.4 讣告的结构

讣告一般由标题、正文和落款三部分组成，如表 6-25 所示。

表 6-25 讣告的结构

序号	组成	具体说明
1	标题	一般讣告通常采用"讣告"二字作为标题；新闻式讣告多采用"××同志逝世"作为标题；公告式讣告则为"×××同志治丧委员会公告"
2	正文	讣告的正文包括三个方面的主要内容： （1）逝者简介，具体内容有逝者姓名、身份（工作岗位、职务、职称）、死亡原因、死亡时间、死亡地点、终年岁数等 （2）主要的治丧活动安排，具体内容有何时在何处举行遗体告别仪式或举行追悼会，何时在何处集合或登车，欲送花圈者如何与治丧委员会联系等 （3）结束语，一般写"特此讣告"即可
3	落款	落款包括署名和发布时间。署名可以是单位名称，也可以是单位组织的治丧委员会名称。日期则为具体发布的时间。有时，在尾部还会将治丧委员会成员名单一一列出，以示重视

6.6.2 讣告的写作

6.6.2.1 讣告的写作要求

讣告的写作要求如表 6-26 所示。

表 6-26 讣告的写作要求

序号	写作要求	具体说明
1	用语严肃、简练	语言要严肃、庄重，以体现对死者的哀悼
2	内容精练、简明	逝者的生平介绍要准确，评价要到位，要适度拔高但不要脱离实际
3	用纸颜色讲究	讣告用纸，根据中国传统习惯，一般用白纸或黄纸，上书黑字

6.6.2.2 讣告的写作模板

讣告

_____

_____（逝者简介）。

_____

_____（治丧活动安排）。

特此讣告。

_____（署名）

_____（日期）

6.6.2.3 讣告的写作范例

讣告一

××学院教授、博士生导师、××省××学会原会长×××同志，因病医治无效，于20××年××月××日××时××分在××医院逝世，终年××岁。

兹定于×月×日上午×时在××殡仪馆举行×××同志遗体告别仪式。

特此讣告。

×××同志治丧委员会

20××年××月××日

讣告二

中国共产党优秀党员、中国科学院院士、原××大学副校长×××同志，因病医治无效,于20××年××月××日××时××分在××医院逝世,终年××岁。

×××同志遗体告别仪式定于20××年××月××日(星期×)上午×时在××殡仪馆举行。

特此讣告。

×××大学
20××年××月××日

6.7 唁电

6.7.1 唁电的认知

6.7.1.1 唁电的定义

唁电是单位(或个人)向丧家或所在单位表示吊唁的电文。它既可以表示对死者的悼念,又可以向丧家表示安慰和问候。

6.7.1.2 唁电的特点

唁电具有表 6-27 所示的特点。

表 6-27 唁电的特点

序号	特点	具体说明
1	具有慰问性	唁电既可颂扬逝者生平,表达哀悼之意,又能给予其家属最诚挚的安慰
2	体现庄重性	唁电文字凝练、篇幅较短、感情深沉、文风严肃,对逝者的功绩、情操给予恰当的评价,并安慰其家属要节哀
3	发布形式多样	重要人物或有较大影响的人物的唁电,除直接发给逝者的单位和家属外,还要进行广播和登报

6.7.1.3 唁电的分类

依据发布方的情形,可将唁电分为表 6-28 所示的几类。

表 6-28 唁电的分类

序号	类型	具体说明
1	单位团体之间拍发的唁电	这类唁电所悼念的逝者多是原机关单位或群众团体的主要领导人，或在某方面有建树、为社会作出了巨大贡献的杰出人物、英雄、模范、艺术家、科技工作者及其他方面知名人士等。这类情况，往往因为发电方同逝者不在同一地，来不及前往悼念，故而以唁电形式表示哀悼和慰问
2	以个人名义拍发的唁电	这类唁电的发布者同逝者生前往往是志同道合的朋友，有过密切交往或深受其教诲、关怀与帮助，在惊闻噩耗后，以唁电的形式表示悼念之情
3	国与国之间拍发唁电	这类唁电一般发给对方国家的政府机关或其他相应的重要机构。逝者一般为重要的国家领导人或为两国的和睦关系、经济发展作出过巨大贡献的重要人物。一方发去唁电，以示对逝者的哀悼

6.7.1.4 唁电的结构

无论是哪种类型的唁电，一般都由标题、称谓、正文、结尾和落款构成，如表 6-29 所示。

表 6-29 唁电的结构

序号	组成	具体说明
1	标题	标题有以下两种形式： （1）由"文种"构成，置于首行正中位置 （2）由"逝者亲属姓名或单位名称＋文种"构成，如"致×××的唁电"
2	称谓	另起一行，顶格写接受唁电的单位名称或丧者家属姓名。姓名后可以根据不同对象加上相应的称呼，如"夫人""女士""先生""同志"等。称谓后面加冒号
3	正文	正文要另起一行，空两格再写。正文通常由以下几项内容组成： （1）直言噩耗传来后的悲痛心情 （2）简述丧者生前的光辉业绩、高尚品德，激起人们的缅怀之情 （3）表达继承丧者遗志的决心 （4）向丧者家属表示亲切的问候和安慰
4	结尾	一般写上"肃此电达""特电慰问""特持函吊唁""×××千古"等语句
5	落款	（1）署名写在右下方，要写明拍发唁电的单位名称或个人姓名 （2）在署名下面写上发唁电的日期

6.7.2 唁电的写作

6.7.2.1 唁电的写作要求

唁电的写作要求如表 6-30 所示。

表 6-30 唁电的写作要求

序号	写作要求	具体说明
1	感情真挚，淳朴自然	要以诚挚的情感来表示对丧者的深切哀悼，要写得深沉、淳朴、自然、催人泪下，万不可油腔滑调
2	把握人物，突出本质	叙述丧者生前品德、情操、功绩时，要突出本质，给予恰当的评价，不可一一赘述或本末倒置
3	语言精练，文字简短	语言要短小精悍，用语要庄重严肃，尽量避免使用修饰语

6.7.2.2 唁电的写作模板

唁电

_____（称谓）：

_____

_____（表达发电者的悲痛心情）。

_____

_____（丧者生平简介）。

_____

_____（表达慰问）。

_____（署名）

_____（日期）

6.7.2.3 唁电的写作范例

范例 13

唁电一

×××同志治丧委员会：

惊悉原××市体委副主任、原国家××主教练×××同志不幸逝世，我们为失去这样一位优秀的××前辈、××工作者深感悲痛。专此致函，中国××协会对×××同志的逝世表达沉痛悼念之情，并对×××同志的家属致以最诚挚的慰问。

×××同志的一生是为中国××和××事业努力奋斗的一生。他曾任××××××、××××××、××××××以及中国××主教练等。

×××同志热爱祖国、热爱人民、热爱××事业；他团结同志，识大体、顾大局，关心他人，严于律己，不计较个人得失，服从组织安排；他热爱学习，刻苦钻研，长期从事××专业训练和教学工作，毕生致力于中国××事业，对推动××运动的发展和普及作出了积极贡献。

×××同志的逝世是中国××界的损失，××人不会忘记他，中国××的历史不会忘记他，他的朋友、战友、学生将永远怀念他。

×××同志千古！

中国××协会
20××年××月××日

范例 14

唁电二

×××先生治丧办并亲属：

惊悉×××先生不幸仙逝，万分悲恸！谨向×××先生表示最崇高的敬意和沉痛哀悼，向×××先生亲属表示亲切慰问！

×××先生是××项目的发起者和奠基人，从工程选址、立项、设计到最终实施，×××先生投入了毕生精力，为铸造××作出了举世瞩目的贡献。我司作为设计单位，有幸参与了××项目的建设工作，在设计过程中，和×××先生及×××团队共同生活、学习、研究、探讨，结下了深厚的情谊。×××先生对科学的一丝不苟，对各学科的融会贯通，对后辈的谆谆教导，深深打动并鼓舞了我们。先生的音容，至今仍在眼前。我等后辈一定秉承先生遗志，潜心学术，砥砺前行！

　　肃此电达！

××市××××有限公司
20××年××月××日

6.8　悼词

6.8.1　悼词的认知

6.8.1.1　悼词的定义

悼词是对死者表示哀悼的讲话或文章。它有广义和狭义之分，广义的悼词指向死者表示哀悼、缅怀与敬意的一切形式的悼念性文章；狭义的悼词专指在追悼大会上对死者表示敬意与哀思的宣读式专用哀悼文体。

悼词一般在追悼会上，由死者生前所在单位的主要领导人或者身份恰当的人当众宣读。追悼会后视情况并按照有关规定，有的悼词可以在报纸上发表或存档。

6.8.1.2　悼词的特点

悼词具有表 6-31 所示的特点。

表 6-31　悼词的特点

序号	特点	具体说明
1	肯定死者	悼词往往侧重于总结死者的生平业绩，并肯定其一生的贡献，是一种具有高度思想性和现实性的文书，不仅可以寄托哀思，而且能通过死者的业绩激励后来者

续表

序号	特点	具体说明
2	内容积极	悼词的内容都是积极向上的，情感基调是昂扬健康的。不像古代的哀悼文，一味地宣泄情绪，充满悲伤的情调，它是排除一切感伤主义、悲观主义、虚无主义等消极内容的文体。它面对和影响的不是过去，而是现在和将来
3	表现多样	悼词的表现形式和表现手法都具有多样性。它既可以写成记叙文或议论文，又可以写成散文；既能以叙事为主，也能以议论为主，还能以抒情为主；既有宣读形式，又有书面形式。总而言之，都是以质朴无华的语言和多种多样的形式体现化悲痛为力量的积极思想

6.8.1.3 悼词的分类

悼词分类有不同的角度和标准。

（1）按照用途，可将悼词分为表 6-32 所示的两类。

表 6-32 悼词按用途分类

序号	类型	具体说明
1	宣读体悼词	这种悼词专用于追悼大会，由一定身份的人进行宣读。它是对在场参加追悼的同志讲话，而不是对死者讲话。悼词表达出全体在场人员对死者的敬意与哀思，同时勉励群众化悲痛为力量。宣读体悼词以叙述或评论死者的生平功绩为主，并不抒发个人情感。另外，宣读体悼词受追悼大会时间、地点、条件的限制，在形式上相对来说也较为稳定
2	艺术散文类悼词	这类悼词内容广泛，包括向死者表示哀悼、缅怀与敬意的所有文章，大都发表在报纸杂志上。这种文章通过对死者生前事迹的回忆，展现死者的品质和精神。虽志在怀念，但落脚点却在死者精神对活着的人的鼓舞和激励上

（2）按照表现手段，可将悼词分为表 6-33 所示的三类。

表 6-33 悼词按表现手段分类

序号	类型	具体说明
1	记叙类悼词	记叙类悼词以叙述死者的生平业绩为主，并适当地结合抒情或议论，这是现代悼词最常见的类型。朴实的记叙文体，字里行间却充满对死者的哀悼和怀念之情。宣读体悼词和书面体悼词均可以采用这种形式
2	议论类悼词	以议论为主，抒情、叙事为辅，这类悼词重在评价死者对社会的贡献。议论类悼词能够和现实生活紧密结合，是社会意义较强的一种哀悼文体
3	抒情类悼词	这类悼词以抒发对死者的悼念之情为主，并适当地结合叙事或议论。抒情类悼词经常以抒情散文的形式表现，文学色彩浓厚，能在情感上打动人。它与一般抒情散文的不同在于，悼词的情感不同于普通的情感，它崇高而真挚，质朴而自然

6.8.1.4 悼词的结构

通常来讲，悼词没有固定的格式，但宣读体悼词的形式却相对稳定，在此主要介绍一下宣读体悼词的格式与写法。宣读体悼词主要由标题、称呼、正文和落款四部分构成，如表 6-34 所示。

表 6-34 悼词的结构

序号	组成	具体说明
1	标题	标题的组成方式有以下两种情况： （1）直接由"文种"构成 （2）由"死者姓名+文种"构成，如"在×××同志追悼会上的悼词"
2	称呼	另起一行，顶格书写大众化称呼，如"同志们""女士们、先生们"等
3	正文	悼词的正文通常由开头、主体、结尾三部分构成： （1）开头。以沉痛的心情说明召开或参加此次追悼会的目的，尽可能全面而准确地说明死者的职务、职称和称呼，以示尊崇，要注意这些称呼之间的先后排列顺序。接着简要地概述死者何年何月何日何时何原因与世长辞，以及享年等 （2）主体。承接开头，缅怀死者，这是悼词的主体部分。该部分主要由两方面组成，一是介绍死者的生平事迹，即对死者的籍贯、学历以及生平业绩进行集中介绍，以突出死者对人民、对社会的贡献。二是对死者的思想、精神、作风、品质、修养等作出综合评价，强调其对他人和社会产生的积极影响，如鼓舞、激励了青年人，为后人树立了榜样等。该部分可先概括地说，再具体地介绍；也可先具体地介绍，再概括地总结 （3）结尾。主要包括生者对死者的悼念及如何向死者学习、继承其未竟事业、化悲痛为力量，为国家、为社会作出更大的贡献等内容。最后要写上"永垂不朽""精神长存"之类的话语
4	落款	一般只署成文日期

6.8.2 悼词的写作

6.8.2.1 悼词的写作要求

悼词的写作要求如表 6-35 所示。

表 6-35 悼词的写作要求

序号	写作要求	具体说明
1	撰写者必须是死者生前所在的单位或组织	一般情况下，悼词都是由死者生前所在的单位或组织进行撰写，同时可以征求其生前工作过的其他单位或组织的意见，有时也可以征求其遗属的意见，但最后审定还是由集体讨论或主管领导批准确认。因此，从某种程度上来说，悼词是单位或组织对死者一生的总结和概括。在大多数情况下，悼词经审定公布后，就不会再做改变

续表

序号	写作要求	具体说明
2	实事求是	在撰写悼词的时候，要做到尊重历史、褒扬得当。每个人的一生都有过成就和失误，有顺境也有逆境，因此外界的评价往往褒贬不一。要从实际出发，认真筛选材料，仔细斟酌。按照中国的传统，人既然已经去世，在悼词中不宜体现其错误和缺点，不过其中的褒贬之词应当实事求是
3	符合死者身份	在撰写的过程中，要注意选取死者最具代表性的经历，力求突出其优点，但是不需要面面俱到。注意篇幅要简短，记叙有详有略
4	语言质朴	在撰写悼词的时候，语言要质朴和严肃，避免使用带有消极、迷信色彩的词语

6.8.2.2 悼词的写作模板

悼词

_____（称呼）：

_____

_____（开头——述其哀——悼念）。

_____

_____（主体——赞其功——评价）。

_____（结尾——颂其德——悼念）。

_____（日期）

6.8.2.3 悼词的写作范例

范例 15

悼词

尊敬的各位领导、各位同仁、各位来宾：

今天，我们怀着极其沉痛的心情，深切悼念德高望重的老校长——×××同志。×××同志因病医治无效，于20××年××月××日不幸离世，享年××岁。

×××同志生于19××年××月××日，19××年考入××师范，19××年参加工作,先后在××××、××、××、××、××、××等地任教,19××年加入中国共产党。×××同志十分热爱家乡,19××年从××调入××县××初中任校长,20××年退休。

×××同志忠诚于党,忠诚于人民,忠诚于教育事业。选择了教育就选择了奉献,选择了教师就选择了无悔。无论是作为一名教师,还是身为校长,×××同志心中想的只有学生,只有教育。哪个学生辍学,哪个学生生病,哪个班级出现问题,他无不牢记于心,日夜奔波。家里孩子多,生活负担重,但是他从未因家里私事而耽误工作。风里来,雨里去,无处不出现他繁忙工作的身影。花的事业是美丽的,叶的事业是朴实的。他就是一片绿叶,一只到死丝方尽的春蚕,一支点燃自己照亮别人的蜡烛。他是一位长者,谦恭随和,与人为善;他更是一位智者,爱岗敬业,教书育人,把自己的毕生精力奉献给了学生,奉献给了学校,奉献给了社会。他是辛苦的,操劳一生,鞠躬尽瘁;他是幸福的,桃李满天,福泽四方。在几十年的教育生涯中,他因教学成绩优秀,多次获得优秀教育工作者的光荣称号。

×××同志淡泊名利,一心为公,担任校长多年,两袖清风,一尘不染。他的一生是光荣的一生,是勤勤恳恳为人民服务的一生,是为教育事业奋斗的一生。

老校长的仙逝,是教育事业的一大损失。我们应该化悲痛为毅力,学习老校长强烈的事业心、高度的责任感、脚踏实地的办学精神和严谨的治学作风,发扬依靠师生和社会各方力量办好学校的光荣传统。我们以同心同德,坚持不懈,深化、完善教育管理体制改革,增强学校活力,提高教育教学质量的实际行动,寄托我们的哀思。

×老校长,您安息吧。流淌的河水是我们不尽的哭泣;袅袅的烟雾是我们绵绵的哀思。您的音容笑貌将永记我们心间!

死者长已矣,托体同山阿。我们从心底里祝愿:×老校长,您一路走好!

20××年××月××日

范例 16

在××同志追悼会上的悼词

亲友们、同志们:

今天,我们怀着万分沉痛的心情,在这里举行简朴但却庄重的仪式,向××同志遗体告别,深切悼念××公司离休老干部、德高望重的老领导××同志,缅怀他光辉的一生,学习他高贵的品质,完成他未竟的事业。

××同志因病医治无效,于20××年××月××日下午××时××分不幸离世,享年××岁。

××同志出生于19××年××月,19××年××月参加工作,19××年××月加入中国共产党,20××年××月经市委组织部批准离职休养,享受×级待遇。

××同志19××年××月至19××年××月在×××任职,19××年××月至19××年××月在×××任××××,19××年××月至20××年××月在×××任××××,××××。

××同志热爱党、热爱××事业,坚持原则,大公无私,工作认真负责,是一位优秀的共产党员。19××年××月和19××年××月分别被××省和××市评为××××。××同志立场坚定,爱憎分明,认真执行党的各项方针政策,团结同志,严于律己,宽以待人,自觉遵守党的纪律,发挥了一个共产党员应有的先锋模范作用,为××事业作出了不可磨灭的贡献。××同志离休后依然关心××事业和公司的发展,体现了一位共产党员的高尚品质。

××同志一生是光辉的一生。作为一个干部,他既有渊博的理论知识,又有丰富的领导经验。对待工作,××××,可谓××××。对待同事,他××××,××××。

……

现在,这位高山仰止,令人敬佩的老领导、好同志与我们永别了,但他的音容笑貌,他不灭的精神,使我们感受到他仍然生活在我们中间。

安息吧,××同志!××同志永垂不朽!

20××年××月××日

6.9 请柬

6.9.1 请柬的认知

6.9.1.1 请柬的定义

请柬又称请帖,是邀请宾客参加某一活动时所使用的一种书面形式的通知。

请柬在社会交往中用途广泛，会议、典礼、宴饮、晚会等活动中，用请柬邀请宾客，可表示活动的隆重以及对宾客的尊重。请柬其实就是简便的邀请书，但它比邀请书更为正式和郑重。

6.9.1.2 请柬的特点

请柬具有表 6-36 所示的特点。

表 6-36 请柬的特点

序号	特点	具体说明
1	告知性	发请柬的主要目的是告知被邀请者有关情况，因此，请柬中一定要准确写明相关活动的时间、地点、内容和要求等，不能出错或遗漏
2	郑重性	请柬具有邀请书的属性，但它比邀请书更为郑重。发请柬能表明对被邀请者的尊敬，也能表明邀请者的郑重态度。即使被邀请者近在咫尺，也应送请柬。凡属比较隆重的喜庆活动，邀请客人均以请柬为主
3	艺术性	请柬除了具有一般应用文的实用价值之外，也具有特殊的艺术价值。请柬是邀请客人用的，所以在装帧、款式设计上讲究艺术性。通常用书法、绘画、剪纸等来装饰请柬，一张精美的请柬会使人感到亲切和愉快
4	及时性	请柬的发送时间要讲究，如果过早发送，被邀请者容易遗忘；如果过迟发送，被邀请者会来不及准备

6.9.1.3 请柬的分类

按不同的标准，请柬可以分为不同的类型。

（1）按形式，可将请柬分为表 6-37 所示的两类。

表 6-37 请柬按形式分类

序号	类型	具体说明
1	卡片式请柬	卡片式请柬是用一张硬卡片，正面印上卡片名称（如生日卡片、宴会卡片）和美术图案；背面空白，用于书写邀请事项。卡片式请柬比较简朴，常用于一般的交际关系
2	折叠式请柬	折叠式请柬是将卡片折叠起来，分为内外两部分。卡片外面是请柬的名称及精美图案；里面空白，用于书写邀请事项。比较讲究的请柬，在内里常另附一张写作用纸，并用丝带同封面系在一起。折叠式请柬显得更为郑重、精美，加上考究的装帧，更体现了礼仪气氛 折叠式请柬根据开启的方式不同，又可以分为左开式、右开式、下开式、镂空式等

（2）按书写方式，可将请柬分为表 6-38 所示的两类。

表 6-38 请柬按书写方式分类

序号	类型	具体说明
1	竖式请柬	由右向左纵向书写的请柬就是竖式请柬，这是传统的请柬形式，被称为中式请柬
2	横式请柬	横向书写的请柬就是横式请柬，随着中西文化的融合，人们养成了横向阅读、书写的习惯，因而横式请柬也逐渐增多，其也被称为西式请柬

（3）按内容，可将请柬分为表 6-39 所示的三类。

表 6-39 请柬按内容分类

序号	类型	具体说明
1	喜庆请柬	喜庆请柬是指用于婚嫁、寿庆、满月、开张、乔迁、庆典等庆祝活动的请柬
2	丧葬请柬	丧葬请柬就是一种报丧请柬，它的制作以素雅为根本特征，一般为白纸黑字。即使做美术装饰，也必须采用同丧葬礼仪相协调的图案和颜色，一定要体现出庄严肃穆的气氛
3	日常应酬的请柬	日常应酬的请柬是指用于除婚丧嫁娶、节庆礼仪之外的其他活动的请柬。如社团聚会、学术交流、送别钱行、接风洗尘等活动，也常常需要发请柬，邀请与会者到场

6.9.1.4 请柬的结构

请柬一般由标题、称谓、正文、结尾和落款组成，如表 6-40 所示。

表 6-40 请柬的结构

序号	组成	具体说明
1	标题	通常请柬已按照书信格式印制好，封面也已直接印上了"请柬"或"请帖"字样。发文者只需填写正文
2	称谓	要顶格写出被邀请者（单位或个人）的名称或姓名，如"××单位""××先生"等。称呼后加上冒号
3	正文	要写清活动内容，如开座谈会、联欢晚会、生日派对、国庆宴会、婚礼、寿诞等，写明时间、地点、方式。如果是请人观看表演，还应附上入场券。若有其他要求，也需注明，如"请准备发言""请准备节目""请穿正装出席"等，可写在正文左下方。如果活动地点比较偏僻，或者对于部分人来讲不熟悉，就要在请柬上注明行车路线、乘车班次等
4	结尾	要写上礼节性问候语或恭候语，如"敬请光临指导""敬请光临""敬请参加""恭候光临""届时敬请光临赐教"等
5	落款	署上邀请者（单位或个人）的名称和发柬日期

6.9.2 请柬的写作

6.9.2.1 请柬的写作要求

请柬的写作要求如表 6-41 所示。

表 6-41 请柬的写作要求

序号	写作要求	具体说明
1	用语要准	即要准确通顺,不要堆砌辞藻或套用公式化语言
2	表意要雅	即要讲究文字美,请柬是礼仪交往的媒介,乏味或浮夸的语言会使人很不舒服
3	叙述要顺	不可为了雅而去追求古文言。要尽量用新的、活的语言。古朴典雅的文言语句可偶尔用之,但需恰到好处
4	效果要佳	整体上来说,要根据具体的场合、内容、对象、时间,认真地措辞,做到简洁明确、庄重文雅、热情大方

6.9.2.2 请柬的写作模板

请柬

_____(称谓):

_____

_____(活动内容)。

_____

_____(具体要求)。

_____(恭候性结语)。

_____(署名)

_____(日期)

6.9.2.3 请柬的写作范例

请柬一

尊敬的××女士/先生:

××××酒庄将于20××年××月××日上午××时(星期×,农历×月初×)盛大开业,并在××时于××酒店举行开业晚宴。届时合作伙伴、政府部门、企业及各界朋友欢聚一堂,同叙友谊,共话未来。

感谢您长期以来对××××酒庄的支持与厚爱,烦请您拨冗赐教,诚挚邀请您的莅临。

××××有限公司
20××年××月××日

请柬二

尊敬的×××老师:

兹定于20××年××月××日(星期×)下午××时在离退休处三楼活动中心举行××大学20××年离退休教职工迎新春茶话会。

在此,我们诚挚地邀请您出席本次茶话会,届时将恭候您的莅临。

××大学离退休处
20××年××月××日

6.10 聘书

6.10.1 聘书的认知

6.10.1.1 聘书的定义

聘书是聘请书的简称,它一般指机关、团体、企事业单位聘请某些有专业特长或有名望权威的人完成某项任务或担任某种职务时所发出的邀请性质的书信。

6.10.1.2 聘书的特点

聘书具有表 6-42 所示的特点。

表 6-42 聘书的特点

序号	特点	具体说明
1	郑重性	聘书往往以单位的名义加盖公章,按照一定的格式写成,并且常在某种公开场合,由聘用单位负责人当面颁发给被聘者
2	证明性	聘任某人担任某职务或从事某项工作的聘书,是对其身份和业务水平以及工作能力的一种认可
3	约定性	被聘者接受了聘用单位的聘书,说明被聘者和聘用单位之间存在某种约定的关系,被聘者必须按照聘用单位的要求履行职责

6.10.1.3 聘书的分类

按照聘任方式,可将聘书分为临时聘书和正式聘书两类,如表 6-43 所示。

表 6-43 聘书的分类

序号	类型	具体说明
1	临时聘书	临时聘书是一个单位在工作、生产、科研活动中,因为自身力量不足,需要聘请外单位有关人员承担某个职务或某项工作时而使用的凭证。临时聘请书由单位负责人签署,任务完成后,聘请书即告失效
2	正式聘书	正式聘书一般在实行聘任制的单位中使用。这种聘请书又包括专业技术职务聘书和聘约书。聘约书是单位与受聘人的协议,由双方商定协议内容,并由双方签署。聘约书一经签署,双方都要履行各自的职责,期满则失效

6.10.1.4 聘书的结构

聘书一般已按照书信格式印制好,中心内容由发文者填写即可。完整的聘书格式一般由标题、称谓、正文、结尾和落款构成,如表6-44所示。

表6-44 聘书的结构

序号	组成	具体说明
1	标题	往往在聘书正中写上"聘书"或"聘请书"字样,有的聘书也可以不写标题。已印制好的聘书标题常常是烫金或大写的"聘书"或"聘请书"字样
2	称谓	聘请书上被聘者的姓名称呼可以在开头顶格写,然后再加冒号;也可以在正文中写明受聘人的姓名称呼。常见的印制好的聘书大都在第一行空两格写上"兹聘请××"
3	正文	聘书的正文一般要求包括以下内容: (1)交代聘请的原因和从事的工作,或所担任的职务 (2)写明聘任期限,如"聘期两年""聘期自20××年××月××日至20××年××月××日" (3)聘任待遇。聘任待遇可直接写在聘书上,也可另附详尽的聘约或公函,写明具体的待遇,这要视情况而定 另外,正文还要写上对被聘者的希望。这一点可以写在聘书上。但也可以不写,而是通过其他途径使受聘人切实明白自己的职责
4	结尾	聘书的结尾一般写上表示敬意和祝颂的结束语,如"此致敬礼""此聘"等
5	落款	落款要署上发文单位名称或单位领导的姓名、职务,并署上发文日期,同时要加盖公章

6.10.2 聘书的写作

6.10.2.1 聘书的写作要求

聘书的写作要求如表6-45所示。

表6-45 聘书的写作要求

序号	写作要求	具体说明
1	交代要清楚	对聘请的理由、聘请谁、从事的工作,一定要说清楚,特别是对于被聘者所从事的工作,一定要有所交代
2	行文要简洁,语气要诚恳	简洁就是用三言两语说清楚聘请的理由和被聘者所从事的工作;语气切忌居高临下、发号施令,必须站在"求"人帮忙的立场,恭敬礼貌地措辞行文
3	要加盖公章	聘书是以单位的名义发出的,所以一定要加盖公章才能生效

6.10.2.2　聘书的写作模板

```
                              聘书

_____（称谓）：

    _____
_____
_____（聘请缘由、期限、待遇等）。
_____
_____（敬语）。

                                          _____（署名）
                                          _____（日期）
```

6.10.2.3　聘书的写作范例

 范例 19

聘书一

×××同学：

　　兹聘请您担任×××××大学××学院××××部长，聘期一年，时间为20××年×月至20××年×月。

　　特发此书，以资证明。

×××××大学××学院委员会
20××年×月

范例 20

聘书二

×××同志：

现聘任你为××市××区党政机关领导干部法律顾问团成员，任期自20××年××月×日至20××年××月××日。

××市××区依法治区领导小组
20××年×月×日

附：

党政机关公文处理工作条例

第一章 总则

第一条 为了适应中国共产党机关和国家行政机关（以下简称党政机关）工作需要，推进党政机关公文处理工作科学化、制度化、规范化，制定本条例。

第二条 本条例适用于各级党政机关公文处理工作。

第三条 党政机关公文是党政机关实施领导、履行职能、处理公务的具有特定效力和规范体式的文书，是传达贯彻党和国家的方针政策，公布法规和规章，指导、布置和商洽工作，请示和答复问题，报告、通报和交流情况等的重要工具。

第四条 公文处理工作是指公文拟制、办理、管理等一系列相互关联、衔接有序的工作。

第五条 公文处理工作应当坚持实事求是、准确规范、精简高效、安全保密的原则。

第六条 各级党政机关应当高度重视公文处理工作，加强组织领导，强化队伍建设，设立文秘部门或者由专人负责公文处理工作。

第七条 各级党政机关办公厅（室）主管本机关的公文处理工作，并对下级机关的公文处理工作进行业务指导和督促检查。

第二章 公文种类

第八条 公文种类主要有：

（一）决议。适用于会议讨论通过的重大决策事项。

（二）决定。适用于对重要事项作出决策和部署、奖惩有关单位和人员、变更或者撤销下级机关不适当的决定事项。

（三）命令（令）。适用于公布行政法规和规章、宣布施行重大强制性措施、批准授予和晋升衔级、嘉奖有关单位和人员。

（四）公报。适用于公布重要决定或者重大事项。

（五）公告。适用于向国内外宣布重要事项或者法定事项。

（六）通告。适用于在一定范围内公布应当遵守或者周知的事项。

（七）意见。适用于对重要问题提出见解和处理办法。

（八）通知。适用于发布、传达要求下级机关执行和有关单位周知或者执行的事项，批转、转发公文。

（九）通报。适用于表彰先进、批评错误、传达重要精神和告知重要情况。

（十）报告。适用于向上级机关汇报工作、反映情况，回复上级机关的询问。

（十一）请示。适用于向上级机关请求指示、批准。

（十二）批复。适用于答复下级机关请示事项。

（十三）议案。适用于各级人民政府按照法律程序向同级人民代表大会或者人民代表大会常务委员会提请审议事项。

（十四）函。适用于不相隶属机关之间商洽工作、询问和答复问题、请求批准和答复审批事项。

（十五）纪要。适用于记载会议主要情况和议定事项。

第三章 公文格式

第九条 公文一般由份号、密级和保密期限、紧急程度、发文机关标志、发文字号、签发人、标题、主送机关、正文、附件说明、发文机关署名、成文日期、印章、附注、附件、抄送机关、印发机关和印发日期、页码等组成。

（一）份号。公文印制份数的顺序号。涉密公文应当标注份号。

（二）密级和保密期限。公文的秘密等级和保密的期限。涉密公文应当根据涉密程度分别标注"绝密""机密""秘密"和保密期限。

（三）紧急程度。公文送达和办理的时限要求。根据紧急程度，紧急公文应当分别标注"特急""加急"，电报应当分别标注"特提""特急""加急""平急"。

（四）发文机关标志。由发文机关全称或者规范化简称加"文件"二字组成，也可以使用发文机关全称或者规范化简称。联合行文时，发文机关标志可以并用联合发文机关名称，也可以单独用主办机关名称。

（五）发文字号。由发文机关代字、年份、发文顺序号组成。联合行文时，使用主办机关的发文字号。

（六）签发人。上行文应当标注签发人姓名。

（七）标题。由发文机关名称、事由和文种组成。

（八）主送机关。公文的主要受理机关，应当使用机关全称、规范化简称或者同类型机关统称。

（九）正文。公文的主体，用来表述公文的内容。

（十）附件说明。公文附件的顺序号和名称。

（十一）发文机关署名。署发文机关全称或者规范化简称。

（十二）成文日期。署会议通过或者发文机关负责人签发的日期。联合行文时，署最后签发机关负责人签发的日期。

（十三）印章。公文中有发文机关署名的，应当加盖发文机关印章，并与署名机关相符。有特定发文机关标志的普发性公文和电报可以不加盖印章。

（十四）附注。公文印发传达范围等需要说明的事项。

（十五）附件。公文正文的说明、补充或者参考资料。

（十六）抄送机关。除主送机关外需要执行或者知晓公文内容的其他机关，应当使用机关全称、规范化简称或者同类型机关统称。

（十七）印发机关和印发日期。公文的送印机关和送印日期。

（十八）页码。公文页数顺序号。

第十条　公文的版式按照《党政机关公文格式》国家标准执行。

第十一条　公文使用的汉字、数字、外文字符、计量单位和标点符号等，按照有关国家标准和规定执行。民族自治地方的公文，可以并用汉字和当地通用的少数民族文字。

第十二条　公文用纸幅面采用国际标准A4型。特殊形式的公文用纸幅面，根据实际需要确定。

第四章　行文规则

第十三条　行文应当确有必要，讲求实效，注重针对性和可操作性。

第十四条　行文关系根据隶属关系和职权范围确定。一般不得越级行文，特殊情况需要越级行文的，应当同时抄送被越过的机关。

第十五条　向上级机关行文，应当遵循以下规则：

（一）原则上主送一个上级机关，根据需要同时抄送相关上级机关和同级机关，不抄送下级机关。

（二）党委、政府的部门向上级主管部门请示、报告重大事项，应当经本级党委、政府同意或者授权；属于部门职权范围内的事项应当直接报送上级主管部门。

（三）下级机关的请示事项，如需以本机关名义向上级机关请示，应当提出倾向性意见后上报，不得原文转报上级机关。

（四）请示应当一文一事。不得在报告等非请示性公文中夹带请示事项。

（五）除上级机关负责人直接交办事项外，不得以本机关名义向上级机关负责人报送公文，不得以本机关负责人名义向上级机关报送公文。

（六）受双重领导的机关向一个上级机关行文，必要时抄送另一个上级机关。

第十六条　向下级机关行文，应当遵循以下规则：

（一）主送受理机关，根据需要抄送相关机关。重要行文应当同时抄送发文机关的直接上级机关。

（二）党委、政府的办公厅（室）根据本级党委、政府授权，可以向下级党委、政府行文，其他部门和单位不得向下级党委、政府发布指令性公文或者在公文中向下级党委、政府提出指令性要求。需经政府审批的具体事项，经政府同意后可以由政府职能部门行文，文中须注明已经政府同意。

（三）党委、政府的部门在各自职权范围内可以向下级党委、政府的相关部门行文。

（四）涉及多个部门职权范围内的事务，部门之间未协商一致的，不得向下行文；擅自行文的，上级机关应当责令其纠正或者撤销。

（五）上级机关向受双重领导的下级机关行文，必要时抄送该下级机关的另一个上级机关。

第十七条　同级党政机关、党政机关与其他同级机关必要时可以联合行文。属于党委、政府各自职权范围内的工作，不得联合行文。

党委、政府的部门依据职权可以相互行文。

部门内设机构除办公厅（室）外不得对外正式行文。

第五章　公文拟制

第十八条　公文拟制包括公文的起草、审核、签发等程序。

第十九条　公文起草应当做到：

（一）符合党的理论和路线方针政策及国家法律法规，完整准确体现发文机关意图，并同现行有关公文相衔接。

（二）一切从实际出发，分析问题实事求是，所提政策措施和办法切实可行。

（三）内容简洁，主题突出，观点鲜明，结构严谨，表述准确，文字精练。

（四）文种正确，格式规范。

（五）深入调查研究，充分进行论证，广泛听取意见。

（六）公文涉及其他地区或者部门职权范围内的事项，起草单位必须征求相关地区或者部门意见，力求达成一致。

（七）机关负责人应当主持、指导重要公文起草工作。

第二十条　公文文稿签发前，应当由发文机关办公厅（室）进行审核。审核的重点是：

（一）行文理由是否充分，行文依据是否准确。

（二）内容是否符合党的理论路线和方针政策及国家法律法规；是否完整准确体现发文机关意图；是否同现行有关公文相衔接；所提政策措施和办法是否切实可行。

（三）涉及有关地区或者部门职权范围内的事项是否经过充分协商并达成一致意见。

（四）文种是否正确，格式是否规范；人名、地名、时间、数字、段落顺序、引文等是否准确；文字、数字、计量单位和标点符号等用法是否规范。

（五）其他内容是否符合公文起草的有关要求。

需要发文机关审议的重要公文文稿，审议前由发文机关办公厅（室）进行初核。

第二十一条　经审核不宜发文的公文文稿，应当退回起草单位并说明理由；符合发文条件但内容需做进一步研究和修改的，由起草单位修改后重新报送。

第二十二条　公文应当经本机关负责人审批签发。重要公文和上行文由机关主要负责人签发。党委、政府的办公厅（室）根据党委、政府授权制发的公文，由授权机关主要负责人签发或者按照有关规定签发。签发人签发公文，应当签署意见、姓名和完整日期；圈阅或者签名的，视为同意。联合发文由所有联署机关的负责人会签。

第六章　公文办理

第二十三条　公文办理包括收文办理、发文办理和整理归档。

第二十四条　收文办理主要程序是：

（一）签收。对收到的公文应当逐件清点，核对无误后签字或者盖章，并注明签收时间。

（二）登记。对公文的主要信息和办理情况应当详细记载。

（三）初审。对收到的公文应当进行初审。初审的重点是，是否应当由本机关办理，是否符合行文规则，文种、格式是否符合要求，涉及其他地区或者部门职权范围内的事项是否已经协商、会签，是否符合公文起草的其他要求。经初审不符合规定的公文，应当及时退回来文单位并说明理由。

（四）承办。阅知性公文应当根据公文内容、要求和工作需要确定范围后分送。批办性公文应当提出拟办意见报本机关负责人批示或者转有关部门办理；需要两个以上部门办理的，应当明确主办部门。紧急公文应当明确办理时限。承办部门对交办的公文应当及时办理，有明确办理时限要求的应当在规定时限内办理完毕。

（五）传阅。根据领导批示和工作需要将公文及时送传阅对象阅知或者批示。办理公文传阅应当随时掌握公文去向，不得漏传、误传、延误。

（六）催办。及时了解掌握公文的办理进展情况，督促承办部门按期办结。紧急公文或者重要公文应当由专人负责催办。

（七）答复。公文的办理结果应当及时答复来文单位，并根据需要告知相关单位。

第二十五条　发文办理主要程序是：

（一）复核。已经发文机关负责人签批的公文，印发前应当对公文的审批手续、内容、文种、格式等进行复核；需做实质性修改的，应当报原签批人复审。

（二）登记。对复核后的公文，应当确定发文字号、分送范围和印制份数并详细记载。

（三）印制。公文印制必须确保质量和时效。涉密公文应当在符合保密要求的场所印制。

（四）核发。公文印制完毕，应当对公文的文字、格式和印刷质量进行检查后分发。

第二十六条　涉密公文应当通过机要交通、邮政机要通信、城市机要文件交换站或者收发件机关机要收发人员进行传递，通过密码电报或者符合国家保密规定的计算机信息系统进行传输。

第二十七条　需要归档的公文及有关材料，应当根据有关档案法律法规以及机关档案管理规定，及时收集齐全、整理归档。两个以上机关联合办理的公文，原件由主办机关归档，相关机关保存复制件。机关负责人兼任其他机关职务的，在履行所兼职务过程中形成的公文，由其兼职机关归档。

第七章　公文管理

第二十八条　各级党政机关应当建立健全本机关公文管理制度，确保管理严格规范，充分发挥公文效用。

第二十九条　党政机关公文由文秘部门或者专人统一管理。设立党委（党组）的县级以上单位应当建立机要保密室和机要阅文室，并按照有关保密规定配备工作人员和必要的安全保密设施设备。

第三十条　公文确定密级前，应当按照拟定的密级先行采取保密措施。确定密级后，应当按照所定密级严格管理。绝密级公文应当由专人管理。

公文的密级需要变更或者解除的，由原确定密级的机关或者其上级机关决定。

第三十一条　公文的印发传达范围应当按照发文机关的要求执行；需要变更的，应当经发文机关批准。

涉密公文公开发布前应当履行解密程序。公开发布的时间、形式和渠道，由发文机关确定。

经批准公开发布的公文，同发文机关正式印发的公文具有同等效力。

第三十二条 复制、汇编机密级、秘密级公文，应当符合有关规定并经本机关负责人批准。绝密级公文一般不得复制、汇编，确有工作需要的，应当经发文机关或者其上级机关批准。复制、汇编的公文视同原件管理。

复制件应当加盖复制机关戳记。翻印件应当注明翻印的机关名称、日期。汇编本的密级按照编入公文的最高密级标注。

第三十三条 公文的撤销和废止，由发文机关、上级机关或者权力机关根据职权范围和有关法律法规决定。公文被撤销的，视为自始无效；公文被废止的，视为自废止之日起失效。

第三十四条 涉密公文应当按照发文机关的要求和有关规定进行清退或者销毁。

第三十五条 不具备归档和保存价值的公文，经批准后可以销毁。销毁涉密公文必须严格按照有关规定履行审批登记手续，确保不丢失、不漏销。个人不得私自销毁、留存涉密公文。

第三十六条 机关合并时，全部公文应当随之合并管理；机关撤销时，需要归档的公文经整理后按照有关规定移交档案管理部门。

工作人员离岗离职时，所在机关应当督促其将暂存、借用的公文按照有关规定移交、清退。

第三十七条 新设立的机关应当向本级党委、政府的办公厅(室)提出发文立户申请。经审查符合条件的，列为发文单位，机关合并或者撤销时，相应进行调整。

第八章 附则

第三十八条 党政机关公文含电子公文。电子公文处理工作的具体办法另行制定。

第三十九条 法规、规章方面的公文，依照有关规定处理。外事方面的公文，依照外事主管部门的有关规定处理。

第四十条 其他机关和单位的公文处理工作，可以参照本条例执行。

第四十一条 本条例由中共中央办公厅、国务院办公厅负责解释。

第四十二条 本条例自2012年7月1日起施行。1996年5月3日中共中央办公厅发布的《中国共产党机关公文处理条例》和2000年8月24日国务院发布的《国家行政机关公文处理办法》停止执行。